VOCÊ SABE
ESTUDAR?

CLAUDIO DE MOURA CASTRO é economista, Mestre pela Yale University e Doutor pela Vanderbilt University. Foi professor de várias universidades, entre elas a Pontifícia Universidade Católica do Rio de Janeiro, a Fundação Getúlio Vargas, a Universidade de Brasília, a University of Chicago e a Université de Genève. Foi diretor-geral da Coordenação de Aperfeiçoamento de Pessoal de Nível Superior (Capes), secretário executivo do Conselho Nacional de Recursos Humanos do Instituto de Pesquisa Econômica Aplicada (CNRH/IPEA) e chefe da Unidade de Políticas de Formação Profissional na Organização Internacional do Trabalho (OIT), em Genebra. Trabalhou no Banco Mundial, em Washington, e foi assessor-chefe para a educação do Banco Interamericano de Desenvolvimento (BID). Presidiu o Conselho Consultivo da Faculdade Pitágoras e foi também assessor especial da presidência do Grupo Positivo. Grande parte do seu trabalho se concentra em educação. Por mais de vinte anos, publicou uma coluna mensal na revista *Veja*. Atualmente, escreve para o *Estadão*.

C355v Castro, Claudio de Moura.
   Você sabe estudar? Quem sabe, estuda menos e aprende mais / Claudio de Moura Castro. – 2. ed. – Porto Alegre : Penso, 2025.
   229 p. : il. ; 23 cm.

   ISBN 978-65-5976-057-2

   1. Fundamentos da educação. I. Título.

CDU 37.01

Catalogação na publicação: Karin Lorien Menoncin – CRB 10/2147

VOCÊ SABE ESTUDAR?

QUEM SABE, ESTUDA MENOS E APRENDE MAIS

CLAUDIO DE MOURA CASTRO

[2ª EDIÇÃO]

Porto Alegre
2025

© GA Educação Ltda., 2025.

Coordenadora editorial: Cláudia Bittencourt
Editor: Lucas Reis Gonçalves
Capa: Tatiana Sperhacke — TAT studio
Leitura final: Gabriela Dal Bosco Sitta
Projeto gráfico e editoração eletrônica: Tatiana Sperhacke — TAT studio

Reservados todos os direitos de publicação ao
GA EDUCAÇÃO LTDA.
(Penso é um selo editorial do GA EDUCAÇÃO LTDA.)
Rua Ernesto Alves, 150 – Bairro Floresta
90220-190 – Porto Alegre – RS
Fone: (51) 3027-7000
SAC 0800 703 3444 – www.grupoa.com.br

É proibida a duplicação ou reprodução deste volume, no todo ou em parte, sob quaisquer formas ou por quaisquer meios (eletrônico, mecânico, gravação, fotocópia, distribuição na Web e outros), sem permissão expressa da Editora.

IMPRESSO NO BRASIL
PRINTED IN BRAZIL

COMO LER ESTE LIVRO

 **SUGERIMOS DUAS MANEIRAS DE LER ESTE LIVRO:**

 Comece lendo a seção **F** do **CAPÍTULO IV: COMO LER UM LIVRO**. Então, faça como sugerido pelo texto: dê uma olhada geral antes de empreender uma leitura sistemática.

 Leia o sumário e escolha o que mais lhe interessa. Embora haja uma sequência lógica nos assuntos apresentados, eles foram escritos de forma que possam ser lidos e entendidos aos pedacinhos, em qualquer ordem.

PREFÁCIO

DA 1ª EDIÇÃO

Um grande número de livros é publicado anualmente em todo o mundo, e o Brasil não escapa a esta postura típica, alimentado pela vontade de autores que, motivados pelos mais diferentes assuntos, procuram chegar ao mercado, escrevendo e tornando os temas sobre os quais escrevem acessíveis aos leitores.

Temos nas mãos um trabalho feito com carinho e esmero por um grande educador brasileiro, Claudio de Moura Castro. Ao longo de sua vida, o autor não somente escreveu como analisou os problemas educacionais do nosso país, que apresenta, eu diria, diferenciais negativos que precisam ser corrigidos. Hoje, vivemos em um mundo global, e a sociedade precisa pensar que tem obrigações fundamentais em relação aos jovens. Mais do que no passado, eles precisam de nossa ajuda para se transformar em cidadãos de sucesso, por meio de uma estrutura de ensino e aprendizagem dinâmica e organizada, capaz de lhes proporcionar o melhor em competência para vencer em um mundo claramente competitivo.

O título deste livro é sugestivo e faz uma pergunta que afeta a todos, convidando o leitor a tentar responder algo realmente importante: "Você sabe estudar?". Pode ser que naturalmente possamos saber como estudar e aprender melhor, mas devemos aceitar que o processo de acumular conhecimento varia entre as pessoas, umas compreendendo e gravando informações de forma mais eficaz do que outras. Se isso for verdade, o "como aprender" pode ser ensinado e melhorado.

Quando constatamos o nível técnico ou tecnológico dos produtos que hoje nos são oferecidos, desde o mais simples dos celulares até o mais sofisticado computador, não podemos deixar de admirar a capacidade criativa dos autores de tais projetos. São especialistas que, por meio de processos avançados de ensino, se tornaram capazes de conceber e fabricar os mais variados tipos de equipamentos, que enriquecem nossas vidas com informações há pouco tempo inacessíveis à imensa maioria dos habitantes do nosso planeta.

Do mesmo modo que o autor nos pergunta se sabemos estudar, podemos perguntar se nossa capacidade de fazê-lo permite níveis de aprendizado e habilidade suficientes para produzir o imenso valor mental agregado que temos potencial para criar com a ajuda dos aplicativos e equipamentos que hoje temos em nossas mãos.

De tudo que este livro pode lhe oferecer, caro leitor, algo importante emerge: a importância do aprendizado, difícil de ser medido mas necessariamente válido para aqueles que queiram se diferenciar positivamente na sociedade em que vivem. No passado, a idade adulta e competente dos seres humanos era mais alta do que hoje. Mais recentemente, podemos notar jovens competentes em idades em que há pouco não poderíamos identificar. O processo de preparar jovens aprendizes, evidentemente competentes, já não mais surpreende. E esse processo vai continuar, pois já é possível encontrar pessoas sábias admiravelmente jovens — e no futuro isso deverá ser ainda mais frequente.

Esse novo ambiente competitivo no qual vivemos sugere o quanto é importante, para cada um de nós, conquistar um aumento na velocidade de aprendizado. Claudio de Moura Castro assumiu o desafio de vasculhar e entender os complexos problemas da mente humana para aprender, traduzindo-os em linguagem simples e prática, o "como" e "o que" fazer para conseguir isso.

Cabem algumas observações a você, leitor, que teve a boa ideia e a disposição de ler este livro... e de aprender com ele. A velocidade e a eficácia de como se aprende sem dúvida terão um impacto dramático no mundo acelerado dos nossos dias. Toda a sua vida profissional será construída pela sua capacidade de compreender e absorver verdadeiras enxurradas de informações produzidas globalmente. Assim, sua vida profissional também será mais bem-sucedida em uma proporção de sua capacidade de aprender, manter-se atualizado sobre informações disponíveis sobre sua saúde, relacionamentos e muitos outros atributos do seu dia a dia.

A taxa, medida em velocidade ou em tempo, por meio da qual você aprende vai ter um impacto destacado no mundo de hoje, cada vez mais acelerado. Toda a sua vida profissional terá como base, em grande parte, sua capacidade de aprender rápida e eficazmente. Informações sobre vida, saúde, finanças, relacionamentos e outras mais dependerão de sua capacidade de absorver, compreender e processar o que tem pela frente, transformando-o em um vencedor, ou não!

Tudo isso, e muito mais, caro leitor, deve estimulá-lo a não somente ler, mas também aprender com o que o autor procura lhe transmitir com zelo e cuidado. Assim, considere o momento em que você começar a folhear este livro um instante mágico, que terá impacto em sua vida e poderá ajudá-lo muito mais do que você imagina!

Ozires Silva
Presidente do Conselho de Administração do Grupo
Anima de Educação e Cultura — Reitor da Unimonte

PREFÁCIO
À 2ª EDIÇÃO

Muitos autores de livros, ao chegar à data limite de entrega do manuscrito, sempre acham que ele não está pronto. É também o meu caso. Mas vence o prazo e, com enorme trepidação, sou forçado a enviá-lo para a editora. Por essa razão, a chance de uma segunda edição só traz alegrias.

Um pesquisador como eu fica feliz quando seus livros mais técnicos vendem, digamos, mil ou 2 mil exemplares. Porém, este me trouxe uma surpresa. De fato, até a data deste prefácio, foram vendidos mais de 70 mil exemplares em papel e quase 5 mil em versão digital (sem falar nas cópias piratas). Portanto, aqui estou, furiosamente revisando o livro. Encontro palavrinhas mal escolhidas, frases pouco claras e outras tolices que escaparam, na correria para aprontar a 1ª edição. Há uma infinidade de pequenas alterações.

Mas isso é pouco. Os livros são feitos para os leitores, e não para o deleite de quem os escreve. Portanto, quero saber o que eles acharam, para que possa melhorar o texto. Para descobrir, a fonte mais fértil e imediata são as avaliações dos que compraram o livro nas grandes lojas virtuais. No caso, a Amazon é o lugar mais óbvio para procurar. É também onde encontrei mais comentários.

Primeiro as boas notícias — pelo menos para este autor. Encontro, no *site*, mais de 1.200 avaliações feitas por leitores. Nada mau, pois não foram poucos os que se deram ao trabalho de avaliar e comentar. Ao avaliarem, dão nota aos livros — de 1 a 5. Vejo-me presenteado com uma nota 4,6. Poucos livros as têm mais altas. A tradução brasileira do *best-seller* americano *Make it Stick* (*Fixe o conhecimento*), sobre assunto parecido, obteve a mesma nota.

A tarefa seguinte é ler esses comentários e ver o que dizem. Com nota 4,6, quase não é preciso dizer: foi bem apreciado. Encantei-me com alguém que o considerou "fofo". Mas, para melhorá-lo, o que interessa são as críticas. Vamos a elas.

Alguns não acharam novidades, afirmando que já conheciam o assunto. Parabéns para eles, fizeram o seu "para casa". Mas foram pouquíssimos.

Outros o encontraram "superficial" ou "raso". Será? Trata-se de um livro prático, para ensinar a estudar melhor. Se cumpre o papel, de que serviria mais profundidade? Ainda assim, tento agora explicar melhor alguns pontos que poderiam estar vagos ou ambíguos.

Um comentarista disse que é uma "compilação da internet". Vale a pena esmiuçar essa crítica, pois nos leva a temas importantes, até abordados no próprio livro. Sobre a arte de estudar — ou qualquer outro assunto —, a internet traz indicações com uma estonteante variedade de *pedigrees* e graus de confiança. Pode ser alguém que ouviu de alguém que não sabe de onde veio tal informação. Em contraste, o Google Scholar traz pesquisas acadêmicas perfeitamente respeitáveis cobrindo o mesmo assunto. Na internet há de tudo. Sendo assim, dizer que foi copiado da internet é demasiado vago, não diz nada. No caso deste livro, usei sobretudo a literatura científica original, pois já a tinha de outras fontes. Mas daria na mesma se houvesse me concentrado nas boas fontes da internet.

Porém, esse mesmo comentário me levou a explorar melhor no texto os critérios de confiabilidade do que sai na internet e nas mídias sociais (Capítulo VIII). Tivemos uma pandemia de covid-19, mas a de *fake news* sobre o mesmo assunto não foi mais branda. E, com as eleições, nos engolfou mais uma onda de notícias estapafúrdias — inocentes ou propositais. Portanto, reforcei bastante o capítulo. Bem que ajudou a crítica do leitor, ainda que indiretamente. O lado ruim é que acabou ficando o capítulo mais longo e mais pesado do livro. O que fazer?

Em particular, fiz uma conexão clara e detalhada do método científico com as maneiras de identificar fraudes e bobices. No caso, tentei mostrar que sua utilidade vai bem além de ser um controle de qualidade apenas da produção científica. De fato, nos serve bem no cotidiano, se nos damos ao trabalho de entendê-lo.

Encontrei vários vídeos comentando o livro. Em apenas um havia uma crítica que vale considerar. O autor acha que eu deveria mencionar as fontes das ideias apresentadas. Até que havia pensado no assunto e poderia haver citado. Porém, isso tornaria o livro pesado e inundado de notas de rodapé. Isso porque, se citamos uma pesquisa, por que não as dezenas de outras que validam, pelo livro afora, o que foi dito? Essa torrente, além de espantar muitos leitores, não ajuda.

Pensando bem, para o perfil do leitor a quem escrevo, não seriam úteis, pois eles não iriam buscar artigos acadêmicos para decifrá-los e confrontá-los com o dito no livro. De fato, mesmo se tentassem verificar, os leitores não teriam condições de saber se o que digo é o mesmo que os artigos mostram. E não vai aí qualquer demérito a eles — artigos relatando pesquisas estão recheados de teorias complicadas, métodos estatísticos e jargão especializado. Apenas pesquisadores da mesma área conseguem decifrá-los. No fundo, citações de fontes só serviriam para enfeitar o livro e sugerir a erudição do autor.

A esse respeito, Jacques Barzun, um intelectual muito respeitado, faz um comentário esclarecedor. Para demonstrar suas proposições, qualquer ciência necessita desenvolver um conjunto de termos técnicos que até podem coincidir com as mesmas palavras na linguagem comum. Mas o significado não é bem o mesmo. Além disso, requer o domínio de ferramentas estatísticas que podem ser bem complicadas. Sem essa parafernália algo barroca, a ciência esbarra em ambiguidades e imprecisões. A se notar, muitos dos procedimentos são incompreensíveis, mesmo para pesquisadores que sejam de outras áreas, mas são essenciais para estabelecer a legitimidade do que foi encontrado.

Um artigo científico diria que "não foram encontradas multicolinearidades estatisticamente significativas, e a homocedasticidade é aceitável". Porém, para mostrar a mesma ideia, atende melhor ao leitor não especialista afirmar que "não parece haver outras causas explicando tal resultado".

Ou seja, para transmitir os resultados das pesquisas podemos usar um vocabulário conhecido de todos e ignorar sutilezas e controvérsias técnicas que não afetam a validade das ideias no contexto proposto. Daí a decisão de apresentar as regras e conselhos de forma direta e acessível. Sempre que possível, usando metáforas ou contando histórias.

Em outras palavras, as teorias científicas que se revelam úteis passam por duas etapas. A primeira é o diálogo entre os pares, em artigos recheados de "revisões da literatura" e suas controvérsias, descrição dos métodos de amostragem, escolha dos instrumentos estatísticos, e por aí afora. Apenas um pequeno número de especialistas acompanha o que está sendo dito e é capaz de oferecer críticas contundentes, demonstrando serem inválidas as conclusões. Porém, se a dita teoria sobrevive às torturas do método científico, ela precisa ser vertida para uma linguagem compreensível pelos demais mortais. Afinal, para ser utilizada, precisa ser entendida. Essa é a segunda etapa, com a qual o livro se ocupa.

Os conselhos oferecidos ao longo do texto são todos baseados em achados científicos que não foram refutados, tal como sugerido pela literatura acadêmica que examinei. É o que os pesquisadores da área aceitam como válidos. Não reproduzo palpites ou acho isso e aquilo. A matéria-prima do livro é o que diz a melhor ciência de hoje.

Como autor, se tive algum mérito, foi apresentar de forma leve e tão divertida quanto possível um enorme volume de conhecimentos que foram se acumulando na literatura técnica. Contei casos, inventei metáforas, tomei exemplos emprestados de outros autores. Busquei na minha própria trajetória casos que ilustrassem o que queria demonstrar. Como o livro vendeu bem, suponho que acertei mais do que errei nessa tradução da ciência para o mundo dos alunos.

Ainda assim, no espírito do método científico, nada impede que novas pesquisas venham a revelar enganos. Não é impossível que, mais adiante, alguma ideia apresentada se revele falsa. Porém, é o que temos hoje.

Lendo e relendo o texto, descobri que é possível melhorar a organização e a ordem de alguns assuntos, tornando-os mais persuasivos e fáceis de serem entendidos. Ademais, introduzi novas ideias que me pareceram úteis para um estudante.

Ensino ativo e passivo é um tema já presente, mas que foi substancialmente expandido. Aprofundei as explicações dos mecanismos que operam na nossa cabeça quando tentamos entender alguma coisa.

Não sei por que a ideia de que aprendemos mais facilmente quando contextualizamos não havia sido incluída no livro. Agora está.

A covid obrigou a escola a operar a distância, no chamado "ensino remoto emergencial". Incluí um capítulo sobre o que um estudante precisa saber sobre esses assuntos, para não ser vítima dos desencontros ocorridos.

Há bons estudos mostrando que, quando a emoção entra no processo de aprendizagem, o assunto é lembrado por mais tempo. Foi outro comentário incluído.

Tornaram-se bem conhecidos os estudos mostrando que, quando assistimos uma aula lidando com temas complexos, após 15 ou 20 minutos, a nossa atenção se esvai. É a chamada "saturação cognitiva". Há remédios para isso, como tento mostrar em uma nova seção do livro.

Praticamente nada da 1ª edição foi suprimido. Mas todo o texto foi remexido e complementado. Além disso, novos assuntos foram introduzidos.

Para terminar, agradeço a benevolência e a generosidade dos meus leitores. Alguns devem ser curiosos que acharam o livro em algum lugar, outros são alunos aconselhados pelos seus professores. Ou, ainda, são pais que o compraram para os filhos, temendo pelas suas notas escolares. Sem o interesse deles, o livro estaria se empilhando nos sebos, ou pior, sendo vendido a quilo.

CLAUDIO DE MOURA CASTRO

>> SUMÁRIO

PREFÁCIO DA 1ª EDIÇÃO _____ 6
PREFÁCIO À 2ª EDIÇÃO _____ 8
INTRODUÇÃO _____ 17

I. APRENDI, MAS JÁ ESQUECI! SERÁ? _____ 22
A PRIMEIRA REGRA DE OURO: BUNDA/CADEIRA/HORA _____ 26
B SEGUNDA REGRA DE OURO: "ÁGUA MOLE EM PEDRA DURA..." _____ 28

II. PREPARATIVOS:
O AMBIENTE DEVE AJUDAR,
NÃO ATRAPALHAR _____ 32
A CONFORTO — ATÉ CERTO PONTO _____ 32
B MESA ARRUMADA, CABEÇA ARRUMADA _____ 35
C "FAÇO MUITAS COISAS AO MESMO TEMPO": DÁ CERTO? _____ 36
D O SILÊNCIO É DE OURO _____ 38
E POSSO INTERROMPER? TEM HORA QUE NÃO PODE _____ 39
F DIFÍCIL SE CONCENTRAR? HÁ REMÉDIOS _____ 41

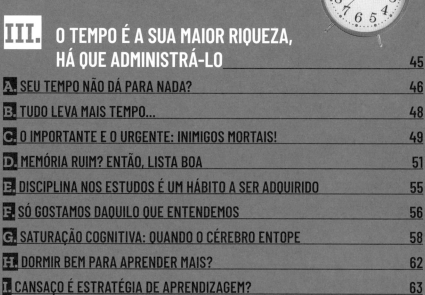

III. O TEMPO É A SUA MAIOR RIQUEZA, HÁ QUE ADMINISTRÁ-LO 45
A. SEU TEMPO NÃO DÁ PARA NADA? 46
B. TUDO LEVA MAIS TEMPO... 48
C. O IMPORTANTE E O URGENTE: INIMIGOS MORTAIS! 49
D. MEMÓRIA RUIM? ENTÃO, LISTA BOA 51
E. DISCIPLINA NOS ESTUDOS É UM HÁBITO A SER ADQUIRIDO 55
F. SÓ GOSTAMOS DAQUILO QUE ENTENDEMOS 56
G. SATURAÇÃO COGNITIVA: QUANDO O CÉREBRO ENTOPE 58
H. DORMIR BEM PARA APRENDER MAIS? 62
I. CANSAÇO É ESTRATÉGIA DE APRENDIZAGEM? 63

IV. BONS HÁBITOS DE ESTUDO 64
A. "DIGA-ME COM QUEM ANDAS..." 64
B. PREGUIÇOSOS: LER ANTES DA AULA ECONOMIZA TEMPO 65
C. VALE A PENA TOMAR BOAS NOTAS NA AULA? 67
D. COMO FAZER ANOTAÇÕES E RESUMOS 70
E. MAPAS MENTAIS: O PODER DOS DESENHOS 73
F. COMO LER UM LIVRO 89
G. ESTUDAR USANDO MUITOS CANAIS, INCLUSIVE ESTUDO DE GRUPO 101
H. A INTELIGÊNCIA DAS MÃOS 105

V. TÉCNICAS PARA ENTENDER A MATÉRIA 110

A. O PARADOXO "AULA ATIVA"? 112

B. SE ACHO QUE POSSO, POSSO; SE ACHO QUE NÃO, FRACASSO 121

C. SE ACHO INTERESSANTE, APRENDO; SE ACHO CHATO, NÃO 122

D. A CONTEXTUALIZAÇÃO 127

E. TERCEIRA REGRA DE OURO: O *FEEDBACK* 130

F. A VIRTUDE ESTÁ NO ERRO 133

G. PARA QUE SERVE UM TESTE?
FERRAMENTA DE TORTURA OU TÉCNICA DE ESTUDO? 135

H. O ESTUDO DEVE SER PASSO A PASSO OU DESENCONTRADO? 138

I. A RECEITA DOS VOOS GALINÁCEOS 141

J. SEM ENTENDER, NÃO NOS LEMBRAMOS 143

K. O MISTÉRIO DO LIVRO QUE ENCOLHEU 147

VI. TÉCNICAS PARA NÃO ESQUECER 149

A. POR QUE ESQUECER É PARTE DE APRENDER? 150

B. UMA SALA DE ESTUDOS SECRETA NO NOSSO CÉREBRO? 154

C. RELER AS NOTAS OU PENSAR NELAS? 155

D. ESTUDO EM BLOCO OU PICADINHO? E SE 1 + 1 + 1 NÃO FOR IGUAL A 3? 158

E. QUANDO EU ACHO QUE JÁ SEI, AINDA NÃO SEI 159

F. COMO SABER QUE AINDA NÃO SEI? 161

G. COMO DECORAR FAZENDO ASSOCIAÇÕES 163

H. CONTAR HISTÓRIAS: O CASAMENTO DA RAZÃO COM A EMOÇÃO 166

VII. O QUE PRECISO SABER PARA NÃO ME ENRASCAR COM A EDUCAÇÃO A DISTÂNCIA 170

VIII. UM MANUAL DE SOBREVIVÊNCIA NA SELVA DA DESINFORMAÇÃO _____ 177

A. DA INFORMAÇÃO ESCASSA À CREDIBILIDADE PRECÁRIA _____ 178

B. NO REINADO DO TODO PODEROSO MÉTODO CIENTÍFICO _____ 180

C. A RAZÃO E O RIGOR: COMPANHEIROS PERMANENTES _____ 187

D. A GRANDE CAÇADA ÀS *FAKE NEWS*:
QUE AUTORES MERECEM CONFIANÇA? _____ 190

E. A GRANDE CAÇADA ÀS *FAKE NEWS*:
QUE PUBLICAÇÕES MERECEM CONFIANÇA? _____ 197

F. APRENDENDO A LER JORNAIS:
NOTÍCIAS E OPINIÕES, OMISSÕES E EXCLUSÕES _____ 201

G. APRENDENDO A ARTE DE IGNORAR _____ 207

H. A GRANDE CAÇADA ÀS *FAKE NEWS*: AGORA, MÃOS À OBRA! _____ 208

I. *FAKE NEWS* TEM CURA? _____ 216

IX. A ARTE DE FAZER PROVAS SEM NERVOSISMO _____ 218

A. CONHEÇA O GENERAL INIMIGO! _____ 218

B. AFOBAÇÃO ATRAPALHA, E MUITO _____ 222

C. SEGREDOS DOS BONS FAZEDORES DE PROVA _____ 225

D. UM RESUMINHO DAS ESTRATÉGIAS PARA ENFRENTAR A PROVA _____ 227

CRÉDITOS _____ 228

LEITURAS SUGERIDAS _____ 229

INTRODUÇÃO

A FERRAMENTA DO ESTUDANTE É O ESTUDO

Quando Pelé passava a bola entre as pernas do seu adversário, sem dúvidas refletia uma centelha de genialidade. Mas, antes de tudo, aflorava o domínio da técnica de controle da bola, fruto de muitos anos de treino.

Quando o pianista Nelson Freire era aplaudido de pé após tocar uma sonata de Mozart, o público estava reconhecendo um talento que foi burilado ao longo de muitos anos consumidos estudando a técnica.

O excelente marceneiro fica feliz quando termina uma gaveta que, ao abrir, parece deslizar no ar e não mostra qualquer greta no seu encaixe. Ele desfruta, então, o resultado de anos de prática.

José Saramago, prêmio Nobel de literatura, diz que as palavras são as ferramentas do escritor. Portanto, ele precisa ter total domínio sobre elas.

Pelo mesmo raciocínio, a ferramenta do estudante é o estudo. Mas será que você sabe estudar? Bem ou mal, todos os estudantes estudam, mas Deus sabe como! Perdem tempo, se aborrecem e aprendem pouco. Quando acham que aprenderam, rebate falso, pois já esqueceram a lição.

Mas isso tem remédio. **APRENDER É COISA QUE SE APRENDE**, pois é assunto bem examinado pela ciência. A notícia ruim é que boa parte dos achados dos cientistas não é ensinada na escola. É uma pena: a escola ensina muitas coisas, até assuntos demais. Contudo, não ensina a estudar, ou seja, a fazer bem o que levou todos os alunos a ela. Quer oferecer o produto, mas sem ensinar a usar as ferramentas de trabalho.

ESTE MANUAL VAI AJUDÁ-LO A DOMINAR AS TÉCNICAS QUE PERMITEM APRENDER O MÁXIMO COM O MÍNIMO DE ESFORÇO.

Aprender a manejar as técnicas de seus ofícios vale a pena para o jogador de futebol, para o pianista, para o marceneiro e para o escritor. Por que não valeria também para os estudantes? Vejam só: se estudam, precisam aprender a estudar.

É muito grande a coleção de técnicas confiáveis para estudar. Este manual nada mais é senão uma apresentação dessas técnicas, de forma direta e simples. Não há aqui discussão de teorias ou controvérsias técnicas. Em vez disso, ensinamos como estudar, na prática. Incluímos algumas explicações dos porquês, aqui e ali, quando isso ajuda a entender a técnica proposta. E, naturalmente, muitos exemplos.

O leitor atento notará certa repetição das ideias. A cada momento, elas aparecem vestidas com roupas diferentes, mas são as mesmas. Essa foi uma decisão deliberada, para reforçar os princípios centrais do que sabemos sobre o aprendizado. Na verdade, existem menos regras do que pareceria pela abundância de tópicos apresentados.

No estudo, bem como no futebol ou no piano, há um círculo que pode ser vicioso ou virtuoso. Se você estuda do jeito errado, aprende pouco e se frustra com isso. O resultado é que estudar vira um momento desagradável. Além disso, ameaçador, já que ninguém gosta de fracassar no que faz. Como parece chato, você acaba escapulindo desse confronto com os livros. E, fugindo, você aprende menos, tornando o processo ainda mais penoso.

Mas comecemos já com uma primeira lição:

SE VOCÊ ESTUDA E ENTENDE, ACABA GOSTANDO DO QUE APRENDE.

Se o conhecimento novo é bem entendido, dialoga com a sua cabeça, isso é bom, além de divertido. Dá vontade de continuar. Pense em exemplos de sua própria vida de estudante. Não há assuntos que você estuda com prazer?

Portanto, há um *círculo virtuoso*: quanto mais se estuda, menos penoso é e mais prazeroso se torna. Dessa forma, o tempo que você dedicar a seus estudos pode ser convertido em uma grata oportunidade de desenvolvimento pessoal e profissional. Na prática, quando você consegue sentir interesse pelo assunto, o estudo se torna mais agradável: gostar de estudar resulta em gostar de aprender. Uma das teses deste livro é a de que saber estudar ajuda a sair de um círculo vicioso de frustrações e a entrar no virtuoso.

Poderíamos pensar que estudantes de níveis avançados seriam mestres nessas técnicas? Não é bem assim. Como ninguém ensinou a eles, também não sabem estudar. Quer você curse os ensinos fundamental, médio ou superior, temos certeza de que, nas páginas que seguem, encontrará conselhos úteis que poderão ser usados imediatamente. Neste manual, você conhecerá diversas técnicas para desenvolver bons hábitos de estudo. Como se poderia esperar, nem todos os conselhos servem para todos os leitores. Cabe a cada um descobrir os que lhes serão mais úteis.

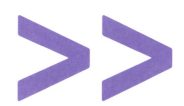

Devemos ter claro: querer aprender é apenas o ponto de partida. Para que isso aconteça, muita coisa tem que acontecer. E a mensagem fundamental deste livro é que há maneiras eficientes e ineficientes de aprender. Ninguém nasce sabendo estudar; é preciso aprender.

Os equívocos da nossa cabeça são frequentes. Sem fazer qualquer esforço, aprendemos a escalação do nosso time — e até a do adversário. Mas, embora possamos saber que estatística nos será útil por toda vida, mesmo fazendo força, seus conceitos não querem se fixar na nossa memória.

Mais uma advertência. Ao ser apresentado a muitas técnicas de estudo, o que interessa saber é se são eficazes. Simpatias ou antipatias diante de cada uma delas não devem ser o critério para o seu uso.

AO TERMINAR A LEITURA, VOCÊ VERÁ QUE APRENDEU MUITAS COISAS ÚTEIS PARA SUA VIDA, POR EXEMPLO:

Como organizar seu material e seu ambiente de estudo. Ambos influenciam sua concentração e sua capacidade de aprender e ler melhor. Lembre-se: existem técnicas específicas para cada tipo de leitura.

 Como conciliar o tempo dedicado às atividades acadêmicas diante de outras mais atraentes. A boa gestão do tempo facilitará a execução de tarefas mais importantes para seu futuro.

 Como fazer anotações e resumos. Anotar é uma técnica cuja utilidade ultrapassa, em muito, a possível utilização subsequente que daremos às anotações. Só de anotar, já aprendemos mais.

 Como entender melhor assuntos difíceis.

 Como lembrar o que foi estudado. Há muitas técnicas úteis que você precisa conhecer.

 Como fazer mapas mentais — que são formas gráficas — para mostrar esquemas mentais, teorias ou sequências de pensamentos. Ou mesmo para anotar aulas. Como verá, é uma maneira conveniente de anotar, rever e estruturar o pensamento.

 Como achar as informações desejadas e assegurar que merecem confiança. Atualmente, você dispõe de mais informação do que é capaz de manejar. Além disso, nem tudo é relevante ou mesmo confiável. É preciso aprender a separar o joio do trigo, o lixo eletrônico do conhecimento que servirá nos seus estudos e na sua vida.

I.

APRENDI, MAS >>
JÁ ESQUECI! SERÁ?

Antes de enfrentar a jornada para aprender a estudar, vale a pena fixar nossa atenção no resultado esperado. Ou seja, o que queremos da escola? Até certa idade, estudávamos porque alguém mandava.

Mas este livro se destina a quem já ultrapassou essa fase da vida. Portanto, a leitores com boas razões para perguntar a si mesmos o que significa a palavra "aprender" — e, também, por que aprender e o que aprender.

A primeira dificuldade é que a palavra "aprender" tem um sentido bastante elástico; chega a ser vago. Pode significar tanto decorar o telefone do amigo quanto manejar com facilidade as equações da teoria da relatividade completa. Sendo assim, devemos definir melhor do que estamos falando, para evitar mal-entendidos.

TALVEZ A MELHOR MANEIRA DE PROCEDER SEJA PERGUNTAR O QUE QUEREMOS FAZER COM O CONHECIMENTO ADQUIRIDO.

Queremos decorar os elementos da tabela periódica para passar amanhã na prova de química, sendo que jamais pretendemos voltar a essa matéria? Ou queremos aprender juros compostos para escolher a revenda que cobra menos juros na prestação do carro?

Já quem pretende ser engenheiro civil, por exemplo, precisa entender as leis que explicam por que certas estruturas mecânicas, como as pontes, suportam mais carga do que outras, e por que algumas caem.

HÁ UM OCEANO DE DIFERENÇA
ENTRE ESSAS CATEGORIAS DE APRENDIZADO.

No primeiro caso, trata-se de reter na memória um monte de palavras somente até a hora da prova. O conhecimento é apenas para passar de ano. Porém, há um complicador. A prova é amanhã ou no fim do ano? Se é no fim do ano, precisamos de uma estratégia que permita aparafusar por um bom tempo na memória o nome daquela multidão de substâncias. É diferente de lembrar-se só até amanhã.

O segundo caso requer penetrar nos princípios dos juros compostos, que são uma aplicação das equações exponenciais. Decorar a fórmula é fácil, mas hoje é desnecessário. Contudo, aplicá-la na prestação do carro requer um domínio muito maior sobre um assunto pouco intuitivo, que são os juros compostos. Além disso, lidar com equações exponenciais, como é necessário nesse caso, requer manejar calculadoras financeiras ou planilhas eletrônicas. Diante do desafio, se dedicarmos tempo a aprender como aplicar a fórmula, poderemos descobrir qual é a revenda mais interessante. Porém, uma vez comprado o carro, como só usamos a fórmula uma vez, é possível que esqueçamos como usá-la. Assim, podemos concluir que o aprendizado envolveu bem mais do que memorizar palavras, mas ainda foi superficial.

O terceiro caso é um pouco diferente. Um engenheiro civil precisa examinar uma estrutura — ou a sua planta — e ser capaz de dizer se vai aguentar a carga prevista. Pode ser no olho ou requerer alguns cálculos. Esse é um conhecimento sem data de validade. Toda a sua carreira será pontilhada de ocasiões em que terá de avaliar se o edifício ou a ponte ameaça cair. Desabou um viaduto em Belo Horizonte, resultado de um erro de cálculo. Qualquer engenheiro experiente, batendo o olho na planta, teria visto um subdimensionamento escandaloso das vigas. Mas, ao que parece, os cálculos foram delegados a estagiários que não tinham tal sensibilidade. Esse, portanto, é um tipo de conhecimento para ser usado no cotidiano. Então, é uma boa ideia aprendê-lo em profundidade, para que não seja esquecido mais adiante.

> O aprendizado que nos interessa é aquele que corresponde à terceira categoria. E, também, o utilizado para transformar a segunda, mais superficial, na terceira, mais aprofundada. Consiste em aprender solidamente, para que possamos usar o conhecimento quando chegar a hora, seja amanhã, seja daqui a 10 anos.

No fundo, vamos à escola para adquirir conhecimentos que serão úteis para a vida. Pode ser a regra de três. Pode ser uma ideia de onde estão os países e as pessoas no mundo. Pode ser uma maneira de redigir de forma clara e elegante, pois isso pode ser nosso cartão de visita. Pode ser o conhecimento de como funciona um transistor ou um telefone celular. Pode ser uma bagagem de história, para entender se o que lemos no jornal é uma repetição do passado ou se podemos estar caminhando em direções imprevistas. E pode ser o trato refinado com a língua, que nos permite o deleite de ler e aprender com um livro clássico.

Infelizmente, precisamos também adquirir conhecimentos que só servem para passar na prova. Cabe a cada um desenvolver as prioridades de aprendizado para cada caso.

A ESCOLA NÃO DEVE SER VISTA COMO UM PERÍODO SOFRIDO EM QUE ACUMULAMOS CONHECIMENTOS INÚTEIS. SE ELA NÃO SERVIR PARA DESVENDAR NOVOS HORIZONTES, FALHARÁ NO SEU PAPEL.

Vejamos um exemplo elucidativo do que significa aprender, adaptado do excelente livro *Fixe o conhecimento*, de Peter Brown (Penso, 2018).

O piloto de um pequeno avião bimotor trabalhava para uma fábrica e tinha como missão buscar peças para a linha de montagem caso houvesse uma falha no despacho regular. Era um piloto experiente; fez toda a formação necessária, complementada por cursos acerca do avião que pilotava.

Em uma de suas viagens, um bom tempo depois da decolagem, notou uma queda de pressão em um dos motores. O que fazer? Se julgasse que o motor aguentaria chegar ao destino, continuaria. Ou voltaria, dependendo de onde estava. Mas, se continuasse, o motor poderia travar, e ficaria apenas com o outro. Dado o peso da carga que levava, o avião voaria apenas com um motor? Uma alternativa seria buscar outra pista de pouso mais perto. Ou tentar um pouso de emergência no local mais favorável que encontrasse.

Para decidir o que fazer, tinha que considerar tudo o que aprendera nos cursos que realizara: a natureza da pane e suas consequências, a leitura de cartas para achar alternativas de pouso, a capacidade de carga do avião e uma montanha de outras considerações técnicas.

Eis a situação. De um lado, toda a sua educação, tudo o que aprendeu sobre voo e sobre o seu avião. De outro, uma decisão crítica a ser tomada: qual alternativa escolher?

Se a sua educação o levou a tomar a decisão certa, foi porque aprendeu o que lhe foi ensinado. Se tomou a decisão errada, todo o esforço nos bancos escolares não serviu de nada.

Muito simplesmente, aprender é isso. É adquirir os conhecimentos que levam a resolver os problemas que vão sendo encontrados ao longo da vida. Se a educação é qualquer coisa menos do que isso, ela fracassou.

Em grande medida, este livro lida com o aprender, para que fique aprendido para sempre o que nos vai servir ao longo da vida. Não obstante, ajuda igualmente a preparar-se para o cotidiano da escola. No caso de algumas provas e avaliações, aprende-se apenas para passar de ano. De fato, para quem resolveu ser professor de literatura, decorar as valências da química pouco contribuirá para sua carreira ou sua cultura.

Retornando, então, ao mote deste capítulo: quem disse "Aprendi, mas já esqueci" não aprendeu de verdade. Apenas tocou na superfície do assunto, e, por essa razão, a memória do aprendido logo evaporou. E o que sobrou? Nada, absolutamente nada. Foi uma grande perda de tempo, pois algum trabalho deu para chegar a um conhecimento que se revelou perecível.

PRATIQUE!

▶ Vasculhe sua memória e identifique pelo menos um exemplo de cada uma das três categorias de aprendizado. Encontre uma primeira situação em que pouco importa se o aprendizado logo será esquecido. Em seguida, outra em que é preciso aprofundar bem mais, para ser capaz de manejar o conceito em problemas do mundo real. Finalmente, pense em seus planos futuros e encontre conhecimentos que pareçam necessários para sua vida.

A. PRIMEIRA REGRA DE OURO: BUNDA/CADEIRA/HORA

$$A = F(B/C/H)$$

Pode-se dizer que tempo de dedicação é o princípio mais básico e mais óbvio da teoria da aprendizagem. Quanto mais tempo com a bunda na cadeira, mais se aprende. Na verdade, é um princípio muito simples: *quanto mais estudamos, mais aprendemos.*

Claro, algumas pessoas aprendem mais rápido. Mas, para uma mesma pessoa, quanto mais tempo dedicar ao estudo, mais aprenderá.

Falta também dizer que, se souber estudar, o tempo rende mais. E ensinar isso é o objetivo deste livro.

O estudo compete com outras atividades que achamos mais agradáveis ou mais atraentes. Portanto, há um diabinho nos tentando: "Por que gastar tanto tempo com os livros se há coisas mais interessantes para fazer?".

Temos de ter a resposta pronta: porque queremos estudar e aprender muito. E a razão é prática:

NOSSO FUTURO DEPENDE DA QUALIDADE DA NOSSA EDUCAÇÃO.

No passado, havia muitos milionários vindos de famílias paupérrimas. E com um pouquinho de educação era possível encontrar um emprego decente. Porém, esses tempos não existem mais. Aumentou dramaticamente a complexidade dos processos de trabalho e do funcionamento da sociedade. Os milionários de hoje são muitíssimo bem-educados. Há poucas exceções. Além disso, há a concorrência. Vivemos em uma sociedade em que cada vez mais gente passou amplo tempo na escola.

Sendo assim, não estudar é uma grande burrice!

Centenas de estudos mostram ganhos dramáticos nos níveis salariais de quem tem mais educação. Por exemplo, alguém com ensino superior ganha quase três vezes mais do que alguém que parou de estudar ao final do ensino médio. E, como aprender bem é essencial para permanecer na escola por mais tempo, para ser aceito em uma escola melhor e até para fazer o vestibular, não basta passar de ano.

Sempre haverá alguém dizendo: "Mas e o fulano, que ficou milionário apesar de não ter estudos!?" O que conta é que hoje são cada vez menos os que alcançam sucesso sem passar longo tempo na escola. E não podemos decidir nosso futuro baseados em ínfimos casos individuais.

Mas quantas horas estudar por dia? Há um limite para o que podemos fazer em um só dia. Quem sabe os coreanos estejam tentando ir além desse limite? Se já estudam 15 horas por dia, aumentar essas horas levará a mais aprendizado? Provavelmente não, pela improdutividade de estudar sob exaustão.

Mas isso é preocupação lá deles. Não é nosso problema, pois não vemos ninguém ao nosso redor morrendo por excesso de estudos. Pelo contrário, pesquisas mostram que os alunos brasileiros, em média, estudam pouco. Os mais dedicados estudam uma ou duas horas além da aula.

SE QUEREMOS APRENDER MAIS, PRECISAMOS ESTUDAR MAIS.

Simples assim.

PRATIQUE!

▶ Faça um levantamento do tempo que você gastou estudando nos últimos sete dias. Diante das suas ambições de carreira, esse tempo de dedicação parece suficiente? Que outras atividades consumiram muito do seu tempo?

▶ Faça a mesma pergunta a amigos e conhecidos. Como se comparam com você?

B. SEGUNDA REGRA DE OURO: "ÁGUA MOLE EM PEDRA DURA..."

Na seção anterior, afirmamos que, quanto mais se estuda, mais se aprende. A próxima pergunta é acerca da fórmula mágica de como aprender.

A resposta é simples: repetir, repetir e repetir. Ao longo deste manual, você encontrará, muitas vezes, a ideia da repetição. Estudar muitas vezes, recordar muitas vezes, fazer testes muitas vezes e assim por diante.

Como regra geral, o conselho de repetir é irrefutável. Mas, para que faça verdadeiro sentido, precisa ser refinado ou complementado. Há maneiras ingênuas e equivocadas de repetir. E há outras altamente produtivas. Temos que conhecê-las.

Aprendemos a cozinhar cozinhando, praticando, repetindo. Mas, se apenas repito os mesmos gestos distraídos, daqui a 30 anos meus pratos serão tão sem graça quanto os de hoje. Há motoristas iniciantes que são barbeiros. Se continuarem dirigindo sem um forte compromisso de identificar suas deficiências e, deliberadamente, tentar corrigi-las, daqui a 30 anos continuarão barbeiros.

A prática *permite* melhorar, essa é a maneira certa de entender. E, na verdade, não é possível melhorar sem prática. Porém, simplesmente repetir é pouco. O que funciona é um esforço permanente e deliberado de avaliar o que estou fazendo para que possa fazê-lo melhor.

É preciso entender como funciona o trânsito das novas informações dentro do nosso cérebro. Entra um colosso de informações. De algumas, nem tomamos conhecimento. Há outras que retemos por pouco tempo. E há aquelas que ficam na memória para sempre. Mas as regras desse trânsito são confusas.

Nossa cabeça funciona com instruções meio desencontradas. Para começar, temos uma memória de curto prazo e outra de longo prazo. A passagem de uma para a outra é regida por regras confusas. É como se chegássemos a um ponto da estrada e encontrássemos uma placa dizendo para prosseguir e outra indicando que não há passagem.

Há estímulos que atingem nossos sentidos, mas não são registrados. Por exemplo, as buzinas no trânsito longínquo. Ou a sequência de casas desinteressantes que vemos pela janela do automóvel. Ou a longa lista de obituários de pessoas que não conhecemos. Ou a imensa floresta vista do avião. Porém, de forma seletiva, algumas coisas que vemos ou ouvimos são retidas e guardadas, sem qualquer esforço, em uma "memória de curto prazo". Sentados em um restaurante, nos lembramos do rosto do garçom que nos serve, para que possamos chamá-lo mais adiante se demora o pedido. Mas, saindo dali, o seu rosto é apagado de nossa memória, justamente porque ele já prestou o serviço esperado e não nos servirá mais.

Contudo, não nos esquecemos de tudo. Nosso cérebro decide reter certas informações. Por exemplo, se no caminho vimos uma camisa simpática e barata, quem sabe voltemos lá mais tarde. Essa informação fica guardada por mais tempo. Dado o nosso interesse prévio pelo assunto, não é preciso qualquer esforço ou providência para armazenar essa informação.

O GRANDE DESAFIO DA APRENDIZAGEM É TRANSFERIR A INFORMAÇÃO IMPORTANTE QUE ESTÁ NA MEMÓRIA DE CURTO PRAZO PARA A DE LONGO PRAZO.

Todo o desafio do aprendizado se resume nessa afirmativa. Como se pode deduzir da expressão, a memória de curto prazo tem vida curta. Sendo assim, boa parte das técnicas de estudo consiste nos truques e piruetas para conseguir a transposição para a memória de longo prazo do que foi visto ou ouvido e captado pela memória de curto prazo.

Para quem está se alfabetizando, a memória de curto prazo precisa durar o suficiente para lembrar-se da primeira letra da palavra que está sendo lida até chegar à última. Sem isso, não entenderá a palavra. Já quem aprende alemão precisa se acostumar a guardar, pendente na memória, uma frase ainda sem sentido, pois o verbo será sempre a última palavra dela.

A memória de curto prazo retém, igualmente, o que estava no menu do restaurante. Mas essas lembranças são quase sempre de curtíssima duração. Em pouco tempo, já nos esquecemos dos pratos oferecidos. E não leva muito para esquecermos também as palavras usadas. Quando sobra alguma coisa, é apenas a ideia contida na frase inteira.

É instrutiva uma analogia com o computador. Nele temos a memória viva, que está nos circuitos do processador central, mantida em existência pela corrente elétrica. E temos também a memória permanente. Em dias pretéritos, estava nos disquetes; passou para o disco rígido e, hoje, pode também estar em um *pen drive* ou na "nuvem". Se desligarmos o computador, o que estiver apenas na memória viva será instantaneamente apagado, para sempre. Portanto, se é algo de que precisaremos no futuro, é necessário passar para um desses meios mais permanentes. Para isso, há uma tecla ou algum lugar em que selecionamos "Salvar", para fazer essa mágica de transformar o efêmero em eterno.

Essa transferência tem a mesma natureza, seja no computador ou no nosso estudo. Se não vai para a memória de longo prazo, evapora para sempre. É crítico decidir "salvar" ou não a informação que nos chegou. De um lado, não queremos sobrecarregar a capacidade de armazenamento da nossa cabeça. E, de outro, não queremos perder informações que poderão servir mais adiante.

Mas é também instrutivo entender que aqui termina a semelhança. O botão "Salvar" é fácil e definitivo. O computador não tem preguiça nem ideias próprias. Assim é a natureza do seu "cérebro".

OS HUMANOS NÃO PASSAM TUDO DE UMA SÓ VEZ PARA A SUA MEMÓRIA DE LONGO PRAZO. PODEM NÃO PASSAR LOGO E PODE NÃO SER UM ARMAZENAMENTO PERMANENTE, COMO NO COMPUTADOR.

Em geral, a informação é passada aos poucos, por caminhos tortuosos e com uma durabilidade meio indefinida. Ou não é passada de todo. De fato, algumas coisas esquecemos segundos depois, outras nos lembramos meia hora depois. Há as que ficam até a semana seguinte. E há o que não esqueceremos por muitos anos ou pela vida toda. Contava-me uma pessoa muito culta e ilustrada que, quando criança, presenciou um atropelamento envolvendo uma motocicleta. A visão, o estrondo e tudo mais deixaram uma impressão tão forte que jamais esquecerá. Desde então, nunca quis ter uma moto.

Sendo assim, o problema central da aprendizagem é obter uma transferência bem-sucedida do que está na memória de curto prazo para a de longo. Isso é tudo, mas nem sempre é fácil.

> Nosso cérebro é muito prático e brutalmente sem cerimônia. Tem um "gerente de memória" que está programado para ir "deletando" tudo, exceto aquilo que pode lhe parecer útil no futuro. Ele tem a obsessão de deixar espaço para o que realmente vai necessitar e o que virá pela frente. Mas erra muito no seu julgamento.

Então, o processo de aprender alguma coisa consiste em negociar, visando a convencer o nosso "gerente de memória". Ele precisa ficar sabendo o que queremos aprender para permitir a transferência da memória de curto para a de longo prazo. Se falharmos nesse convencimento, desaparece o que queríamos guardar. Como se verá ao longo do livro, há muitos truques para conseguir isso. Seja como for, o mais importante e o mais comum é a *repetição*.

SEM REPETIÇÃO, SEM VOLTAR AO ASSUNTO, SEM INSISTIR, SÃO PEQUENAS AS CHANCES DE ENFIAR O NOVO CONHECIMENTO EM UM LOCAL DA MEMÓRIA MAIS ESTÁVEL.

Daí a primeira regra de ouro, já mencionada: bunda/cadeira/hora. É a regra da teimosia, da água mole em pedra dura que tanto bate até que fura. No fundo, repetir é o que materializa essa primeira regra.

Havíamos mencionado uma semelhança entre a nossa memória e a do computador, constatando que há a de curto prazo, volátil, e a de longo prazo, durável. Mas há, em contraste, uma diferença brutal. Na memória do computador, em milissegundos, é gravada a informação no disco. E lá fica, indefinidamente.

Nós, humanos, temos uma memória cheia de manias. Da primeira vez, não grava tudo de forma confiável. Pelo contrário, é preciso insistir, voltar ao assunto várias vezes. Nesse sentido, é mais parecida com os exercícios de musculação. Não fazem efeito se não forem repetidos.

Esses temas serão retomados no Capítulo VI. Ali estão regras práticas para aumentar as chances de transferir o ouvido e entendido para a memória de longo prazo. E é ela o único lugar em que pode estar guardada a nossa educação.

II.

PREPARATIVOS: O AMBIENTE DEVE AJUDAR, NÃO ATRAPALHAR

A. CONFORTO — ATÉ CERTO PONTO

Se você é um dos poucos que consegue aprender estando na mesma sala onde berram os atores de uma novela, este capítulo não é para você. Porém, se costuma ter dificuldades para começar a estudar, controlar o ambiente físico pode dar uma boa ajuda.

Há pessoas capazes de estudar em pé, até no ônibus. Ou então em meio à criançada correndo e gritando. Mas são poucas. Para a maioria, tais proezas podem até ser aprendidas, mas esse talento não vem "de fábrica".

> Estudar é um hábito, como escovar os dentes ou qualquer outro. Depois de adquirido, entra no piloto automático, e tudo fica mais fácil.

É como dar o laço no cadarço do sapato ou lembrar-se de pendurar a roupa no cabide. Com o tempo, vai ficando automático e indolor. Para quem se habituou a estudar, deixa de ser sacrifício. Não é tentador?

Estudar não é muito diferente de fazer ginástica. Quem nunca fez, no primeiro dia fica com o corpo dolorido. Aos poucos, além de não causar mais dor, a ginástica torna-se agradável. E quem faz ginástica por muito tempo, quando para, sente falta.

A maioria de nós tem dificuldades para estudar em um ambiente físico desconfortável ou cheio de convites para fazer outra coisa ou pensar em outro assunto. Ao estudar, saímos da nossa "zona de conforto" e enfrentamos, cara a cara, a nossa ignorância. É óbvio: se já soubéssemos tudo, não precisaríamos estudar. Daí a tentação de fugir do confronto usando qualquer desculpa. Para estudar sem esforço, a cabeça precisa aprender a gostar do desafio de lidar com o novo, com o desconhecido.

AO ESTUDAR, ESTAMOS SEMPRE AMEAÇADOS. TEMEMOS QUE NOSSO AMOR-PRÓPRIO SOFRA UM REVÉS QUANDO NÃO ENTENDEMOS A LIÇÃO.

É como se um diabinho estivesse o tempo todo nos soprando no ouvido: "Você não vai entender isso, fracassar é ruim!". Portanto, nada como um chamado providencial de um amigo para fazer coisas mais agradáveis — e que não machucam o nosso amor-próprio.

Para proteger nosso estudo, uma primeiríssima providência é criar ou adaptar um espaço físico que atrapalhe, tanto quanto possível, o trabalho desse "satanás das distrações".

PODE PARECER ÓBVIO, MAS HÁ UM PRIMEIRO ASSUNTO A SER TRATADO: O CONFORTO FÍSICO.

 A cadeira é confortável? Ou a cada momento dói alguma parte do corpo? Atenção: conforto demais não é bom, pois favorece os cochilos frequentes.

Há uma mesa com espaço suficiente para colocar todos os livros e papéis?

 Há lugar conveniente para guardar os materiais depois do estudo? Dá trabalho para recuperar tudo na próxima vez?

 E a iluminação? Se é imprópria para o estudo, é mais um fator atrapalhando. Parece uma regra óbvia, mas não é. É curioso verificar as dificuldades de encontrar um quarto de hotel em que se possa ler confortavelmente (em geral, só no banheiro há boa iluminação). Precisamos de uma lâmpada, se for das velhas incandescentes, com potência mínima de 60 ou 100 watts. E que não esteja a mais de um metro de distância do livro. Mas, sozinha, ela cria um contraste excessivo, tornando a leitura desconfortável. Portanto, outras fontes de iluminação no ambiente ajudam.

PRATIQUE!

Descreva e avalie o lugar onde você estuda:

- ▶ anote os pontos positivos (p. ex., silêncio, ausência de interrupções, espaço para dispor seus materiais);
- ▶ anote os pontos negativos (p. ex., falta de lugar para guardar os livros, dificuldade para achar papéis importantes, telefone tocando).

Escreva uma nota com as suas conclusões, avaliando o seu local de estudo.

B. MESA ARRUMADA, CABEÇA ARRUMADA

Pode parecer psicologia de botequim, mas é verdade. Há boas pesquisas mostrando: a ordem (ou desordem) física ao nosso redor condiciona a ordem (ou desordem) que reina em nossa cabeça. Se a mente está confusa e não conseguimos arrumar os pensamentos para começar a estudar, um ambiente bagunçado só pode atrapalhar.

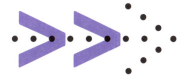

O remédio é intervir na ordem material à nossa volta, pois isso nos ajuda a fixar a cabeça no trabalho a ser feito. *Se antes de começar o estudo arrumamos nossa mesa, isso tem o efeito quase mágico de arrumar a nossa cabeça.* Portanto, se está difícil se concentrar nos estudos, colocar livros e papéis em ordem costuma ajudar.

Além disso, a preparação para o começo dos estudos tem outra função prática. Em meio a um estudo difícil, há o tal diabinho dentro de nós, que, a cada ocasião, nos sussurra: "Não dá para continuar sem o dicionário!". Ou então: "Onde fazer os apontamentos, se não há caderno de notas? E cadê aquela página com suas notas de aula?". No fundo, ele está sempre querendo encontrar uma desculpa para nos fazer perder tempo, interromper ou até abandonar o estudo.

Portanto, proteja-se das interrupções que vêm na hora errada. Prepare tudo antes e evite desculpas para ir procurar alguma coisa que faltou.

Mas o que poderia ser um remédio pode se converter em uma doença. *Arrumar a mesa pode virar uma desculpa para não começar a estudar.* O que deveria ser um processo simples prolonga-se indefinidamente. Primeiro colocar os livros na estante, depois apontar os lápis, em seguida passar a limpo a aula anterior e... outras tarefas vão aparecer. Nesse ritmo, não chega a hora de estudar.

PRATIQUE!

▶ Em um dia em que você estiver particularmente agitado e com dificuldades de concentração, tente arrumar sua mesa ou suas gavetas. Reflita depois: ajudou?

C. "FAÇO MUITAS COISAS AO MESMO TEMPO": DÁ CERTO?

As novas gerações fazem tudo ao mesmo tempo: enquanto assistem à televisão, a internet está sempre ligada. Quem sabe ouvem ainda uma música? Arrumam a casa enquanto tomam algo. No meio da confusão, dizem que estudam também.

E ainda se gabam de sua competência multitarefas — ou *multitasking*, para usar o termo da moda, em inglês! Fazer tudo ao mesmo tempo virou uma religião da juventude. Será que isso é uma boa ideia, e não um modismo passageiro?

Já sabemos um pouco sobre esse estilo de vida plugado em tudo ao mesmo tempo. E, para a educação, as notícias não são nada boas. Essa religião do *multitasking* tem suas limitações. Dá para fazer muitas coisas ao mesmo tempo, é verdade. Mas pesquisas recentes mostram que, pelo menos em algumas atividades, a qualidade do trabalho é comprometida.

Na prática, algumas coisas saem direito. Outras, não.

Se a casa ficar mal varrida, não importa muito. Se perdermos o fio da meada da novela, vamos recuperar o enredo no próximo capítulo. Mas há assuntos que não se aprendem aos pedacinhos ou junto com outras atividades. Azar deles? Não é bem assim. Saem perdendo os que acreditam na sua capacidade de fazer tudo ao mesmo tempo.

> **Aqueles conhecimentos cujo domínio é mais vital para o nosso sucesso futuro não devem ser estudados no picadinho.**

Posso aprender uma nova palavra em inglês em um par de minutos. Isso pode ser intercalado com muitas outras atividades. Há quem escreva as novas palavras a decorar no *box* do chuveiro. Esse tipo de aprendizado pode dar certo, entremeado com tudo o mais que está acontecendo.

Mas não dá para entender o conceito de derivadas e integrais ouvindo *rock* pauleira. Vendo novela, não é possível entender por que começou a Primeira Guerra Mundial. E como entender a diferença entre peso e massa em meio a um grande falatório?

Diante de certos assuntos, como os mencionados, não dá para pular de uma coisa a outra ou embolar tudo ao mesmo tempo. Esses assuntos difíceis tendem a ser justamente aqueles que farão a diferença no seu futuro. Ninguém perde a promoção no emprego por desconhecer a escalação do time ou a letra da música da moda. Mas pode perder se não for capaz de interpretar uma tabela estatística. *O que conta é a formação, em contraste com a informação.* Essa última se pode aprender picadinho. A primeira, não.

A FORMAÇÃO, SENDO MAIS PROFUNDA E DIFÍCIL, EXIGE CONCENTRAÇÃO.

Portanto, nos estudos mais pesados, cuidado com os *e-mails* apitando no computador! Quando estamos chegando ao ponto de saturação da nossa capacidade de nos concentrar em um assunto árduo, espiar dois ou três *e-mails* que apitaram pode ser uma pausa bem-vinda. Mas, em geral, nas tarefas que exigem muita concentração, isolar-se dos *e-mails* é uma boa ideia. Não dá para ficar com um olho no estudo e outro na caixa de mensagens. O mesmo vale para o telefone que toca.

> **Seu futuro depende de proteger da distração certos estudos mais árduos, por acreditar que são vitais para a sua educação.**

PRATIQUE!

▶ Escolha duas tarefas igualmente complexas. Em uma delas, interrompa a cada vez que ouvir o "plim" do *e-mail* ou de uma mensagem chegando. Na segunda, desligue o "plim" ou vá para longe do computador. Dedique à tarefa toda a sua atenção, sem saltar para *e-mails* ou outras distrações.

▶ Após esse experimento, faça um balanço honesto do seu rendimento em cada uma das situações.

D. O SILÊNCIO É DE OURO

Assim como algumas pessoas são visuais, ficando meio traumatizadas em um ambiente onde os objetos estão fora do lugar, há outras para quem os sons e ruídos trazem desconforto ou desconcentração. Quando o dever de matemática não dá certo, aquela música do vizinho começa a incomodar.

Pesquisas mostraram que escritórios barulhentos (tipo *open office*) tiram a concentração das pessoas e reduzem a produtividade. Isso é mais verdade quando lidamos com assuntos novos e difíceis. Uma pesquisa demonstrou que o nível alto de ruído em uma fábrica reduzia em 5% a produtividade. Uma outra pesquisa, em Nova Iorque, verificou que, nas salas cujas janelas davam para um metrô barulhento, os alunos tinham um rendimento que correspondia a um ano a menos de escola. Nas salas do outro lado, tinham aproveitamento normal.

Essa perda é mais notável quando o trabalho não é de rotina. Ao executar tarefas já bem dominadas, operamos no "piloto automático", pois requerem pouca ou nenhuma concentração. Sendo assim, o barulho atrapalha bem menos. E, se for uma música de que gostamos, pode ajudar a tolerar a repetição.

No outro extremo, pode ser que os sons sejam apaixonantes, tirando também a nossa concentração. Há pessoas que ficam sujeitas a acidentes de trânsito se ouvirem música enquanto dirigem, pois são transportadas para as notas que fluem e não prestam atenção em mais nada. A maioria de nós fica no meio do caminho: nem bate o carro, nem possui um interruptor para desligar os ouvidos quando precisa estudar. Portanto, é preciso administrar os sons que nos cercam.

Música para estudar? Não há unanimidade por parte de quem já pesquisou o assunto. Em princípio, depende de cada um. Em geral, para quem precisa de música, melhor que seja calma e apenas instrumental. Se o fone com a música protege da poluição sonora do ambiente, pode também ajudar.

Mas é preciso voltar à ideia central deste tópico.

> > **DIANTE DE UMA TAREFA DE ROTINA, CONHECIDA E QUE NÃO REQUER MUITO ESFORÇO MENTAL, A MÚSICA PODE SER UMA BOA IDEIA. MAS ATRAPALHA SE FOR PARA APRENDER ALGO NOVO OU ENTENDER UM ASSUNTO DIFÍCIL.** < <

Portanto, controlar os sons e ruídos deve ser uma preocupação para quase todos. Se não é possível baixar o volume da novela do vizinho, essa é a hora de escolher um estudo mais leve. Ficam as equações para mais tarde.

Em um país barulhento como o nosso, estudar em bibliotecas pode ser uma solução adequada. Enfim, cada um é cada um e precisa avaliar o efeito do ruído e da música na qualidade do seu estudo.

PRATIQUE!

▶ Faça um balanço dos sons que entram em sua vida. Eles atrapalham seus estudos? Dá para encontrar soluções que evitem ou atenuem o problema?

E. POSSO INTERROMPER? TEM HORA QUE NÃO PODE

O bom uso do tempo é um dos aspectos mais críticos para a nossa produtividade. O que mais atrapalha são as interrupções e as tarefas feitas na hora errada (em geral, tarde demais).

Como já foi dito, algumas tarefas podem ser feitas "picadinhas" ou misturadas com outras atividades; um pedaço agora, outro daqui a pouco. Por exemplo, arrumar a casa ou os livros. Aproveitamos a ida ao banheiro para levar a camisa suja para a cesta.

Na volta, recolhemos um copo servido e recolocamos na estante o livro largado no corredor. Mesmo na área dos estudos existem atividades desse tipo, como passar a limpo as anotações, o que requer pouca força de vontade e energia. Mas há outras atividades que exigem concentração, e não é pouca. Se há interrupções, atrapalham muito.

NÃO ESQUEÇA QUE, COMO OS MÚSCULOS, A CABEÇA REQUER UM PERÍODO DE "AQUECIMENTO" PRÉVIO.

Músculo frio não funciona bem. Por isso, os jogadores aquecem seus músculos antes de entrar em campo. Na mesma lógica, cabeça dispersa também precisa ser preparada. Por exemplo, não dá para estudar estatística ou teorias econômicas nos minutos que sobraram espremidos entre dois compromissos.

> **Para os temas difíceis, é preciso blindar blocos de tempo, sem interrupções.**

As maneiras mais fáceis consistem em reservar para eles momentos em que estamos em espaços físicos protegidos de interrupções e ruídos, também escolhendo horários em que há menos "invasores" externos.

Além disso, é preciso combinar com aqueles que costumam criar interrupções. É preciso acertar, em casa, os horários em que ninguém pode bater na porta perguntando onde está o xampu. Podemos fazer palavras cruzadas na mesa do café, mesmo com gente entrando e saindo. No meio da preparação de uma lista de compras, passamos a manteiga ou reclamamos do café frio. Mas, nessa confusão, não dá para entender o segundo princípio da termodinâmica.

Há outro aspecto a ser lembrado. Nosso corpo opera com ciclos de aceleração e calma, sono e agitação, vontade de fazer coisas e vontade de não fazer nada. Cada um tem os seus próprios ritmos (chamados de "circádicos"). Portanto, você tem que conhecer os seus e adaptar sua vida a eles. Há horas melhores para estudar assuntos difíceis. Algumas pessoas são matinais. Outras só aceleram a máquina depois da meia-noite.

CADA UM DEVE DESCOBRIR AS HORAS BOAS PARA ESTUDAR AQUELE ASSUNTO MAIS PENOSO OU AMEAÇADOR.

O telefone mereceria um capítulo à parte. De que adianta brigar para que ninguém nos interrompa se atendemos ao telefone assim que ele toca ou o pegamos para conferir as notificações? Administrar o telefone pode ser um tema crítico para certas pessoas. E para você? Com quem poderia bater na porta, é quase sempre possível combinar as horas em que isso seria inconveniente. Mas quem está do outro lado do celular, como vai saber se você está lendo jornal ou resolvendo uma equação quadrática?

A solução é simples: todo telefone tem um botãozinho que o silencia, por um método ou outro. É boa ideia usá-lo.

PRATIQUE!

- ▶ Investigue como é o seu ritmo ao longo do dia. Ao acordar, você está pronto para o que der e vier? Ou seu corpo pede mais cama? Responde bem às atividades intelectuais? E a esportes vigorosos? Se você é dos que custam a aquecer, quantas horas leva para que isso aconteça? Como é a sua tarde? Sonolenta após o almoço ou cheia de energia? E à noite, quando tudo está mais sereno e silencioso? É hora de estudar? Ou já acabou o gás para tais atividades?

- ▶ Redija um parágrafo reportando suas conclusões. Com base nelas, quais são os melhores horários para o estudo mais pesado? E para as atividades mais leves e menos exigentes?

F. DIFÍCIL SE CONCENTRAR? HÁ REMÉDIOS

Muito já se escreveu sobre as dificuldades de concentração. Bons conselhos não faltam. Um dos mais úteis é ter um local só para o estudo — e que seja o mais apropriado possível. Quando nos sentamos "naquela" cadeira, é para estudar. Nossa cabeça vai se acostumando a essa ideia, vai criando o que os psicólogos chamam de "reflexo condicionado". O psicólogo russo Pavlov nos oferece o exemplo clássico com seus experimentos com cachorros. Vemos isso em casa quando, ao ouvir os ruídos que prenunciam o seu almoço, os cães começam a se alvoroçar. Ou seja, certos sinais do ambiente ligam um interruptor em nossa mente, associando determinados eventos ao que vem depois.

É boa ideia, portanto, criar o hábito de estudar em um mesmo lugar, de tal forma que, quando nos sentamos naquela cadeira, alguma coisa dentro de nós faz começarmos a estudar. Já que falamos de cachorros, observemos os seus hábitos, as cadeiras de que gostam, onde fazem pipi, e por aí afora. Somos parecidos, pois também temos hábitos e situações que condicionam nosso comportamento. Ao colocar o tênis e a camiseta, nossos músculos já sabem que vem exercício e se preparam. É preciso aproveitar esses instintos para ajudar nos estudos.

Mas essa regra não é rígida. Há estudantes nômades que gostam de mudar de lugar, para variar. Um dia na praça, outro na sala, outro no quarto, outro no café da esquina.

CADA UM DEVE DESCOBRIR O QUE É MELHOR PARA SI.

Além do ambiente físico, há outros fatores que ajudam — ou atrapalham. É difícil estudar depois de correr uma maratona, mesmo estando acostumado. Exercícios pesados não facilitam a concentração. Da mesma forma, não vai bem o aprendizado de verbos irregulares depois daquela feijoada.

É difícil estudar depois de atividades de alta adrenalina, como um jogo árduo do nosso time favorito ou uma trapalhada de família. Temos que administrar nossa vida para minimizar a ocorrência desses eventos de alta eletricidade antes da hora de estudar.

Alguns escritos sobre o assunto sugerem exercícios de meditação antes do estudo. Ótimo, desde que a meditação não termine em um belo cochilo, um evento nada improvável.

Outra sugestão é eliminar as preocupações e pressões na agenda. Em vez de pôr a atenção nos estudos, ficamos pensando no que precisamos fazer. Há que marcar o dentista, pagar a conta do telefone, responder ao *e-mail* do amigo, e por aí afora. A solução clássica para os borbotões de tarefas do cotidiano que nos invadem a mente é fazer uma lista. Como tudo a ser feito é descarregado no papel, não é mais preciso deixar uma parte da nossa cabeça de sobreaviso, com medo de esquecer os compromissos futuros. Está na lista, pronto! (Ainda voltaremos ao assunto lista.)

Se estamos realmente acelerados, isso torna muito difícil a concentração necessária para estudar seriamente. Quando isso acontece, operamos como nossos antepassados pré-históricos diante de perigos. Não raciocinamos, e tudo vai no piloto automático das reações programadas em áreas mais primitivas do nosso cérebro. Mas há boas técnicas para reduzir a velocidade do nosso metabolismo, sem recorrer a remédios de farmácia.

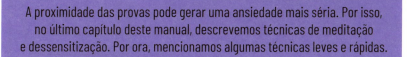

A proximidade das provas pode gerar uma ansiedade mais séria. Por isso, no último capítulo deste manual, descrevemos técnicas de meditação e dessensitização. Por ora, mencionamos algumas técnicas leves e rápidas.

>> Respire fundo seis vezes. Lentamente, inspire pelo nariz e expire pela boca, com toda a calma.

>> Na sua imaginação, visite um lugar atraente e tranquilo, como um belo parque ou uma praia deserta. Cada um terá a imagem que mais o tranquiliza. Tente visualizar a cena imaginada, com todos os detalhes do lugar.

>> Pense em alguma coisa agradável que você vai fazer no fim de semana.

>> Abrace alguém. É um santo remédio. O contato humano faz mágicas na hora em que precisamos.

>> Movimente-se! Vá até a janela, olhe os passarinhos. Passeie no lugar próximo mais agradável.

>> Suba uma escada para acelerar o coração. Costuma ajudar.

PRATIQUE!

▶ Faça um teste com cada uma das técnicas sugeridas acima. Avalie o resultado de cada uma. Decida quais são mais eficazes no seu caso.

Nem sempre o problema é estar acelerado ou inquieto. Pode ser o oposto: ficar com sono. Isso pode acontecer — com algumas pessoas mais do que com outras. É bem sabido: quando tentamos prestar atenção em alguma coisa, o esforço costuma dar sono. É assim mesmo, faz parte da natureza da nossa máquina.

No entanto, lutar contra o sono pode não ser uma boa ideia. Talvez seja melhor tirar um cochilo de alguns minutos e, depois, voltar aos estudos. Às vezes, menos de cinco minutos são suficientes.

Um truque interessante é não buscar uma posição totalmente confortável para esse cochilo. Há o risco de dormir a sono solto e perder a hora. É melhor um pouquinho de desconforto, pois isso leva a um sono curto. Em resumo, soneca na cadeira, e não na cama!

Tampouco é o caso de favorecer o aparecimento do sono. Estudar na cama é convite certeiro para a sonolência. Afinal, estamos condicionados a isso e o conforto da cama relaxa mais do que o apropriado para estudar.

Mas, em todos os casos descritos neste capítulo, depende de cada um. O conselho final é que você identifique as causas da sua dificuldade de concentração nos assuntos mais árduos da escola. E, obviamente, tente contorná-las.

O TEMPO É A SUA MAIOR RIQUEZA, HÁ QUE ADMINISTRÁ-LO

Neste capítulo, você aprenderá como melhorar suas habilidades de gerenciar seu tempo. *Lembre-se: o tempo é o recurso mais precioso que você tem!* Nos negócios, tempo é dinheiro. Nos estudos, o tempo é a matéria-prima a ser consumida no aprendizado.

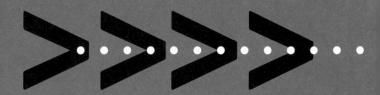

A. SEU TEMPO NÃO DÁ PARA NADA?

Assim como há perdas de tempo durante a aula, há enormes perdas por parte dos alunos fora dela, causadas pelo mau uso do tempo disponível para estudar. Aprender a usar bem o seu tempo é uma das consequências esperadas deste manual.

Na aula, o professor administra o tempo de todos. Pode fazê-lo bem ou mal. Porém, como aluno, não está ao seu alcance mudar isso. Já em casa, tudo depende de você. Se não sabe gerir seu tempo, será prejudicado. Infelizmente, a maioria dos alunos não sabe se preparar para os estudos, não sabe estudar e nem mesmo por onde começar, além de ter dificuldades de concentração. Em suma, não sabe obter o máximo proveito do seu tempo.

> Organizar o tempo é tão importante quanto qualquer outro tipo de providência para aprender mais.

Assim como não achamos as coisas em uma casa bagunçada, o uso indisciplinado do tempo leva a maus resultados escolares. O bom uso do tempo é importante não só para o sucesso escolar mas também porque a escola é uma preparação para o trabalho. E, para quem já trabalha, aprender a aproveitar bem o tempo vale para as duas coisas (assim, é duplamente valioso).

Há uma tendência universal de perder tempo com atividades secundárias e menos penosas. Fica para mais tarde o importante. É da natureza humana. Muitas vezes, essa tarefa mais difícil nos amedronta. O resultado é que nos arriscamos a terminar o dia sem apronstar aquilo que é mais importante para o nosso sucesso futuro. Vão aparecendo outras tarefas e distrações, e o dia vai se esvaindo.

É preciso planejar o tempo de forma a conseguir terminar, pelo menos, o que consideramos indispensável. Sendo assim,

O PRIMEIRO PASSO É ELABORAR UMA LISTA COM TUDO O QUE PRECISAMOS FAZER E, EM SEGUIDA, DEFINIR A PRIORIDADE DE CADA ITEM DA LISTA.

Para a maioria das pessoas, há sempre mais coisas a serem feitas do que tempo disponível. Aliás, essa é a marca de uma vida interessante. Porém, quase todos usam muito mal o tempo.

NA VERDADE, NOSSO PROBLEMA MAIOR NÃO É A FALTA DE TEMPO, MAS O TEMPO MAL APROVEITADO.

Logo, o problema a ser resolvido é como usar melhor o pouco ou muito tempo que temos.

Em um livro antigo e muito divertido chamado *A lei de Parkinson*, o autor Cyril Northcote Parkinson descreve uma velhinha que leva a tarde toda para pôr uma carta no correio. O tempo é desperdiçado em dezenas de etapas preparatórias. Para ela, a perda não significa nada, pois não tem muito o que fazer. Mas, mesmo cheios de compromissos, muitos de nós fazemos como a velhinha, jogando tempo fora ao longo do dia. Vira pó o tempo que era para virar estudo e aprendizado!

Há quem diga que, se precisamos pedir a alguém que faça alguma coisa para nós, é melhor escolher uma pessoa já bem ocupada. Essas são as que conseguem administrar bem o seu tempo e vão cumprir a missão.

PRATIQUE!

▶ Considere um bloco de tempo de algumas horas, por exemplo, uma tarde. Ao longo desse período, vá anotando como você usa o seu tempo. Quantas atividades começou e não acabou? Quais poderiam ser postergadas ou eliminadas? Confrontando com sua real lista de prioridades, o que você fez corresponde ao que achava ser mais importante ao elaborar a lista? Olhando o resultado dessa análise, que nota você daria a si mesmo?

B. TUDO LEVA MAIS TEMPO...

Grandes empresas de construção têm equipes especializadas em planejamento buscando estimar quanto tempo levará a obra e quanto custará. Não obstante, costumam errar monumentalmente, seja nos prazos, seja nos orçamentos. Mesmo os bons profissionais compartilham com todos nós uma incapacidade de antecipar a enchente de problemas — pequenos e grandes — que ocorrem ao longo da obra.

Lemos nos jornais sobre barulhentos escândalos causados por incompetência e corrupção. Mas obras seriamente conduzidas por gente responsável também furam orçamentos e prazos. Quando trabalhava no Banco Mundial, sempre via o rigor com que se cobrava o planejamento e os resultados dos seus empréstimos. Nesse período, estava em construção o enorme edifício da diretoria. Pois não é que espoca um escândalo? A obra furou o orçamento em mais de 50 milhões de dólares! Que vergonha para a instituição! Corre daqui, corre dali para ver quem seria o culpado. Indignação, inquéritos e promessas de punições.

Meu colega da sala ao lado era arquiteto e participou da comissão criada. E foi ele quem me relatou a novela. Cada chefe de divisão recebera uma planta do espaço que seria dedicado aos seus subordinados, com instruções para que a examinasse e propusesse correções. Atropelados pelas pressões de trabalho, os chefes apenas deram uma olhada e aprovaram. Anos depois, quando a obra chegava ao fim, foram ver com mais cuidado as plantas. Descobriram que não era daquilo que necessitavam. Sendo assim, muitos pediram retificações. Porém, pelo avançado da obra e pelo contrato, elas saíram caríssimas. Daí o estouro do orçamento: apenas um somatório de desatenções, por parte de pessoas em tudo honestas e responsáveis. Moral da história: não houve nenhum grande pecador, apenas a coleção de descuidos do cotidiano.

Sendo assim, há sempre o consolo de que gente mais experiente se iludiu pateticamente com os prazos. Seja como for, se há uma predição com boas chances de se materializar é a de que você vai subestimar o tempo que gastará para fazer o que quer que seja.

Ponha isso na sua cabeça. Tente introduzir um "coeficiente de ineficiência" nos seus planos de trabalho. Lembre-se: tudo pode dar errado. E é quase certo que muitos planos vão falhar e muitos acidentes vão pipocar. Faz parte.

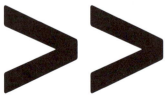

C. O IMPORTANTE E O URGENTE: INIMIGOS MORTAIS!

Falemos do venerando conflito entre o importante e o urgente. Algumas coisas são mais importantes, isto é, se não as fizermos, as consequências negativas serão sérias, pagaremos o preço. Outras coisas são urgentes, pois na prática há pressões para que sejam logo feitas. À primeira vista, são ideias irmãs e aliadas.

NA PRÁTICA, O URGENTE É O MAIOR INIMIGO DO IMPORTANTE.

O urgente clama, os interessados reclamam, os prazos estão vencendo! São sempre tarefas tangíveis e concretas: atender o telefone, lidar com a crise ou cuidar do encanamento entupido. E, se não pagarmos a conta, o meirinho vai levar a geladeira. Sabemos que alguém cobrará, e coisa boa não vai resultar.

> **O problema é que, de urgência em urgência, o tempo vai se escoando. Aos trambolhões, fazemos o urgente. Mas e o importante?**

Limpar a imundice do carro antes de encontrar a namorada é urgente. Trocar o óleo é importante, embora não seja urgente. Pode esperar. Porém, se não for trocado, funde o motor!

Para a nossa carreira futura, entender bem estatística é mais importante do que lavar o carro, ir ao aniversário do amigo ou aproveitar aquela liquidação para comprar a camisa sonhada. Porém, o importante costuma não ser urgente. Não somos pressionados por cobranças imediatas. Assim, é empurrado para o futuro pela sucessão das coisas urgentes. Acaba não sendo feito. Daí a regra de estabelecer prioridades claras e um planejamento realista do tempo.

O desenlace infeliz é quando *o importante vira urgente*. Costuma ser quando é tarde demais para fazer bem-feito. Chegou a hora da prova e, cuidando de urgência em urgência, não estudamos. Agora não dá mais tempo!

Propomos como primeira regra de ação: antes vem o estudo do mais importante. É o que traz as piores consequências no longo prazo se não for feito. Depois vem o resto.

> **Nosso esforço tem que se voltar para o importante. O urgente vem sozinho, com as reclamações, pedidos e outras solicitações externas.**

A melhor hora de fazer alguma coisa não é, em geral, o último minuto antes do prazo fatal. Embora alguns trabalhem melhor sob pressão, há tarefas preparatórias — como conseguir uma referência ou uma informação — que dependem de outras pessoas, cujo ritmo de trabalho não podemos controlar. E, como mostraremos adiante, o bom aprendizado exige ver e rever a mesma ideia, até que ela amadureça. Portanto, precisa de tempo para sua consolidação.

Vejamos um exemplo da minha experiência de colunista da *Veja* e do *Estadão*. Vou amadurecendo, ao longo de bom tempo, os ensaios que escreverei. Em algum momento, sento-me e redijo tudo. Uma ou duas horas tendem a ser suficientes. Está pronto? Não! Leio no dia seguinte e identifico um montão de erros e de frases desencontradas. Ficou pronto então? Novamente, não! A cada dia que reabro o arquivo, encontro inúmeros probleminhas no texto. Quando, finalmente, aperto a tecla para despachar o arquivo, já terá sido lido não sei quantas vezes. E não daria certo redigir e ler 20 vezes em seguida. O texto tem que ter tempo para descansar. Há quem escreva certo da primeira vez. Não é o meu caso. A lição para mim é clara: o texto escrito de véspera é bastante mais tosco do que o amadurecido ao longo de vários dias. Faça você um teste.

Diante de uma tarefa espinhosa, a pior coisa é adiá-la, pois sua assombração estará permanentemente nos perseguindo. Ou seja, nem cuidamos dela, nem ela deixa de nos atrapalhar ao longo do caminho. Dessa forma, a melhor regra é concentrar todas as forças e fazê-la imediatamente — se é alguma coisa que realmente precisa ser feita.

> Quando estiver diante de mais tarefas do que de tempo e se deparar com prioridades conflitantes, determine o que é mais importante de fato.

Obter uma estatística confiável para terminar o relatório é mais importante do que comprar um papel bonito para apresentá-lo? O trabalho final de curso é mais importante do que encontrar o último CD do cantor da moda?

> **_PRATIQUE!_**
>
> Realize um exame mental do que você precisará fazer durante o próximo mês. Mais exatamente, estabeleça o seu plano de uso do tempo:
>
> ▶ Coloque em ordem decrescente de importância o que você precisa fazer.
>
> ▶ Decida quando cada coisa precisa ser feita.
>
> ▶ Programe o seu "tempo protegido" — que será dedicado àquelas tarefas que não podem ser feitas em meio a interrupções.
>
> ▶ Identifique aquelas outras tarefas que serão eliminadas ou postergadas. Lembre-se: definir prioridades é, antes de tudo, decidir o que não dá para ser feito e, portanto, será sacrificado.

Não se esqueça: se tudo é prioritário, no fim das contas, nada é prioritário. Estabelecer prioridades tem mais a ver com decidir o que não fazer.

MEMÓRIA RUIM? ENTÃO, LISTA BOA

O nosso cérebro é excelente para pensar, para criar, para imaginar, para resolver problemas e para muitas outras coisas. No entanto, é péssimo para se lembrar do que precisa ser feito. Durante o chope com os amigos, subitamente, nos lembramos de que é preciso ligar para o colega que sugeriu ótimas referências para o trabalho de fim de ano. Em meio à leitura do livro de trigonometria, nos lembramos de que acabaram as camisas limpas no armário. Ou, então, é a lembrança da conta vencida que surge no meio da aula.

Para resolver todos esses desencontros de agenda, é preciso tirar do nosso cérebro a função de se lembrar do que precisa ser feito. Não só o cérebro é trapalhão para essas tarefas como as lembranças vêm e vão na hora errada e interferem naquilo que estamos fazendo. Acabam por ser uma fonte de estresse. É preciso aliviar o cérebro da tarefa de organizar nossas atividades diárias e deixá-lo livre para fazer aquilo que faz bem, isto é, entender, analisar, inventar.

Para esse problema, a solução é fácil: faça listas. Ao elaborar uma lista de forma criteriosa, estamos transferindo para o papel (ou para o computador) boa parte do processo de reter na cabeça o planejamento do uso do tempo. Assim, liberamos nosso cérebro da tarefa de nos lembrarmos disso ou daquilo. Se está no papel, não será esquecido. É um pensamento a menos zanzando na nossa cabeça. Na prática, a fórmula consagrada é ter duas listas:

1. O LISTÃO DE TUDO QUE PRECISA SER FEITO

Nessa primeira lista, descarregamos tudo o que nos vem à cabeça. Não importa muito o tipo de coisas ou a ordem em que entram. Por exemplo, comprar o remédio, pagar a conta, passar na lavanderia, descobrir uma explicação melhor para um ponto que não entendemos, retornar o telefonema de um conhecido, pedir desculpas por uma indelicadeza ou encontrar uma referência importante para nossa pesquisa. Não há que ser seletivo. É o entulho todo! Na lista, despejamos a nossa memória. Com isso, abrimos mais espaço nela para aprender, pois estará desobstruída.

A lógica é que, transferida para a lista, a tarefa de se lembrar do que precisa ser feito não vai ficar interrompendo a nossa atenção. Obviamente, é preciso se lembrar de anotar tudo e de rever a lista com frequência. Adquirir o hábito de fazer listas é essencial para que elas possam cumprir o seu papel. Se, em vez de tentar lembrar dos compromissos, nos angustiamos sem saber se estão na lista, o problema continua. Outro erro comum é fazer várias listas e se confundir com elas.

Diante de uma tarefa ameaçadora ou gigantesca, nosso cérebro se assusta e empaca. Olha para o projeto e desanima. Nesse caso, temos que engambelá-lo. E a maneira mais eficaz é partir a empreitada em pequenos pedaços, cada um deles parecendo factível. Por exemplo, não adianta dizer para o cérebro: vamos aprender aramaico. Não funciona. É melhor dizer: vamos apenas aprender as vogais do alfabeto. Decorar umas tantas letras é um passo que dá para enfrentar. Depois, dizemos: quem sabe escrever umas palavrinhas em aramaico? E assim por diante. Um dia seremos capazes de ler a língua que Jesus falava.

Psicólogos observam: o que parecia desagradável e intransponível, depois de começado, vai ficando agradável e interessante. Ou seja, o sacrifício é grande apenas no início. Depois, pode até não impor qualquer desagrado. Quem sabe, vamos até gostar.

Mas não basta uma lista composta de tarefas que sentimos poder enfrentar. Isso é apenas o começo. O passo seguinte consiste, entre outras coisas, em estabelecer prioridades. Em seguida, mãos à obra. Uma por uma, vamos cumprindo nossas metas. Ao terminar cada uma, aleluia! É hora de ir marcando o que já foi feito. No meu caso, marco com um "V" o que foi iniciado e risco da lista o que foi terminado. E não deixa de haver certo prazer em empunhar o lápis e passar um traço vitorioso sobre o já realizado.

> É ao rever a lista e tomar decisões que ela passa a ser a arena onde duelam as prioridades e as urgências. Também é a hora de confrontar o que gostamos de fazer com o que temos que fazer sem gostar.

2. A AGENDA OU O CALENDÁRIO

É também uma lista, mas é datada, isto é, estabelece o vínculo entre o que precisa ser feito e alguma data. Portanto, a agenda faz a ponte entre o que está no listão e o tempo. Um exemplo clássico é a hora marcada com o dentista. Precisamos consertar o dente, e isso se dará em um momento previamente agendado. Em uma lista escolar, a prova demarca o tempo-limite para tarefas que podem ser feitas antes dessa data, mas não depois. É o caso também dos trabalhos escritos encomendados pelo professor. Como a experiência sugere, tudo o que colocarmos na agenda e não for realizado no dia precisará ser transferido para outra data. Ao se repetir com frequência tal situação, há a forte tentação de deixar a lista e a agenda desatualizadas.

Pessoas com inteligência mais visual têm necessidade de refazer as listas com frequência, recomeçando do zero, para eliminar o já feito, atualizar o que está em processo e incluir o novo que aparece. Para elas, atrapalha a confusão de cortes, remendos e rabiscos. Para ajudar, há inúmeros aplicativos de computador — alguns de domínio público — que fazem isso com elegância e eficiência. As agendas eletrônicas oferecem a portabilidade adicional (computador e celular). A escolha aqui é puramente uma questão de preferência pessoal. Algumas são pagas, outras não. Umas mais simples, outras complicadas. No Capítulo IV, examinaremos os mapas mentais, que são também uma alternativa atraente para fazer listas e planejamentos.

Para que isso tudo funcione, há duas regras a serem cumpridas com todo o rigor. A primeira é ter sempre em mãos a lista e o calendário. A segunda é anotar os compromissos imediatamente. Sem essas duas rotinas bem implantadas, há o risco de esquecimento e da criação de listas paralelas — que muito atrapalham.

PRATIQUE! (1)

Você está sempre achando que não dá tempo para nada? Mas será que você sabe usar bem o seu tempo? Pense bem nas indagações abaixo:

▶ O estudo eficiente não dependerá dos seus hábitos e técnicas de leitura?

▶ Você já considerou que existem técnicas melhores para ler e para obter mais das leituras?

▶ Tome a lista que você preparou no exercício anterior e a ajuste considerando o que você acabou de ler.

▶ Pense um momento: houve avanço na organização de seu tempo? Com suas próprias palavras, se notou progresso, explique o que teria sido.

▶ Que correções no uso de seu tempo você poderá introduzir depois de fazer essas listas?

▶ Se não percebeu um ganho, reflita sobre o assunto. Lembre-se de que você não tem de quem esconder esses pensamentos. É você escrevendo para você. E, se chegou até aqui na leitura deste guia, é porque deseja melhorar sua capacidade de estudar. Portanto, seja bem franco consigo mesmo.

PRATIQUE! (2)

▶ Elabore uma lista completa do que você precisa fazer durante a semana.

▶ Usando um papel com colunas, para cada tópico da lista, anote na linha correspondente uma estimativa do tempo necessário.

▶ Separe as atividades pessoais e/ou profissionais das atividades de estudo e de lazer.

▶ Some os tempos para cada tipo de atividade e compare com o tempo que, realisticamente, você tem disponível.

▶ Dá tempo para fazer tudo?

▶ Transfira para o topo da lista aquelas atividades que não devem ser adiadas (se sua lista está em papel, numere as prioridades).

▶ Decida quais atividades não cabem na agenda da semana e deverão ser adiadas ou eliminadas.

▶ Tente reorganizar sua semana com base nessa lista.

▶ No final da semana, avalie os resultados e redija uma nota curta com suas conclusões.

E. DISCIPLINA NOS ESTUDOS É UM HÁBITO A SER ADQUIRIDO

Tanto nos estudos quanto nos esportes, o hábito é tudo. Ninguém ganha o jogo ou as medalhas de ouro treinando só quando dá vontade. É preciso continuidade. Melhor dito, é preciso disciplina pessoal.

**DISCIPLINA É FAZER O QUE PRECISA SER FEITO
QUANDO NÃO ESTAMOS COM VONTADE.**

A maioria das pessoas não nasce com predisposição para ter essa disciplina. Nosso impulso mais pujante é fazer o que dá vontade. Contudo, essa disciplina se constrói, seja para os esportes, seja para os estudos. Ou melhor, ela se conquista. É o *resultado da vitória da vontade sobre o impulso espontâneo*.

A fórmula para chegar lá é simples.

> Sendo disciplinados é que aprendemos a ser disciplinados. Ou seja, aprende-se praticando. Quanto mais nos disciplinamos, mais ficamos disciplinados.

E, quando isso acontece, cai o esforço para fazer aquilo que precisa ser feito, mesmo quando falta vontade ou prazer.

Esportistas bem-sucedidos são disciplinados nos seus treinos. Não fosse isso, não teriam tido sucesso. Quando olhamos as coxas de Pelé ou de Ronaldinho em seu auge, podemos ter certeza de que eles não nasceram assim, com aquela musculatura espantosa. Se estão assim, é porque treinaram muito. De fato, treinaram mais do que os outros jogadores. Talento sem treino produz, mal que mal, jogadores para time de várzea. Para a Seleção Brasileira, nem pensar.

É interessante que, quando atletas decidem estudar, transferem essa mesma disciplina desenvolvida nos esportes para cumprir rotinas de estudo igualmente árduas. Pesquisas demonstram que desportistas conseguem levar para a escola seus hábitos rigorosos de treino, e isso se traduz em melhores resultados.

No fundo, estamos dizendo que disciplina de estudo não é uma coisa vaga, pairando nos ares e caindo no colo de alguns poucos, como se fosse um presente de Deus. Pelo contrário, é um hábito a ser adquirido. É uma conquista pessoal, muito semelhante ao condicionamento físico dos esportistas. É como se fosse um músculo que se fortaleceu.

 SÓ GOSTAMOS DAQUILO QUE ENTENDEMOS

Como em todos os hábitos, cada vez que falhamos, damos um passo atrás. E o que mais nos faz tropeçar na escola é não entender o que o professor ensina na aula. Quando isso acontece, damos marcha à ré. Com isso, nos frustramos e adquirimos o mau hábito de deixar a compreensão se atrasar. Lembremos um princípio básico da teoria do aprendizado:

QUASE SEMPRE, GOSTAMOS DAQUILO QUE ENTENDEMOS. DEPOIS QUE SUPERAMOS BARREIRAS INICIAIS DE COMPREENSÃO DO ASSUNTO, O CONHECIMENTO NOS DÁ PRAZER.

Quando não entendemos, não há qualquer prazer intelectual em lidar com o assunto. As letras e os símbolos não nos dizem nada. Lemos a frase e não entendemos. Logaritmos de base neperiana? Créditos e débitos? Ativos e passivos? O que são essas coisas? Não são nada que nos faça felizes. Mas, se forem entendidas, ficamos amigos delas.

Vejamos o que parece uma contradição, mas não é. Em assuntos que dominamos, uma nova charada é um desafio que enfrentamos com prazer. Como conhecemos o assunto, temos a confiança de que venceremos a parada.

Portanto, ao perder o fio da meada, tudo se torna mais árduo, mais penoso. Daí que malandrar ou matar aula não seja uma boa ideia. É aumentar o volume de coisas que não entendemos; portanto, de que não gostamos. Se tivermos que aprendê-las, será com muito mais sacrifício.

PREGUIÇOSO INTELIGENTE NÃO MATA AULA, POIS TERÁ QUE ESTUDAR MAIS E O PROCESSO SERÁ MAIS PENOSO.

PRATIQUE!

▶ Pense em duas situações críticas na sua vida de estudante, uma em que você se saiu muito bem e outra em que obteve resultados péssimos. Em cada uma dessas situações, como foi o regime de estudos que a precedeu? Estudou muito, com afinco? Matou aulas nas semanas anteriores? Deixou o barco correr e foi surpreendido com uma prova difícil?

Com base nesses dois casos, que conclusão você tiraria?

G. SATURAÇÃO COGNITIVA: QUANDO O CÉREBRO ENTOPE

Nascemos com um cérebro prodigioso. Faz coisas do arco da velha. Inventa, reinventa, resolve problemas desafiadores e muito mais. Há boas razões para explorar ao máximo o seu potencial.

Contudo, tem suas limitações e suas manias. Algumas coisas ele se recusa a fazer. Com outras, tem dificuldades. Em certas circunstâncias, empaca como burro teimoso. Sendo assim, precisamos conhecer seus limites e seus caprichos.

Assistimos a um filme de duas horas prestando atenção em cada detalhe. Não vemos nada de surpreendente nisso. Porém, em uma aula, chega um momento em que a cabeça trava. Torna-se impossível continuar prestando atenção.

Malandragem? Má vontade? Nada disso. Pesquisas sérias mostraram que, após 15 ou 20 minutos, a atenção cai. E isso não depende da vontade do dono do cérebro. É como se tivéssemos um reloginho na cabeça marcando 15 minutos. Começa a aula, nosso cérebro liga o tal aparelho. Quando escoam os 15 minutos, clique, desliga. Queiramos ou não, a atenção evapora. Mal ouvimos o que está dizendo o professor.

QUANDO A CONCENTRAÇÃO FOGE, É HORA DE UMA PAUSA.

Pausas podem ser de pouquíssimos minutos. Afinal, cansar-se de um assunto não é uma falha de caráter, mas uma consequência natural do funcionamento do nosso intelecto. É como cansar os braços depois de levantar pesos na academia. Uma solução é alternar tarefas. Se doem os braços, exercitemos as pernas. Quando nos cansamos de matemática, passemos ao português. Fechamos um livro e abrimos outro.

Entendido isso, falemos de um conceito que nos permite melhor explorar o tema: saturação cognitiva. Para entender, tomemos uma metáfora. Pensemos numa garrafa que enchemos de água em uma torneira. Seu bojo é a memória de longo prazo, onde cabe muita coisa. O bico estreito é a de curto prazo, por onde a água tem que passar para entrar na garrafa. Se jorra água da torneira em um fluxo maior do que pode entrar pela boca estreita da garrafa, a água se perde, se esparrama, escorrendo fora dela. Temos então uma saturação de água no fluxo da torneira, pois grande parte dela não entra.

A saturação cognitiva é a mesma coisa. Chega à nossa memória de curto prazo mais informação do que ela pode processar. Diante disso, a informação se perde, é esquecida. A cabeça empaca. Mas a velocidade com que isso acontece depende da complexidade do tema e do esforço que devotamos a ele.

Por que aguentamos duas horas do filme e, com 15 minutos de aula, algum diabinho desliga o interruptor da atenção na nossa cabeça? A resposta é complicada, mas consideremos que, no filme, somos espectadores passivos. Mergulhamos nele e nos deixamos levar pelo seu enredo, sem esforço. Já em aulas sérias, somos desafiados a pensar quase o tempo todo, uma tarefa mais árdua e mais cansativa. Além disso, não temos nela as emoções do enredo para nos atrair. Sendo assim, passados os tais 15 minutos, o nosso cérebro faz greve, recusa-se a continuar tentando acompanhar os meandros do pensamento.

Por ficarmos até com sono, achamos que pode ser uma aula enfadonha. Mas é o oposto, quem traz o sono é o esforço de pensar para acompanhar o professor. Não há que se sentir culpado de alguma falha de caráter. O que acontece é a pura manifestação de características bem definidas do nosso metabolismo. É assim e não podemos mudar.

Naturalmente, contrastamos o atrativo instantâneo de um filme com o peso de uma aula densa em raciocínios e abstrações. É claro, os 15 minutos são para essas aulas pesadas. Em assuntos mais leves, conseguimos prestar atenção por mais tempo. Ademais, esses 15 ou 20 minutos correspondem à média das pessoas. Alguns podem aguentar uma hora, outros, 10 minutos. E, como dito, sempre depende do assunto.

Eu tinha um amigo com imensa facilidade para lidar com equações. Durante uma chamada telefônica comum, ficava com o lápis fazendo inversões de matrizes, um exercício algébrico bastante complexo. Nos meus toscos esforços com essas equações, minha atenção chegava ao limite após cinco minutos.

Nas aulas mais exigentes, a fadiga é implacável. Damos de testa com uma barreira após um certo tempo prestando atenção. É verdade, mas a boa notícia é que há maneiras eficazes de enfrentar esse limite. Qualquer que seja o tempo, basicamente o que se requer é pausa ou uma mudança de atividades. Quando vai chegando a hora fatídica da desatenção, passamos a fazer outra coisa, seja lá o que for.

A piadinha sem graça do professor cumpre perfeitamente esse papel. Mudar de assunto também funciona. Além disso, pesquisas mostraram que interromper a aula com perguntas, resolução de pequenos problemas ou outras atividades do gênero parece até uma cura mágica. A atenção volta subitamente. Atinge até níveis mais altos do que nos primeiros minutos de aula.

Os gráficos a seguir ilustram o que estamos dizendo. O eixo vertical mede o nível de concentração. O horizontal é uma linha do tempo. Como podemos ver no primeiro, a atenção vai caindo com o passar dos minutos. Porém, como mostra o segundo, quando o professor faz perguntas ou propõe exercícios breves, ocorre um salto para cima no nível de atenção. Ou seja, as mudanças de assunto ou atividade permitem recuperá-la.

Em minhas aulas, quando uso PowerPoint, após um certo tempo, costumo colocar uma tela totalmente preta. Faço um comentário bobo qualquer e deixo assim por um minuto. Está feita a pausa! Novamente, voltam os alunos a estar prontos para enfrentar com atenção outro naco de tempo.

Para o bem ou para o mal, no mundo da escola, os alunos têm pouco a fazer diante do andamento da aula. Se não há pausas, eles são apenas vítimas.

Mas, por sua conta, há muitas coisas que podem fazer para lutar contra esse fenômeno chamado de "saturação cognitiva". É impressionante como desperta fazer uma pergunta ao professor. Tomar notas também.

E, naturalmente, ser aluno não é apenas assistir a aulas. É preciso ler, escrever, buscar informações, resolver problemas e muitas outras atividades. Sabendo que o alcance da atenção é limitado, em vez de lutar contra a desatenção, é muito melhor passar a uma outra atividade ou meter-se em uma tarefa escolar diferente. Ou, quem sabe, tomar um copo d'água ou andar um pouco? Vale a pena comer um pão de queijo, abrir uma revista, dar uma tuitada ou esticar as pernas. Faça isso, mesmo que seja em véspera de prova. Vale a paradinha. Nosso metabolismo não muda no dia anterior aos exames.

Resumindo tudo, nosso cérebro se cansa após 15 ou 20 minutos de atividades que exigem muito dele. A solução é fazer outra coisa. Não importa o quê. (Mas é paradinha, não paradona.)

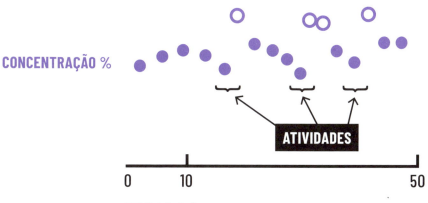

[_PRATIQUE!_]

▶ Tente avaliar o número de minutos durante os quais você consegue se concentrar em um assunto escolar relativamente difícil.

H. DORMIR BEM PARA APRENDER MAIS?

Há algum tempo, quando os executivos se tornaram uma categoria endeusada pela mídia, eram decantadas as virtudes daqueles que dormiam pouquíssimas horas. Assim, sobrava-lhes mais tempo para o trabalho produtivo. Repetia-se o refrão: "Fulaninho é formidável, só dorme quatro horas por noite".

Essa noção de que tempo dormido é tempo perdido persistiu por muitos anos no folclore da administração. Talvez por contágio, migrou para o folclore dos estudantes. O melhor desempenho seria daqueles que dormem pouco e estudam muito.

Porém, nos últimos anos, foram aparecendo pesquisas sobre o assunto. No caso, pesquisas bem-feitas, com medidas confiáveis das variáveis pertinentes.

> **DESCOBRIU-SE QUE DORMIR POUCO
> É UMA GRANDE BESTEIRA.
> NÃO É UMA BOA ESTRATÉGIA PARA RENDER MAIS,
> SEJA NO TRABALHO, SEJA NOS ESTUDOS.**

Verificou-se que o aluno mal dormido leva mais tempo para entender o mesmo conteúdo. Em suma, dormir menos para estudar mais não dá certo.

Ainda pior é dormir menos por culpa da balada. A aritmética é simples: se a balada reduz as horas de sono, estará também reduzindo o ritmo de aprendizado do aluno no dia seguinte, mesmo que ele dedique o mesmo número de horas ao estudo. Ou seja: mais balada, mais tempo de estudo necessário para o mesmo nível de aprendizado. Perda dupla! Cabe a cada um decidir como usar seu tempo, de acordo com o que quer para seu futuro.

⌐PRATIQUE!⌐

▶ Escolha uma atividade que requeira atenção, mas não seja difícil. Por exemplo, somar as suas despesas da semana para descobrir quanto gastou. Ou, então, passar a limpo uma página do seu caderno de endereços. Anote o tempo necessário para fazer um serviço bem-feito.

▶ Execute a tarefa escolhida depois de uma noite bem dormida. Em seguida, após haver deitado tarde e acordado cedo, execute uma tarefa similar. Volte a anotar o tempo.

▶ Houve diferença?

I. CANSAÇO É ESTRATÉGIA DE APRENDIZAGEM?

Pesquisas recentes mostraram um resultado muito curioso. Nos parágrafos anteriores, falamos da importância de descansar. Paradoxalmente, para melhorar a concentração nos estudos, também é preciso cansar!

Como assim? Descobriu-se que exercícios aeróbicos aumentam a concentração e o foco no que estamos fazendo. Se o assunto é estudo, melhoram nossa capacidade de aplicar energia de forma mais eficaz nessas atividades. As explicações neurofisiológicas não interessam aqui. Vale o fato de que isso foi observado em pesquisas sérias.

Como bem sabemos, os exercícios aeróbicos (corridas, caminhadas rápidas, futebol, etc.) produzem a sensação de cansaço. E também sabemos que o exercício pesado ajuda nos estudos. *Ou seja, aprende mais quem se cansa mais fazendo exercícios. Obviamente, à beira da exaustão, não é hora de estudar. Como em tudo, use o bom senso.*

> Má notícia para os sedentários!

IV.

BONS HÁBITOS >> DE ESTUDO

Neste capítulo, examinaremos alguns conselhos úteis para criar bons hábitos de estudo. Como é do estilo deste manual, nos apoiamos nos resultados de pesquisas metodologicamente sólidas, ou seja, não lidaremos com palpites ou opiniões de "autoridades".

A. "DIGA-ME COM QUEM ANDAS..."

Alguns alunos, desde pequenininhos, estudam com concentração e disciplina. Que inveja! Para a maioria de nós, há coisas bem mais divertidas a fazer. Estudar é preciso, mas com que esforço!

Porém, como já dito, estudar é um hábito que pode ser adquirido. É como escovar os dentes e apagar a luz ao sair do quarto. Ninguém nasce pré-programado para tais gestos. Porém, vão mais longe em suas vidas aqueles que tiveram sucesso em domar seus impulsos mais vitais e aprenderam a dedicar o tempo necessário para os estudos.

Sabemos também que somos altamente influenciados por aqueles que nos cercam, a começar pela família. Alguns tiveram a sorte de ter pais que estimularam a disciplina e os estudos de seus filhos. Outros pais apenas dão o exemplo pelo seu comportamento cotidiano. Mas, para o bem ou para o mal, não escolhemos nossos pais.

Mas família não é tudo. Há ampla evidência de que aqueles amigos e colegas que nos cercam também exercem uma poderosa influência nas nossas percepções e hábitos. Tomemos o caso real de alunos cuja limitada educação dos pais faria prever um desempenho medíocre na escola. Se, por alguma razão, frequentam uma escola cujos alunos têm pais mais educados, acabam por ter um aproveitamento maior do que seus colegas nas escolas onde normalmente estariam. Se os colegas têm bons hábitos de estudo, essas rotinas começam a parecer muito naturais e são copiadas. Essa é uma das razões para o seu melhor desempenho.

Quando morava em Washington, D.C., a esposa de um colega era professora em uma péssima escola local. Após muita briga com a direção, conseguiu que seus alunos recebessem dois livros de cada assunto. Tendo dois, um ficava na escola e outro em casa. Isso porque aqueles alunos vistos carregando livros eram ridicularizados pelos colegas. É fácil prever as dificuldades de criar bons hábitos de estudo nessas escolas.

E, se é fato que não escolhemos nossos pais, podemos escolher os amigos. Assim, uma das estratégias que favorecem bons hábitos é conviver com quem já os tem. Portanto, escolha alguns amigos CDFs ou *geeks*. Pelo menos para dar o bom exemplo, eles servem.

Modificando o refrão popular: "Diga-me com quem andas e te direi como serão seus hábitos de estudo".

PREGUIÇOSOS: LER ANTES DA AULA ECONOMIZA TEMPO

Imaginemos uma situação em que um aluno deve aprender algum conceito importante apresentado em aula. Suponhamos que ele esteja disposto a gastar uma hora do seu tempo lendo sobre o assunto. Ele tem duas opções.

Na primeira, passa uma hora lendo, antes da aula, os materiais indicados pelo professor. Na segunda, lê durante a mesma hora, mas depois da aula.

Pergunta: em qual das duas alternativas ele aprende mais?

Hoje, sabemos com segurança que a primeira alternativa é mais eficaz.

> Ao familiarizar-se com o material antes da aula, o nível de aprendizado obtido é superior, ainda que o tempo de estudo seja o mesmo.

As pesquisas sobre o processo de aprendizagem mostraram que é mais vantajoso ler antes o que foi indicado. Apesar disso, a maioria dos alunos assiste à aula e somente depois faz as leituras indicadas, se é que faz. Mas isso é burrice.

Quem leu antes já sabe o que virá e não será surpreendido pelo fluxo das ideias apresentadas pelo professor. O desenrolar de uma aula não é como o de um conto policial em que não sabemos quem é o culpado e tateamos no escuro, sem saber em que direção a narrativa nos conduzirá. Lendo antes, já entramos na sala com uma imagem mental da estrutura lógica do assunto. *A aula não traz surpresas. Pelo contrário, consolida ideias que já estavam presentes pelo menos de forma incipiente.*

Quem leu antes sabe em quais partes teve dificuldades e poderá pedir ao professor que as esclareça. Ou, pelo menos, vai prestar mais atenção ao que não entendeu. Fazendo isso, terminará com um conhecimento mais sólido do que se fizesse a leitura na ordem inversa, adotada por quase todos.

Na universidade na qual é reitor, o educador chileno Ernesto Schiefelbein encomendou aos professores um resumo de apenas uma página de cada aula que dariam. Essas páginas foram então distribuídas para serem lidas pelos alunos antes das aulas correspondentes. Foi possível verificar um ganho substancial de aprendizagem por parte daqueles que leram antes a tal página. Não nos esqueçamos: um leitor fluente lê uma página em menos de dois minutos. Portanto, um ínfimo investimento de tempo resulta em um ganho expressivo de aprendizagem.

PRATIQUE!

▶ Determine um certo número de horas para estudar um assunto. Assista à aula e depois leia os materiais indicados pelo professor, gastando para isso o tempo que você definiu.

▶ Em seguida, faça o mesmo com um assunto de dificuldade equivalente. Porém, leia antes da aula.

▶ Dá para notar uma diferença no grau de profundidade do aprendizado obtido das duas maneiras?

VALE A PENA TOMAR BOAS NOTAS NA AULA?

Alguns alunos não anotam nada ou quase nada durante a aula. Têm preguiça, quem sabe? Outros se creem geniais, pensando que não precisam anotar, e até se vangloriam de não o fazer. Há também os que não sabem tomar boas notas, pois não aprenderam. Estão todos no caminho errado, usando mal seu tempo de estudo, seja este muito ou pouco. Provavelmente, ignoram as grandes vantagens de anotar as aulas.

Paradoxalmente, *as virtudes de anotar resultam do fato de que não podemos anotar tudo o que está sendo dito*, como faria um taquígrafo ou um gravador. A fala é seis vezes mais rápida do que nossa capacidade de escrever. Como a mão não opera na velocidade da boca do professor, temos que selecionar apenas alguns pedaços do que ele disse. E justamente aí está o segredo — não a desvantagem.

Do ponto de vista da mecânica da nossa mente, anotar a aula é uma operação diferente de copiar um ditado. Isso porque as notas não são como uma gravação, cujo objetivo é ser ouvida depois: elas são uma técnica de estudo completamente distinta.

Não é incomum em escolas mais fracas, e era antes uma prática universal, o professor "ditar o ponto". Ele falava na velocidade em que os alunos podiam copiar. Do ponto de vista do aprendizado, essa técnica é muito deficiente, pois o aluno ouve e copia sem prestar atenção. De fato, é pior do que ouvir uma aula regular. Na velocidade em que escrevemos, quando chegamos ao fim da frase, já paramos de prestar atenção e nos esquecemos do princípio. Não restam dúvidas, aula ditada é um desastre pedagógico.

Enquanto o professor fala, para anotar, dialogamos silenciosamente com ele. É como se estivéssemos sempre perguntando: onde está o cerne do assunto e o que não passa de detalhe? Como se estruturam as ideias apresentadas? Como uma se liga à outra? Antes de pôr a funcionar o lápis (ou o *notebook* ou o *tablet*), é como se indagássemos ao professor quais são os pontos mais importantes apresentados. Quais são as sentenças que melhor sintetizam essas ideias? Que exemplos ajudam mais na compreensão?

Nossa primeira preocupação deve ser identificar os grandes temas da aula. Em seguida, identificamos qual a estrutura da aula, as ideias principais em torno das quais ela se estrutura. Uma aula de história pode tentar responder: o que aconteceu no Piauí na independência do Brasil? Qual foi o desfecho e as circunstâncias?

 ANOTAR É UM EXERCÍCIO DE SELEÇÃO DAS IDEIAS, FATOS E ILUSTRAÇÕES APRESENTADAS NA AULA.

O que vai para o papel é a nossa versão do que ouvimos de mais relevante e dos detalhes que melhor nos permitirão reconstruir as mensagens oferecidas. Obviamente, quanto mais amadurecemos intelectualmente, mais perfeitas e mais compactas vão se tornando as nossas anotações. É fácil deduzir isso: quando chegamos aos cursos superiores, anotamos melhor do que quando estávamos nos anos prévios.

Ao anotar, fazemos um esforço de síntese. Como resultado, duas coisas acontecem. Em primeiro lugar, quem anota entende mais, pois está sempre fazendo um esforço de captar o âmago da questão. Em segundo lugar, ao anotar, nossa cabeça vaga menos. O processo de selecionar o que será escrito ajuda a manter a atenção no que está sendo dito. Quando bate o sono ou o tédio, anotar é a melhor maneira de retomar a atenção.

ESPERA-SE QUE AS NOTAS SEJAM UMA MEMÓRIA RESUMIDA DO QUE FOI DITO NA AULA.

Quando voltamos a estudar o assunto, as notas ajudam a recuperar as ideias essenciais e os fatos relevantes — ou, pelo menos, o que julgamos ser mais relevantes. As notas podem até mesmo ser usadas no lugar dos livros.

Contudo, anotar é uma técnica cuja utilidade ultrapassa muito a possível utilização subsequente que se possa dar àqueles papéis rabiscados, riscados e até amarrotados. É errado pensar que a única função das notas é servir para rever os assuntos.

De fato, elas servem para muito mais. Pensemos no seguinte cenário: saímos da aula com várias páginas de anotações e, na porta, jogamos todas no cesto de lixo. Perdemos o esforço despendido na sua preparação? Não! Pelo contrário, perdemos pouco, pois o mais importante no aprendizado já aconteceu. Graças ao esforço de anotar, o que foi aprendido tem mais chances de se fixar na memória.

Na próxima seção, você encontrará regras práticas de como fazer resumos e como se aperfeiçoar nessa técnica. Por enquanto, tentemos entender melhor o assunto.

Primeira consideração importante: é difícil anotar! É preciso prestar atenção no que diz o professor e, ao mesmo tempo, pensar no que escrever. Uma pesquisa nos Estados Unidos revelou que os alunos apenas captavam 25% das ideias importantes de uma aula. Não adianta a correria para escrever se o esforço de redação os impede de entender. Mas, como as anotações de aula são de enorme valia no processo de entender e lembrar-se do que foi ouvido, vale o desafio.

E tem mais. Quando reproduzimos com nossas próprias palavras o que diz o professor, aprendemos mais. O lado ruim é que essa reformulação é ainda mais trabalhosa. Ficamos entre a cruz e a caldeirinha: ouvir bem ou anotar bem? E temos que entender o que escrevemos. A cada minuto de aula, enfrentamos esse dilema. Mas vale a pena.

Consideremos o seguinte. Se mato aula e peço as notas do colega, que decepção! Não me servem para quase nada. Aprendemos no ato de tomar as notas. Ler as dos outros não é a mesma coisa. Olhando para elas, parecem mortas, inertes. Não contam uma história que entre na nossa cabeça. Falta vida a elas para nós, não para quem as tomou.

Igualmente inexpugnáveis são os *slides* de aulas não assistidas. Na melhor das hipóteses, decoramos algumas palavras. Se você não anota, saiba que está deixando de aprender, por essa mesma razão.

> **Uma atividade equivalente às anotações durante a aula é sublinhar os pontos mais importantes no livro (ou artigo, ou o que seja).**

Há quem goste de lápis, inclusive variando as cores. Os marcadores amarelos são amados por alguns estudantes. Escrever comentários à margem do texto é outro estilo pessoal, e pode ser uma boa técnica. Siga a sua preferência.

E se o livro não for seu? Uma alternativa é usar aquelas notas autoadesivas na margem (*post-its*). O papelzinho pode ter setas apontando para as frases mais importantes ou conter comentários apropriados.

PRATIQUE!

▶ Escolha duas aulas da mesma matéria. Em uma delas, tome nota, tão bem quanto você sabe. Em outra, leve um gravador e registre o que o professor diz.

▶ Tente rever as notas manuscritas e a gravação. Dedique o mesmo tempo para ambas as alternativas. Depois disso, responda perguntas sobre o texto. Se não existem, pense nas seguintes: quais são as ideias centrais da exposição? Qual posição o professor defende?

▶ Você percebe diferenças no nível de aprendizado?

D. COMO FAZER ANOTAÇÕES E RESUMOS

Na seção anterior, tentamos convencê-lo de que anotar é uma boa ideia. Aqui, passamos a mostrar técnicas úteis para isso.

Cada um pode ter seu estilo próprio de anotar. De fato, não há regras universais. Contudo, há técnicas para anotar o que foi dito na aula que podem facilitar ou aperfeiçoar o estilo de cada um. Vale a pena conhecer esses truques, pois destilam a experiência de muitos e dão pistas interessantes.

Cada pessoa pode ter um estilo diferente de estudar. Mas é preciso repetir mil vezes: é uma miragem perigosa a sensação de sair de uma aula brilhante achando que entendeu tudo.

PENSAR QUE ENTENDEU É MUITO MENOS DO QUE TER, DE FATO, APRENDIDO.

Como mostraremos mais adiante, sem o reforço de testes e aplicações subsequentes, há apenas a ilusão de aprendizado. Contudo, insistimos nas boas consequências de anotar o que ouvimos em aula.

Um livrinho bem antigo de Virginia Voeks (citado nas leituras sugeridas) nos orienta no que diz respeito ao que copiar na aula. Vejamos alguns conselhos, adaptados para nossas circunstâncias.

> Fazer anotações obriga a prestar atenção cuidadosa às aulas e a testar o entendimento da matéria ensinada. Isso contribui para o aprendizado e poupa tempo de estudo.

Anote também as ideias que parecem estranhas, ridículas, fora de propósito ou que contrariam sua opinião: ali podem estar as sementes de uma compreensão ou de uma discordância mais persistentes. Ao confrontar aparentes contradições, você se obriga a repensar o assunto.

Contudo, deve haver um esforço deliberado para entender o que foi dito ou lido. *Não discorde sem antes entender completamente os argumentos apresentados*. Discordar sem entender não é educativo, seja na escola, seja pela vida afora. Aliás, é uma maneira preguiçosa de escapar do esforço de penetrar na matéria. É bem mais fácil dizer que não concorda, que é tudo uma besteirada ou que o autor tem a ideologia errada. Portanto, passar por cima dos argumentos apresentados nega os objetivos de uma verdadeira educação e não é útil para a vida. Podemos discordar, mas desde que seja de um argumento que deciframos perfeitamente.

Durante a leitura, anote pontos aos quais você precisa retornar, seja para entender, seja para explorar novas ideias.

Esboce as ideias gerais que refletem a estrutura da aula. Mas anote também detalhes e exemplos que mostram tais ideias em ação ou ilustradas. *O conhecimento se constrói na combinação do grande enredo com as migalhas do mundo real.*

Ao ouvir uma aula sobre a Crise de 1929, a queda vertiginosa da Bolsa de Valores é um dos pontos fundamentais a serem registrados. Mas esse é um fato frio. Em contraste, narrativas dos investidores desesperados se atirando das janelas de edifícios de Wall Street são detalhes que permitem gravar na memória o drama daquele momento.

Use recursos gráficos para **destacar** pontos centrais ou curiosos. Quem gosta de desenhar pode ilustrar suas notas, com grande benefício para o aprendizado. Use cores para realçar o que lhe parecer mais central. Mark Twain, escritor e conferencista celebrado, fazia desenhos a lápis nas suas notas para lembrar-se dos casos que ia contar.

A revisão de anotações bem-feitas mostra o que é mais importante na matéria lecionada e o que deve ser estudado com mais cuidado por não ter sido bem entendido.

Algumas pessoas são mais visuais. Para elas, a apresentação física das anotações conta muito. Isso pode significar passar o texto várias vezes a limpo, ou ir alterando-o no computador. Entra também aí o uso de cores diferentes e imagens.

Obviamente, as anotações podem conter tabelas, mapas ou o que mais tenha aparecido de forma central na aula. Antes de tudo, não há receitas fixas.

Costuma ser mais fácil memorizar as próprias anotações do que os textos dos livros. Se o assunto foi entendido, é mais eficiente estudar com as anotações, que são mais curtas do que o texto original e dirigem a atenção aos pontos centrais.

Textos científicos requerem do autor um embasamento teórico e uma descrição pormenorizada dos métodos usados. Mas, a não ser que seu propósito seja entrar nas minudências metodológicas, essa parte do livro ou da aula não lida com a ideia central do texto — e é justamente essa que você precisa entender bem. Portanto, o resumo permite focar os pontos críticos para o seu aprendizado.

Em geral, anotações ajudam na memorização, ajudam a entender e lembrar a estrutura lógica da matéria e a obter um entendimento muito mais profundo do assunto do que a simples escuta proporcionaria.

Reorganizar suas anotações é uma excelente forma de estudar, pois requer penetrar na lógica, na organização das ideias. Isso, em si, permite ir mais fundo na compreensão dos assuntos. Para rearrumar as notas de uma aula, é necessário entender a lógica de organização dos materiais tal como está e, em seguida, desenvolver outra lógica.

Mas insistimos em um princípio central das técnicas de estudo: reler notas, simplesmente, é pouco produtivo. É o método passivo. *Vale mais tentar recordar o que está nas notas sem olhar para elas.* Esse é o método ativo.

Na seção adiante sobre mapas mentais, você encontrará informações sobre uma técnica interessante de fazer anotações.

PRATIQUE!

▶ Uma forma interessante de exercitar-se na preparação de resumos é tomar um texto curto, como um ensaio, e começar a riscar as sentenças menos importantes ou periféricas ao tema central do texto. O que vai sobrando são aquelas que contêm as ideias principais. Podemos pensar em riscar até 90% das sentenças. Nos 10% restantes, devem estar as ideias essenciais.

▶ Leia o QR Code ou acesse a página do livro em **loja.grupoa.com.br** e confira o exemplo do ensaio "As duas matemáticas", publicado no livro *Os tortuosos caminhos da educação brasileira* (Porto Alegre: Artmed, 2013). Ali, encontram-se duas versões. A primeira é completa, tal como publicada. A segunda mostra os cortes que reduzem drasticamente o texto.

E. MAPAS MENTAIS: O PODER DOS DESENHOS

Eu participava de um evento profissional. Ao meu lado, estava um suíço — que já conhecia. Ao longo das apresentações dos conferencistas, ele ia fazendo uns desenhos que se enroscavam. Eram caixinhas para cá e setinhas para lá. Ao final de cada conferência, tinha uma página cheia.

Perguntei que garatujas eram aquelas. Respondeu-me que eram mapas mentais. Começava com uma caixinha que representava o tema central da aula. A cada argumento, ia desenhando uma flecha e criando uma caixinha nova com a ideia mencionada.

Muito interessante, pensei. E fiquei com aquilo na cabeça, mas pouco animado pela confusão dos desenhos. Aliás, nesse mesmo momento, estavam acontecendo as explosões das Torres Gêmeas — obviamente, sem que soubéssemos. Volto bem mais adiante a essa coincidência.

Passam-se os meses. Leio no *Wall Street Journal* que havia sido desenvolvido um aplicativo de computador para lidar com mapas mentais. Ora, vejam, isso me interessava. Comprei o dito e o estou usando até hoje, passados mais de 30 anos.

No fundo, os mapas mentais (ou mapas conceituais, noção um pouco distinta) são métodos gráficos para mostrar teorias ou sequências de pensamentos.

O MAPA MENTAL É UMA ESTRATÉGIA PARA A ORGANIZAÇÃO VISUAL DAS IDEIAS POR MEIO DE PALAVRAS-CHAVE, CORES, IMAGENS, SÍMBOLOS E FIGURAS.

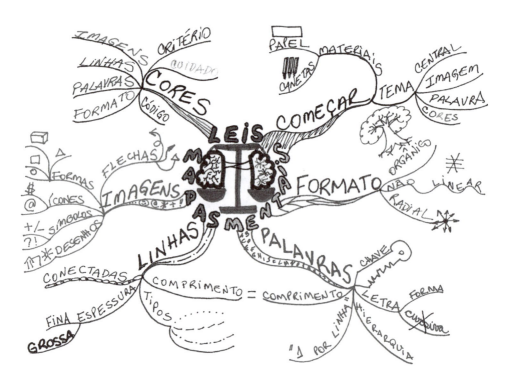

Tudo acontece em torno de um desenho em cujo centro está uma ideia, um conceito. Vale a pena aprender a manejar mapas mentais, pois favorecem o aprendizado e melhoram a criatividade e a produtividade pessoal, tanto na escola quanto no trabalho. Quem aprendeu a usar fica viciado. É o meu caso.

UMA FORMA VISUAL DE APRESENTAR IDEIAS

No fundo, os mapas mentais são desenhos combinados com palavras. Seu objetivo é ajudar a compreender alguma ideia. Eles também servem para explorar novas formas de associar ideias, como acontece ao prepararmos algum trabalho escrito. Na verdade, não passam das mesmas ideias e palavras apresentadas fora da organização linear do texto tradicional e, se desejado, enriquecidas com imagens.

A justificativa teórica dos mapas mentais nos levaria a teorias da cognição um tanto complicadas. No entanto, podemos viver sem elas, pois a utilidade dos desenhos usados é muito intuitiva. Da teoria, basta apenas citar suas conclusões: entendemos melhor e aprendemos mais quando a mesma ideia é repetida em canais diferentes.

Podemos transmitir alguma ideia com um texto escrito convencional. Ou podemos colocar palavras em um gráfico ou um desenho que diz a mesma coisa. Sabemos que, quando usamos as duas linguagens ou canais, isso facilita a compreensão.

Explorando um pouco mais a teoria, sabe-se que nossa cabeça tem uma necessidade inata de juntar ideias. Diante de pensamentos, fatos ou eventos desconexos, espontaneamente, nosso cérebro fica querendo associar uns com os outros.

Para o homem primitivo, a seca ou outras catástrofes naturais representavam uma vingança dos deuses diante de alguma coisa errada feita por alguém. Ou seja, ele associava o desastre com algum comportamento errado seu ou da tribo. De certa maneira, nós continuamos a ter mania de associar dois eventos próximos. Ao ver nuvens escuras, logo pensamos em chuva iminente. Ao ver o pé esquerdo do sapato, logo pensamos no direito. Assim somos: eternos viciados em ligar coisa com coisa, ideia com ideia.

> O mapa mental oferece ao nosso cérebro uma ferramenta visual conveniente para o seu trabalho de transformar as peças do quebra-cabeça em um desenho coerente, representando o assunto em pauta. Ele dá um empurrãozinho na tarefa de dar sentido a informações soltas.

Os mapas mentais nos ajudam a criar uma imagem que inclui tanto a "floresta" quanto as "árvores". Ou seja, mostram o quadro mais amplo e também os detalhes. *Com um só olhar, em uma única página, vislumbramos a organização global da ideia e os detalhes dos seus desdobramentos.* Quem não acredita, que experimente.

Há muitas maneiras de organizar nossas ideias. A linear é a mais óbvia e praticada, mas nem sempre a melhor. É a folha de papel com a sequência lógica das ideias, linha após linha. Primeiro vem isso, depois aquilo e assim por diante.

O mapa mental permite fugir dessa fila indiana que fecha portas, que põe viseiras no pensamento, já que só vemos a próxima ideia depois de ver a anterior. Em contraste, olhando o mapa mental, logo vemos o todo.

A se considerar, servem para sermos apresentados a um mapa e entendermos rapidamente sua mensagem. Porém, são até mais úteis para trabalharmos nós mesmos as suas mensagens, montando e remontando sua estrutura.

Quando construímos um mapa mental, vemos a transformação progressiva de peças soltas em um todo coerente e lógico. Um atrativo prático dos mapas mentais é que, ao contrário da redação de uma página, começamos sem ordem, sem organização, sem pé nem cabeça. E isso é bom, pois não nos obriga a arrumar as ideias antes que possamos listar todas as que nos ocorrem e olhar simultaneamente para elas. Podemos lidar com cada uma sem enredá-la com as outras, adiando o seu encadeamento.

Começamos por fazer visualmente presentes todas as ideias, cada uma na sua caixinha. Algumas podem ser boas, outras ruins, algumas certas e outras erradas. Aí então começamos a arrumá-las, com uma estrutura lógica que vai surgindo aos poucos. Nesse processo, novas ideias aparecem, enquanto outras passam a ser consideradas fora de propósito e são descartadas. Várias podem estar no lugar errado. Finalmente, chegamos ao mapa final, prontos para redigir o que quer que seja.

Outro aspecto teórico é que nossa cabeça gosta de ver a mesma coisa com roupagens diferentes. Aprendemos mais quando ouvimos o professor, vemos sua gesticulação e lemos o que escreveu no quadro, embora seja tudo exatamente a mesma coisa. A redundância nos sentidos mobilizados educa mais. No caso, é a palavra e o desenho. Os psicólogos cognitivos explicam por que é assim. Aqui, basta acreditar nas pesquisas ou experimentar por conta própria.

No fundo, a mente humana aprende mais quando confrontada com a mesma informação fazendo apelo a sentidos diferentes. Um texto tem apenas palavras, e nelas está tudo o que é preciso para dar um sentido exato ao que se tem a dizer. Do ponto de vista puramente lógico, as palavras dizem tudo. E, se não dizem, há algo errado com o texto.

NO MAPA MENTAL, AS PALAVRAS, EXPRESSANDO IDEIAS, VÊM ACOMPANHADAS DE DESENHOS, CORES, IMAGENS, SETAS, QUADRADOS.

Do ponto de vista lógico, o desenho não está adicionando nada de novo ao texto puro. Mas, por alguma razão, na sua lógica de funcionamento, nossa cabeça gosta dessa duplicidade. Gosta de ver a mesma coisa expressa em duas linguagens diferentes.

Na prática, aprendemos melhor quando recebemos uma explicação que inclui palavras e desenhos; por exemplo, um mapa mental. Afinal, é disso que estamos falando.

> Os desenhos e mapas mentais permitem a percepção de vários elementos que compõem o todo, com seus desdobramentos e relações, tirando proveito do fato de que a mente humana lida de forma muito mais eficiente com elementos organizados visualmente.

Contudo, não se trata de um amontoado de pensamentos que vão brotando. Não é uma coleção de *post-its* amarelos, colados na parede, cada um com uma ideia solta, como se usam em sessões de *brainstorm*. Pelo contrário, já começamos com uma ideia mais central, grafada na caixinha inicial do mapa. É em torno dela que se vão estruturar todas as outras. Remexendo a organização do mapa, essas ideias irão, progressivamente, ganhando mais ordem e sentido. Mas o ponto de partida é o mesmo: a caixinha central.

Nessa infinita possibilidade de arrumar, rearrumar, colocar e tirar caixinhas, há algo de *brainstorm*. Porém, sua própria estrutura inicial já impõe uma arrumação lógica das ideias. Poderíamos pensar em um *brainstorm* menos bagunçado.

No mapa mental a seguir, apresentamos a ideia central da importância do ambiente físico de estudo (sobre a qual falamos no início deste guia). Em torno dela, vamos anotando todos os elementos que nos parecem relevantes, na ordem em que nos vêm à cabeça. Começamos sem pensar muito na sua articulação lógica.

Aos poucos, começamos a ver traços comuns entre alguns elementos. Diante dessas semelhanças, vamos criando agrupamentos que fazem sentido. Ao pensar nos elementos que afetam o ambiente físico de estudo, vamos arrumando e revendo as arrumações até chegar a alguma coisa parecida com o desenho a seguir.

Como se pode ver, tínhamos apenas uma lista no primeiro mapa. Já no segundo, aparece uma estruturação do pensamento. Encontramos apenas três ideias gerais: conforto, tranquilidade e conveniência. Descobrimos que os outros elementos podem ser encaixados em algum desses três conceitos mais gerais.

O segundo exemplo, apresentado a seguir, refere-se a um assunto também já tratado neste manual: o efeito do interesse sobre o nosso aprendizado. Como você poderá verificar, o mapa resume o que foi dito no texto, permitindo ver, em uma única página, todos os argumentos apresentados.

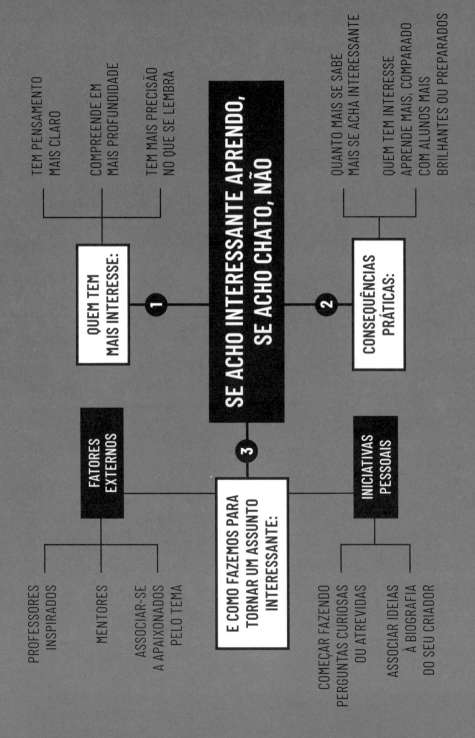

PARA QUE SERVEM OS MAPAS MENTAIS

Os mapas mentais encontram muitos usos. São úteis para entender argumentos complexos, com múltiplas ramificações. O mapa apresentado na página 79 dá uma boa ideia dos aspectos do ambiente que afetam nossos estudos. Sem que isso seja uma crítica, é um aprendizado passivo para quem é apresentado a ele. É como se nos recostássemos na cadeira e disséssemos ao professor: "Quero ver. Enfie isso na minha cabeça". Nosso esforço é só de absorver ou entender o que foi apresentado. Mas, claramente, o mapa facilita essa tarefa, e não é pouco.

Quando somos nós que fazemos esses mapas, eles se constituem em uma forma de pensar. Dialogamos com eles. À medida que a arquitetura do nosso pensamento avança, os novos quadradinhos com ideias vão sendo introduzidos no mapa mental. E logo a sua arrumação vai sendo aperfeiçoada.

Nesse caso, trata-se de um aprendizado ativo. Nós mesmos formulamos as ideias, seja trabalhando assuntos novos ou reconstruindo com nossas próprias palavras a estrutura lógica do que foi dito ou lido. E, como sabemos, o aprendizado ativo é muito mais eficaz do que o passivo.

Na prática, os mapas mentais encontram vários usos.

1. LISTAS

Os mapas mentais são uma ferramenta imbatível para fazer listas, cronogramas e agendas. Anotamos, mudamos de lugar, apagamos. Tudo muito fácil, sobretudo se o mapa for digital, pois pode ser ajustado facilmente. É o seu uso mais simples e imediato.

2. *BRAINSTORM*

Um uso mais nobre é para o *brainstorm*. Diante de um problema sobre o qual sabemos pouco ou não temos clareza, fazer um mapa mental ajuda a organizar as ideias. Já começamos com um mínimo de organização, mas permanecemos livres para rearranjar tudo.

3. SUMÁRIOS E RESUMOS

Os mapas mentais são uma excelente maneira de sumariar artigos ou livros que estamos lendo cujas ideias queremos captar melhor.

4. ANOTAÇÕES DURANTE AULAS E CONFERÊNCIAS

Uma possibilidade interessante de uso dos mapas mentais é para fazer anotações durante aulas e conferências, no caso daqueles que levam computadores ou *tablets* para tais eventos. É muito conveniente, pois, à medida que flui a aula, vamos criando novas entradas em sequência, uma atrás da outra. Apertando uma só tecla do *notebook*, abrimos um novo retângulo a cada nova ideia ou informação que apareça, sem tentar organizar ou estruturar os assuntos. Ao fim da aula, o mapa mostra-se incrivelmente congestionado, com dezenas de entradas rodeando o conceito central.

Olhando para esse amontoado de palavras ou frases depois da aula, começamos a perguntar quais foram as grandes ideias transmitidas pelo professor. Essas são, em seguida, identificadas no mapa (e arrastadas para o topo, para facilitar a visualização do todo). Tornam-se, então, a espinha dorsal da aula ouvida. O passo seguinte é ir movendo cada caixinha, para que se encaixe dentro daquela lógica que se revela mais apropriada. Terminamos com uma aula que pode até estar mais bem organizada do que a do próprio professor. De certa forma, com tais desenhos, aperfeiçoamos aulas dadas por professores desorganizados.

Usar um computador ou um *tablet* é uma opção. Mas também é possível ir construindo o mapa à mão livre, criando anotações conectadas ao conceito central (ou a conceitos secundários) por linhas. Historicamente, os mapas mentais nascem nessa versão manual. Aliás, na primeira vez que os vi, eram feitos à mão pelo colega suíço. Muitos se sentem mais à vontade com esse método mais artesanal. A desvantagem é que o desenho vai ficando confuso e será preciso redesenhar tudo para ter um mapa limpo e fácil de navegar.

5. ESTRUTURA LÓGICA E SEQUÊNCIA DE UMA REDAÇÃO

O mapa mental é também um recurso poderoso para armar o arcabouço lógico de algum escrito que estamos preparando. Pode ser obra de uma página ou um livro inteiro. Começamos deixando as ideias fluírem, sem muita lógica, sem sequência. Não é um puro *brainstorm*, já que começa com uma ideia-mãe. Mas, ainda assim, é bem livre. Uma vez que despejamos nele tudo o que pudemos nos lembrar, começamos a mexer na posição de cada elemento, buscando encontrar uma organização lógica mais apropriada.

Isso nos ajuda a tomar certas decisões. Organizamos o material por ordem cronológica ou por categorias analíticas? Não há respostas predeterminadas. Através de alguns malabarismos com o *mouse*, tentamos as duas alternativas. Deve haver uma organização mais conveniente, e o mapa ajuda a encontrá-la.

Prosseguimos. O que está escrito neste quadradinho é uma ideia nova ou o detalhamento de uma ideia anterior? Esse exemplo pertence a qual ideia? Como esse conceito se vincula ou se associa ao outro? Respondendo a essas perguntas, vamos movendo os quadradinhos dentro do mapa. O que estava aqui passa para ali, dentro de uma ideia maior, ou vice-versa.

Progressivamente, vamos ver uma estrutura tomar corpo. Se parecer adequada, aperfeiçoamos. Se ainda está trôpega, voltamos a mudar de lugar os seus elementos, até chegar a alguma organização que satisfaça. No limite, o mapa pode demonstrar que as ideias não têm pé nem cabeça. Essa é uma conclusão muito importante, pois interrompe um processo que levaria apenas a perda de tempo.

A seguir, reproduzo um mapa "de verdade", que usei para escrever um trabalho sobre ensino básico no Brasil. No caso, foi usado o aplicativo MindNode (mas qualquer um serve). O ensaio foi estruturado com as ideias principais sendo adicionadas e os pontos menores sendo colocados no melhor lugar, segundo a lógica do ensaio. Após feito o mapa, chega então a hora de redigir o trabalho.

Quando comecei a listar as "novidades" na educação, descobri que algumas ideias eram realmente novas, como a universalização da escola e a ênfase no real aprendizado, e não apenas no diploma. Contudo, comecei a descobrir ideias velhas que haviam sido esquecidas, mas, pela sua importância, precisavam ser recuperadas. Nesse processo, fui levado a criar o subtítulo "O velho que virou novo", separado do título "Novo", e assim por diante, com as ideias encontrando o seu lugar dentro de cada uma das seis seções.

84

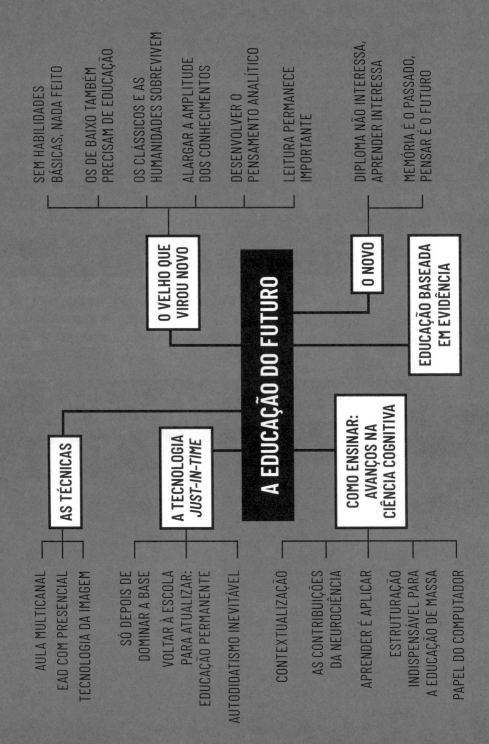

O mapa mental é, portanto, um recurso poderoso para montar o arcabouço lógico da redação que estamos preparando. Permite verificar sua estrutura lógica e aperfeiçoar sua apresentação. Repetindo, pode ser um ensaio de uma página ou um livro inteiro.

Começamos por deixar as ideias fluírem, sem lógica, sem sequência, sem estrutura. Empilhamos no desenho tudo que pudermos lembrar, como se fosse a lista de compras para um prato que queremos preparar. São os "ingredientes" do nosso escrito. Feito isso, começamos a mexer na posição de cada elemento, buscando encontrar uma organização lógica.

Podemos chegar à conclusão de que não há organização lógica possível. Nesses casos, pode ser que haja um erro fatal na estrutura do argumento. Dizemos uma coisa aqui e outra contraditória acolá. Nesse caso, o mapa mental ajuda a identificar erros.

OS MAPAS MENTAIS OFERECEM UMA ESTRUTURA LÓGICA MUITO VISÍVEL, REVELANDO O ENCADEAMENTO DAS IDEIAS. POR ISSO, MOSTRAM QUANDO NOSSA LÓGICA ESTÁ TRÔPEGA.

Ao elaborar um mapa qualquer, de repente, identificamos a presença de um argumento que nega o outro. Por quê? Falta algum passo crítico na argumentação? O mapa mental ajuda a achar tais contradições.

A possibilidade de ver um ensaio inteiro dentro de uma única página é muito conveniente, sobretudo para aqueles que têm uma inteligência visual mais apurada.

COMO FAZER UM MAPA MENTAL

Os mapas mentais, quando nasceram, não passavam de garranchos desenhados com papel e lápis. Falei das garatujas do meu amigo suíço. Mas, mesmo depois de aparecerem as versões para computador, há muitos pesquisadores e administradores respeitados que preferem os desenhos que vão fazendo ao tentar entender algum assunto, tomar notas de aulas ou programar atividades. A imagem a seguir é um exemplo de mapa feito à mão. Foi inspirada pelas reflexões de Charles Darwin quando tentava decidir se deveria se casar. Entre as anotações do seu arquivo, foram encontradas listas citando as vantagens e desvantagens. O mapa a seguir é uma versão contemporânea das suas listas, imaginadas para um jovem de hoje.

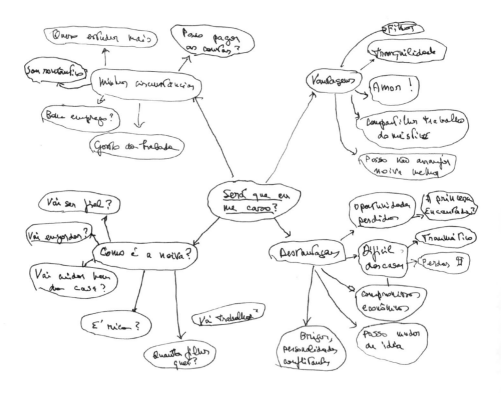

Alguns profissionais, como os arquitetos, têm uma relação simbiótica com o lápis, pois pensam e se expressam com ele. Portanto, é razoável supor que encontrem no desenho livre a melhor forma de compor mapas mentais.

Não obstante, essa é uma área em que as facilidades da informática e das interfaces gráficas são imbatíveis, pelo menos para quem não se delicia desenhando garatujas. Isso porque uma das características mais convenientes dos mapas desenhados em computador é a velocidade com que são feitas, desfeitas e refeitas as posições dos termos, bem como a estrutura lógica adotada. Com o *mouse*, puxamos um elemento de um lugar a outro. Algo que era a segunda subseção do Capítulo II pode, instantaneamente, mudar para o Capítulo V.

Além disso, a informática facilita a tarefa de dar sentença de morte a uma ideia. Basta um clique no "Delete". Ela também facilita a criação de uma ideia nova, mesmo que o mapa já pareça congestionado. Se usamos o mapa feito à mão, após sua elaboração e revisão, o desenho fica tão rabiscado que é preciso tomar uma folha em branco e refazer tudo, uma chatice.

A versão digital permite variações rápidas e visuais na organização de um pensamento. As planilhas eletrônicas oferecem a oportunidade de variar infinitamente os elementos de uma tabela, obtendo instantaneamente novos resultados sobre o sistema. Podemos fazer exercícios de simulação do tipo "O que acontecerá se eu mudar esse número?" Os mapas mentais fazem isso com ideias em vez de números. Mexemos e remexemos para ver no que dá.

Se vamos usar o computador para fazer mapas mentais, obviamente precisamos aprender a lidar com os aplicativos. Felizmente, a tarefa é das mais fáceis. A se notar, é infinitamente mais fácil do que lidar com planilhas no Excel.

> **Supondo que você saiba ligar o computador, abrir um aplicativo e usar os comandos tradicionais (salvar, imprimir, cortar, colar, etc.), o que precisa aprender é muito pouco. Basicamente, são apenas dois comandos. Não apenas isso, mas as teclas variam pouco de uma marca de aplicativo para outra.**

Como normalmente o programa abre com uma caixinha vazia no meio, a primeira providência é dar a ela o nome da ideia central. Até aqui, pouco a aprender.

Vêm, então, os dois comandos que fazem praticamente tudo que se requer para ter um mapa mental. Uma tecla gera uma nova caixinha ligada à ideia principal por uma linha. É chamada de "filha", pela óbvia analogia à sua "mãe", a ideia principal. Em vários aplicativos, o comando usado é a tecla "Tab" (já estando a "mãe" selecionada).

O segundo comando é para criar "irmãos", ou seja, caixinhas paralelas àquela que está selecionada. Para isso, a tecla costuma ser "Enter" (ou "Return"). No mapa apresentado anteriormente, "O novo" é irmão de "O velho que virou novo".

Os demais são controles convencionais. Para apagar uma caixinha, seleciona-se a dita e usa-se o comando "Cortar". Para mudar de lugar, basta pegar a caixinha com o *mouse* e arrastá-la para o novo lugar desejado — ou seja, pendurá-la em uma outra qualquer. Isso é tudo.

Em 15 minutos, você será capaz de usar com fluência o aplicativo. A prática sugere não parar muito para pensar onde ir colocando as caixinhas, nem passar muito tempo pensando no que incluir. É melhor ir rápido, no ritmo do pensamento. Depois, olhando o quadro geral, começam a aparecer as melhores formas de organizar os materiais, bem como uma ideia mais clara do que falta e do que deve ser eliminado.

Como nosso cérebro gosta de coisas visuais, podemos enriquecer o mapa com cores diferentes para cada elemento. Por exemplo, conceitos em preto, exemplos em vermelho.

As pesquisas nos dizem que temos um hemisfério direito no cérebro que se especializa nas emoções, nos simbolismos, nas representações. Portanto, há muitos usuários que complementam as palavras com figuras, ícones e grafismos alusivos ao assunto da caixinha. Por exemplo, o ícone do cifrão ao lado de dados financeiros é bastante óbvio. Mas há muitas outras possibilidades mais imaginativas de desenhos alusivos à ideia correspondente. Por exemplo, uma lâmpada acesa para uma ideia nova.

COMO ENCONTRAR UM MAPA EM VERSÃO DIGITAL

Para quem se interessa pelas versões digitais, estão disponíveis muitos aplicativos de mapas mentais. Os mais completos e refinados são vendidos. Porém, há outros que são de domínio público e perfeitamente satisfatórios para a maioria dos usuários. É uma questão de estilo pessoal de trabalho e tipo de uso. Quem deseja apenas preparar seus próprios trabalhos e pesquisas não precisa de muita coisa. Para quem pretende fazer apresentações, a facilidade de trabalhar com grafismos faz diferença.

Alguns são grátis no primeiro mês. Em outros, a versão grátis ou é muito incompleta, ou contém anúncios. Pagando, conseguimos acesso a todos os seus recursos.

Como se trata de um mercado altamente competitivo, novas alternativas vão aparecendo, e as velhas se transformam. O mesmo se aplica aos preços de venda. Sendo assim, em um livro como este, não faz sentido sugerir esse ou aquele aplicativo.

Minha sugestão é entrar no Google e digitar: "Melhores aplicativos de mapas mentais" ou coisa parecida. Várias avaliações estão lá. Com base nelas, fica mais fácil fazer uma escolha. Começar com uma versão gratuita faz muito sentido. Afinal, que certeza temos de que nossa cabeça funciona bem com determinado aplicativo?

Sumariando esta longa conversa: podemos transcrever para um mapa mental qualquer raciocínio, simples ou complexo. Podemos fazer listas ou podemos fazer calendários. Para as listas, os mapas dão uma versão visual do que temos que fazer, com a conveniência de permitir, igualmente, ver o conjunto. Há usos mais complexos e sofisticados, como a estrutura lógica de um livro ou o planejamento de alguma atividade.

O MAPA MENTAL É UMA LINGUAGEM, AO MESMO TEMPO, VISUAL E ESCRITA. NÃO HÁ LIMITES PARA O QUE PODEMOS FAZER COM ELE.

PRATIQUE!

▶ Prepare um mapa mental sobre o assunto de uma aula importante. Faça o mapa rapidamente e, depois, volte a trabalhar o assunto, aperfeiçoando a organização do texto e a escolha das palavras.

F. COMO LER UM LIVRO

Durante sua vida estudantil, você tem duas formas principais de aprender: assistindo às aulas e lendo — por exemplo, livros. Depois de formado, é possível continuar aprendendo por observação, mas acabam-se as aulas. Para apreender assuntos mais abstratos por conta própria, é preciso recorrer aos livros.

É bem provável que sua vida profissional se torne interessante e tenha mais riqueza intelectual se você tiver o hábito de ler bons livros. Isso porque grande parte do conhecimento que adquirimos ao longo da vida chega pela via da palavra escrita (hoje em dia, pode ou não ser em papel).

Já se disse que *ler é aprender com um professor ausente*. Antes, falamos de melhores e piores formas de entender e reter o que diz o professor na aula. Na leitura, igualmente, há segredos, *há uma arte de ler*. Portanto, faz sentido dominar essa arte.

Falamos de livros, mas isso se aplica a quaisquer leituras um pouco mais densas. E os resultados servirão para toda a sua vida.

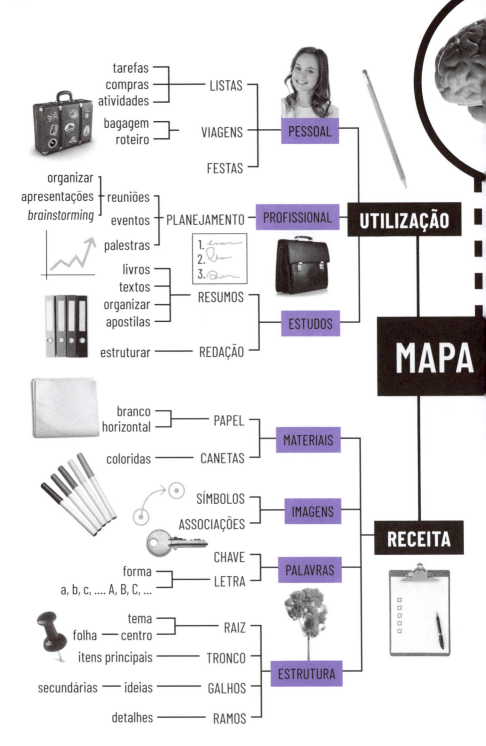

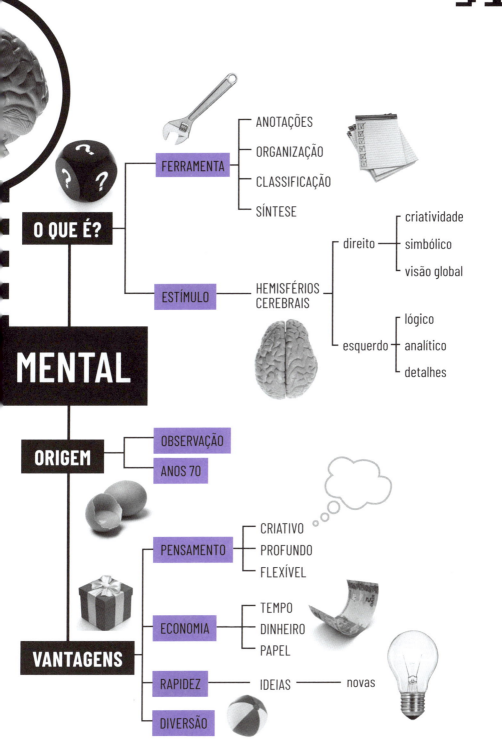

SE VOCÊ NÃO FOR UM BOM LEITOR, PERDERÁ TEMPO, APRENDERÁ POUCO E A LEITURA SERÁ UM SOFRIMENTO.

Se esse raciocínio estiver correto, um dos bons investimentos para assegurar o seu futuro é aprender a ler com competência. Isso porque ler um livro sério não é um processo intuitivo. É preciso aprender direitinho como se faz.

Na verdade, a tarefa não é tão simples quanto parece. Uma pesquisa muito conhecida feita com alunos de Harvard mostrou que a maioria não sabia achar a ideia central em um texto sério e bem escrito. Ora, se essa é considerada a universidade número um no mundo, isso significa que o problema atinge quase todos.

Obviamente, há escritos e escritos. Muitos são pobres ou toscos. Outros são carentes de ideias centrais, ou, se as têm, são tortuosas ou estão mal desenvolvidas. Mas não é deles que falamos. Aliás, por que ler livros irrelevantes havendo tanta coisa boa por aí?

Para ler, aprendamos com o filósofo Mortimer Adler, por muitos anos redator-chefe da Enciclopédia Britânica e também autor de uma obra conhecida, *Como ler livros*, escrita na década de 1940. Esse é um livro recordista de vendas e que continua sendo reeditado até hoje. A reputação do autor e o mero fato de o livro ter uma sobrevida que se aproxima de um século sugerem ser um bom guia para esse aprendizado. O que segue é o que compreendi de suas sugestões.

Inicialmente, é preciso entender que há duas maneiras de ler: ativa e passiva. Aliás, registramos que essa mesma diferença entre estudo ativo e passivo reaparece várias vezes nesse livrinho. E não é por acaso, pois é uma diferença fundamental.

Na leitura passiva, as palavras vão sendo decifradas, e as informações, empilhadas na nossa memória. Para leituras mais simples ou puramente informativas, nada errado com isso. É assim mesmo. Uma receita de bolo é uma lista de ingredientes seguida dos procedimentos. É uma questão de ler e repetir na cozinha o que está escrito. Meio quilo de farinha, duas gemas, mais 250 gramas de manteiga e assim por diante. Algumas etapas podem ser críticas na cozinha, como o ponto da calda de um doce. Mas a dificuldade não está na leitura — que não requer muito esforço mental. Basta a memória.

Na mesma linha, lemos um roteiro de viagem, com a descrição de tudo que há de interessante pelo caminho. Se for um lugar aonde você pensa ir, você registra as informações na memória, sem que haja qualquer desafio a ser entendido ou decifrado. Não é muito diferente de ler uma lista de supermercado.

Aliás, se você ler um livro e facilmente entender tudo, isso significa que ele não oferece mais do que informação. Do ponto de vista de ideias, é um livro pobre. Pode ser supremamente útil, como uma lista de telefones, mas não se embrenha na aventura das ideias. Sua leitura é inevitavelmente passiva. De fato, a leitura passiva não promove uma real compreensão do assunto, se é que há alguma ideia a ser dominada.

Contudo, se um livro lida com ideias, uma leitura ativa praticamente se impõe.

NA LEITURA ATIVA, VOCÊ SE PÕE NA PELE DO AUTOR, PENSANDO COM ELE NA ORGANIZAÇÃO DAS IDEIAS.

Mas também é da natureza de uma leitura ativa colocar o leitor na posição de alguém que examina criticamente o que está escrito, tentando encontrar falhas. É como se o autor fosse seu grande adversário e ele tivesse que encontrar seus pontos fracos. A lógica está certa? Os fatos militam a favor das ideias defendidas? O quadro que ele descreve bate com a sua experiência vivida?

Frequentemente, jornalistas e escritores devem comentar livros e artigos a pedido da redação do seu jornal. Para redigir seus ensaios, devem lidar com perguntas do tipo: qual é a mensagem principal do autor? Isso está certo? Concordo com esse argumento? As fontes usadas para as informações são boas? Tais profissionais, ao receberem suas incumbências, necessariamente entram em um modo ativo de ler. Se não tiverem nada de interessante a dizer, criticando ou complementando argumentos, mais cedo ou mais tarde vão perder o emprego. Pesquisadores também respondem a perguntas semelhantes, comentando os trabalhos de seus colegas. Mal comparando, é assim que se lê um livro, garimpando críticas ou concordâncias.

> Suponha que você esteja lendo sobre d. João VI e sua vinda para o Brasil. Ao fluir das páginas, vá formulando suas perguntas. Ele tinha a opção de ficar em Lisboa? Que preparo tinha seu exército? Como estavam as tropas de Napoleão? Por que o embarque foi tão improvisado? Ele era realmente uma pessoa tão indecisa quanto afirmado por alguns historiadores? Quando Laurentino Gomes afirma que, no fundo, d. João era mais sabido do que se pensa, será que ele tem razão?

Isso tudo requer bem mais do que depositar fatos e datas na memória. A leitura ativa requer iniciativa, requer atenção. É o esforço de pensar. É um diálogo imaginário com o autor. Você pergunta, e ele responde. Obviamente, dá mais trabalho, porém gera um nível de compreensão muito mais profundo. Assim, quando falamos de leituras com substância, o convite à leitura ativa não é para ser rejeitado.

COMO LER UM LIVRO? ABRIMOS NA PRIMEIRA PÁGINA E SEGUIMOS, PÁGINA POR PÁGINA, ATÉ A ÚLTIMA? NÃO FOI ASSIM QUE ENSINARAM NA ESCOLA? NADA MAIS SIMPLES. E NADA MAIS ERRADO!

Em certas situações, o objetivo de ler alguma publicação pode ser conseguir informações sobre esse ou aquele assunto. Precisamos saber como operar o novo computador, qual botão serve para quê. Ou conhecer a melhor rota para chegar a determinada cidade. Mas não é disso que estamos falando.

Aliás, não estamos falando de leituras de contos, romances ou ficção em geral. Nesse tipo de livro, a maneira de ler é drasticamente distinta. Neles, o processo é linear e tem que ser assim, para acompanhar a narrativa. Página por página, somos conduzidos pelo autor nos meandros de seu enredo. O livro precisa criar o clima, descrever o mundo no qual seus personagens atuam. Além disso, um bom romance tem elementos de surpresa. Não sabemos o que vai acontecer, e isso é parte da graça de um romance. Se saltarmos as páginas para ver o desenlace, o livro perde o interesse.

Mas é bicho diferente um livro de biologia, física, economia ou psicologia. Nele, a melhor leitura não é linear, começando da primeira página. Afinal, esse tipo de livro não deve conter surpresas ao longo da leitura.

QUANDO NOS DEPARAMOS COM ALGUMA IDEIA IMPORTANTE, NOSSA MENTE JÁ DEVE ESTAR MINIMAMENTE PREPARADA PARA ENCONTRÁ-LA E ENTENDÊ-LA.

E como, muitas vezes, o livro lida com ideias complicadas, essa preparação prévia é fundamental.

Um bom livro tem uma espinha dorsal com uma ou mais ideias, em torno das quais seu argumento se desenvolve. Por exemplo, *A origem das espécies,* de Darwin, apresenta a hipótese de que, na luta pela sobrevivência, algumas espécies desaparecem e outras evoluem. Para demonstrar essa ideia central, centenas de considerações são apresentadas, bem como uma enxurrada de exemplos. Mas cada pecinha dessas só faz sentido se entendermos a ideia central da evolução.

Para que uma leitura desse tipo faça sentido, há o desafio de identificar as ideias em torno das quais se estrutura a narrativa do autor. Se não conseguirmos pôr em relevo as grandes ideias, o livro não nos trará mais do que um amontoado de fatos e informações desconexas. E achar esse fio da meada nem sempre é fácil. Daí as estratégias para ler um livro apresentadas a seguir.

> A principal estratégia consiste em não fazer como descrito anteriormente, ou seja, começar na página 1 e ir até a última. Em vez disso, o livro deve ser "conquistado" em três etapas: primeiro, uma leitura por inspeção; depois, uma leitura analítica; finalmente, a comparação das ideias apresentadas com outras que flutuam no mundo das teorias e interpretações. Ou seja, são níveis crescentes de profundidade de leitura.

Segundo Francis Bacon, o grande ensaísta inglês, *um livro é para ser provado, engolido ou mastigado e, depois, digerido.* Começamos beliscando o livro, como em uma festa em que vão aparecendo salgadinhos e tira-gostos. Nesse beliscar, começamos a entender o seu assunto e a perceber quais são suas principais ideias. Somente depois é que passamos a mergulhar plenamente na sua leitura.

Na fase inicial, enfrentamos o desafio de descobrir sua espinha dorsal e os assuntos correlatos, mesmo que não cheguemos a entendê-los. Sem isso, a leitura linear avançaria às cegas, sem sabermos o que virá na próxima página ou no próximo capítulo. Iríamos aos trambolhões, com nossa mente vagando e corcoveando. Em um romance policial, é exatamente isso que o autor quer. São exatamente esses trambolhões que dão o encanto do gênero. Achamos que o assassino é o padrasto, mas é o mordomo.

Em um livro de ideias, faz todo o sentido dar uma olhada nas conclusões antes de enfrentar a leitura sistemática. Em contraste, não vamos à última página de um romance policial para ver quem foi o assassino. Nos livros de ideias, queremos exatamente o oposto. Ou seja, mapear o caminho e o fim da linha, para que não sejamos surpreendidos.

Na fase de inspeção, há outro aspecto muito prático: decidir se vale a pena ler o livro, ou se vale a pena lê-lo todo, ou se apenas algumas partes nos interessam. Com tanta coisa boa para ler, por que gastar tempo com obras menores e de pouco interesse? Ou então de pouco valor ou originalidade? Nesses casos, uma pré-leitura pode ser o suficiente para dar uma ideia do que trata o livro e, se for o caso, parar por aí.

IGUALMENTE ÚTIL É MAPEAR AS PARTES DO LIVRO QUE NOS INTERESSAM MAIS. NA MAIORIA DAS VEZES, LER TODAS AS PÁGINAS NÃO É UMA BOA IDEIA, POIS MUITO MATERIAL NÃO NOS INTERESSA.

No fundo, essa leitura inicial consiste em folhear o livro da frente para trás, de trás para frente, lendo uma coisinha aqui, outra acolá. Se há gráficos e tabelas, eles costumam oferecer um raio X do miolo do argumento.

Examinemos com mais detalhes essa primeira leitura, uma técnica que não é ensinada nas escolas e até parece amalucada.

LEITURA SUPERFICIAL OU PRÉ-LEITURA

1. TÍTULO E PREFÁCIO

O que sugere o título? Será possível adivinhar o conteúdo do livro só com essa informação? Que tipo de mensagem ou ideia poderá estar contida nas suas páginas?

Mas cuidado! Durante o regime militar, quando houve censura de livros, *Nosso homem em Havana* foi banido e *O capital* escapou ileso. Não queremos repetir o erro de ver ideologia em uma novela de ficção e passar de fininho pela mais profunda crítica ao capitalismo do século XIX.

O prefácio oferece o primeiro contato verdadeiro com o livro. A leitura ativa consiste em se fazer essas perguntas e ver se são respondidas pelo título ou pela leitura do prefácio, no qual o autor justifica suas razões para escrever o livro.

Novamente, aflora aí a diferença entre romances e obras científicas. Quando Eça de Queiroz deu a seu livro o título *Primo Basílio*, não buscava oferecer qualquer ideia sobre o que conteriam suas páginas.

Em oposição, o livro de Charles Darwin *A origem das espécies por meio da seleção natural ou a preservação das raças favorecidas na luta pela vida* dá uma boa ideia sobre o tema da obra.

O Capital, de Marx, já no título principal, sugere que o livro descreve o sistema capitalista. O vago ou pitoresco de uns e o sugestivo dos outros reforçam a diferença entre os gêneros.

2. SUMÁRIO

Um bom sumário pode mostrar a espinha dorsal do livro. De onde o autor parte, que tipo de ideias apresenta? Passando alguns minutos com ele, você vai se familiarizando com o que virá pela frente, quando for realmente ler o livro. É o mapa da estrada a ser percorrida.

Atualmente, começa com um "sumário executivo" grande parte dos relatórios de pesquisa, resenhas de literatura ou propostas de políticas em algum assunto. É mesmo pensado como uma alternativa a ler o texto todo. A própria palavra "executivo" já sugere que se destina a altos administradores cujo tempo seria escasso. Em muitos casos, essa leitura pode ser suficiente para o que precisamos saber do assunto. Em outros, nos dá a perceber que não vale a pena o esforço de ler todo o texto. No limite, não vale a pena ler mais nada.

No contexto desta discussão, o sumário executivo nos dá uma bela ideia do que vem pela frente. Facilita nossa leitura subsequente do texto integral. É o *trailer* do livro.

Nos artigos científicos, hoje se exige um *abstract*. Seria um sumário do que o texto contém. Infelizmente, uma boa proporção deles se perde na descrição inicial e diz pouco sobre as conclusões. Ainda assim, é um ponto de partida, já que tais artigos não têm índices ou sumários.

3. BIBLIOGRAFIA

Se você tem familiaridade com o assunto, ao ver quem o autor cita, já terá uma ideia do tipo de orientação teórica seguida. Um livro com muitas referências a Marx, Engels e Lênin sugere um autor de esquerda. Se cita autores como Adam Smith, David Ricardo, Alfred Marshall e Milton Friedman, provavelmente é mais de direita.

O livro não fica desqualificado se é uma coisa ou outra. Mas, ao saber qual é a orientação do autor, ficamos mais prevenidos quanto ao tipo de forças e fragilidades que pode haver nos raciocínios e nas teses apresentadas. De certa maneira, esse conhecimento nos prepara para examinarmos com mais cuidado certas afirmativas que podem ser mais problemáticas. Podemos esperar que um aluno de Milton Friedman diga que é preciso reduzir as tarifas alfandegárias. Isso nos levaria a pensar mais em possíveis consequências negativas dessa política. Mas, se um graduado da Economia da Unicamp propõe elevar tarifas, o que não seria uma surpresa, temos que pensar nos problemas que isso pode criar.

Naturalmente, se o autor cita obras controvertidas ou de poucos méritos, já ficamos com um pé atrás, por boas razões. Ou seja, se o autor se vale de obras que não merecem confiança, ficamos imaginando que o mesmo pode acontecer com o seu livro. Pode até não valer a pena lê-lo. Isso acontece com muito mais frequência do que se imagina.

Todavia, um lastimável erro é condenar uma obra porque diz coisas que andam na contramão do que pensamos. Aprendemos tanto ou mais lendo livros sérios que colidem com nossas crenças.

4. CAPA E ORELHAS

A capa, em geral, diz pouco. Mas, na orelha, o livro tenta conquistar seus potenciais leitores. Nela há uma séria tentativa de atraí-los, sugerindo o que podem ganhar conhecendo o que está no texto ou a importância das ideias que defende. Portanto, para ter uma boa noção do que o livro contém, as orelhas são imperdíveis. Costumam ser um bom sumário, tão persuasivo quanto consegue ser o autor. São tão eficazes que há pseudointelectuais que deitam falação sobre livros havendo lido apenas as suas orelhas! Em definitivo, não estamos aconselhando tal conduta.

5. CAPÍTULOS MAIS IMPORTANTES

Antes de mergulhar no livro, uma boa ideia é ler rapidamente o capítulo introdutório. Nele, o autor alinha as ideias que vai desenvolver no texto. Esse capítulo costuma ser um guia para o que vem à frente. Mas, em geral, não antecipa as conclusões.

O capítulo final é o do desenlace. O que quer que o autor queira dizer estará redito com mais ênfase na conclusão, pelo menos nos bons livros. Nela, os autores abandonam os detalhes, o tecnicismo e as nuances metodológicas e tentam mostrar o que de importante encontraram. Mostram também que implicações têm seus achados para o avanço da disciplina. Textos mais técnicos sugerem também novas linhas de pesquisa abertas pelo estudo.

Para fixar ideias, todo esse processo de pré-leitura não deve levar mais do que uma hora. Em geral, leva bem menos, dependendo da dificuldade do livro e do seu tamanho. Como resultado dessa fase, o leitor já deve ter uma boa ideia sobre o assunto do livro e as principais ideias que vai encontrar. O que encontrará na leitura do texto, mais ou menos, se encaixará nas grandes ideias que já se formaram na sua cabeça. Ou, então, pode estar em tempo de decidir não ler o livro.

PRATIQUE!

▶ Escolha um livro de ideias que seja curto. Durante meia hora, siga as instruções anteriores, tentando apreender o máximo de informações sobre o seu conteúdo. Depois, sem reabrir o livro, gaste 10 minutos redigindo um ensaio que sumarize as ideias do autor.

LEITURA ANALÍTICA

Depois dessa fase inicial, começa a leitura de verdade. O que veio antes é uma exploração do livro, para não ler às cegas e não ter surpresas. É como se fôssemos consultar o mapa do trajeto que vamos percorrer em nossa viagem. Ele dá uma ideia do que nos espera.

Nesse momento, passamos para uma leitura metódica. Aqui, novamente, Mortimer Adler nos reserva uma surpresa. De início, propôs folhear o livro, beliscando um pedaço aqui, outro acolá. Agora, ele propõe uma leitura perfeitamente linear.

É para ler da primeira à última página, entendendo ou não, mas sem parar, mesmo se faltar compreensão. É para entender o que der para entender nessa leitura corrida.

Nesse ponto, quero discordar ligeiramente de Adler. Diria que vamos ler linearmente todas aquelas partes do livro que nos interessam em particular. Não leremos necessariamente todo o livro, pois lemos para aprender alguma coisa e, muitas vezes, os livros entram em assuntos que não estão no nosso campo de interesse, pelo menos naquele momento. Portanto, poderíamos dizer que faremos uma leitura linear daquilo que decidimos que vale a pena ler.

Depois da maratona de ler o livro inteiro, chega a hora de voltar aos capítulos mais importantes e mais difíceis. Mas acontece um fato interessante: após ter lido o livro de ponta a ponta, esses mesmos capítulos se tornarão bem mais fáceis. O que não foi entendido na primeira leitura corrida pode ficar quase óbvio nessa segunda.

LEITURA COMPARATIVA

Essa é a última fase, a mais nobre e mais difícil: que lições o autor nos ensina? Como elas convivem com outras que flutuam no espaço intelectual desses assuntos?

A leitura comparativa consiste em confrontar o que está no livro com o mundo intelectual que lida com assuntos iguais ou parecidos, ou então com a nossa percepção do que está acontecendo no mundo real. É a fase mais criativa e, certamente, a mais difícil.

Li um artigo escrito por um professor americano narrando um experimento em que um grupo de pessoas passava o dia trabalhando, todos sentados. Outro grupo, a cada meia hora, levantava-se e andava por cinco minutos. Pelos seus exames clínicos subsequentes, os que ficavam longo tempo sentados tinham mais problemas cardíacos (e outros). Interessante, mas será que outros estudos na mesma linha mostram resultados equivalentes? Há médicos que recomendam cinco minutos de esforços violentos uma vez por dia. Temos indicação de qual é a melhor alternativa? Essas indagações ajudam a ganhar uma perspectiva acerca do livro e de suas teses. Concordamos? Gente de peso na área concorda?

Nessa fase, é como se estivéssemos na posição de alguém que faz uma resenha ou avaliação crítica de um livro. É preciso encontrar os pontos fortes, criticar as fraquezas, comparar com outras obras e ponderar sobre a contribuição que o autor teria feito.

PRATIQUE!

▶ Tome um livro bem curto, mas tido como importante e bem escrito. De preferência, um livro que você tenha que ler para seu curso. Aplique todas as regras citadas anteriormente.

▶ Comente em uma ou duas linhas o que você aprendeu de cada etapa, em cada um dos três níveis de leitura. Conclua.

>> É POSSÍVEL LER UM LIVRO EM POUCOS MINUTOS?

Há cursos de leitura dinâmica que prometem a leitura de um livro em poucos minutos. Essa prática é realmente possível? Para saber a resposta, leia o QR Code ou acesse a página do livro em **loja.grupoa.com.br**.

G. ESTUDAR USANDO MUITOS CANAIS, INCLUSIVE ESTUDO DE GRUPO

Grande parte do que acontece na escola passa pelo canal da audição. Ou seja, o aluno ouve o professor falando e, por essa via, aprende o que consegue.

Mas sabemos que há outras formas de aprender. Obviamente, aprendemos lendo. De fato, após a formatura, a leitura torna-se a forma predominante de aprender sobre assuntos mais complexos. Podemos mesmo pensar que uma das consequências mais importantes de uma boa educação é aprender a entender o que foi lido.

> Mesmo que mudemos de profissão, que nos afastemos do currículo cursado, essa capacidade de capturar o que o autor quis dizer é uma das heranças mais perenes de nossa passagem pela escola.

Também aprendemos escrevendo. Ao redigir, temos que converter para as nossas palavras o que absorvemos do aprendizado. Ao tentar fazê-lo, ao pôr as ideias no papel, elas se tornam mais claras e nítidas. Em outras palavras, *escrevemos para entender*. Para redigir um texto sobre as ideias tratadas em aula, precisamos revisitar e repensar o material ao qual fomos apresentados.

Uma coisa é escrever a frase que acabamos de ouvir do professor e que ainda está zunindo na nossa cabeça. É o primeiro passo para decorar. Isso pode ser apropriado em certos casos, por exemplo, a tradução de uma palavra em inglês.

Mas, quando vertemos ideias para nossas próprias palavras, entra em cena uma compreensão mais profunda. Isso porque esse esforço obriga a pensar no significado das ideias, sem o qual não atinaremos com uma outra frase equivalente.

Na decoreba, podemos gravar as palavras na memória sem entendê-las. Contudo, se as palavras já se foram da memória, temos que encontrar outras para expressar o que foi dito ou lido. Temos que recapturar a ideia usando nossas próprias palavras. Precisamos entendê-la para sermos capazes de formulá-la de novo.

> **O ganho de aprendizado está justamente nesse esforço de captar a ideia, em vez de memorizar a palavra já usada pelo professor.**

Na aula, o professor apresenta a fórmula da Lei de Boyle-Mariotte, que associa pressão, temperatura e volume em um recipiente fechado. Se, depois da aula, resolvo redigir um parágrafo sobre o que diz a fórmula, tenho que pensar alguma coisa como: "Se a temperatura aumentar, o que vai acontecer com a pressão sobre as paredes do recipiente? Ora, se os gases se expandem com o calor, então a pressão deve aumentar". Ou: "Se o recipiente aumentar de volume, o gás vai fazer menos força contra a sua parede, ou seja, a pressão vai cair". Nesse exemplo, sou obrigado a entender a lei e pensar no que acontece para que seja possível escrever sobre ela.

Finalmente, aprendemos falando. Pareceria o oposto, que só aprendemos ouvindo a fala do professor. Mas, na verdade, *ao formular verbalmente as ideias que precisamos aprender, estamos sendo desafiados a mostrar que entendemos.* Tal como na escrita, o esforço de verbalizar as ideias recebidas leva a um nível superior de compreensão. Isso é mais verdade quando já esquecemos as palavras usadas e temos que encontrar outras para dizer a mesma coisa.

Quantos de nós não tivemos a nítida sensação de que só viemos a entender alguma coisa quando tentamos explicá-la a outra pessoa? É assim mesmo.

 SEGUNDO SÊNECA, QUANDO ENSINAMOS, APRENDEMOS.

Além dos ganhos de aprendizado resultantes da concentração e do esforço para explicar, estudos recentes sugerem outras vantagens. Quando nosso interlocutor não entende a explicação que oferecemos, isso nos traz constrangimento e desconforto, aumentando nosso esforço para sermos bem-sucedidos. Para não passar vergonha, nos esforçamos mais para explicar bem. Nesse processo, aprendemos.

Estão se tornando mais comuns alguns métodos de ensino que levam o aluno a tentar explicar aos seus colegas os conceitos que o professor acabou de ensinar. Para aplicar o método a um conceito difícil de entender ou lembrar, procure uma "vítima" para ouvir a sua tentativa de explicá-lo. Se não encontrar quem o ouça, recite para si mesmo.

 FALE SOZINHO, CONTE O CASO, DESCREVA O QUE VOCÊ PRECISA ENTENDER.

Mais concretamente, chegando em casa, descreva os pontos importantes da aula para alguém disposto a ouvi-lo e que questione se não entender. Como insistiremos mais adiante, isso é amplamente mais eficaz do que rever as notas tomadas ou reler o livro.

Um físico de Israel, Gideon Carmi, em seu curso introdutório na universidade, instrui seus estudantes a selecionar um jovem de seis anos. Ele seria o discípulo. Tudo o que aprendessem de física na aula, deveriam ensinar para esse garoto. Se ele não entendesse, o pressuposto é de que os próprios alunos não haviam entendido direito o assunto.

> Uma forma eficaz de promover uma educação nesses quatro registros é estudar em grupo. São várias cabeças pensando, lendo, falando, ouvindo e escrevendo. Mas, principalmente, um tentando explicar para o outro.

Comprovadamente, é um método eficaz. Só não pode ser exagerado. Você pode se beneficiar com o grupo, mas precisa reservar um bom tempo para si, para aprofundar-se por conta própria em alguns tópicos que são mais difíceis.

O tamanho ideal do grupo é de quatro a cinco pessoas. Quando há mais participantes, alguns membros são marginalizados ou se escondem no anonimato. O objetivo do grupo não é um fazer o trabalho do outro, mas usar a ocasião para debater o assunto, trocar ideias, comparar resumos e interpretações.

Como é o caso em outras técnicas, o grupo não faz mágicas e não é à prova de usos desastrados. Entram então as combinações, para evitar os problemas mais comuns. Todos devem ter voz no grupo. Ninguém pode monopolizar o tempo. Ninguém pode fazer o trabalho do outro. Ninguém pode pegar carona no grupo para estudar menos. Operar nesse estilo requer um aprendizado coletivo, pois ninguém nasce sabendo como trabalhar em um grupo de estudo.

Desde o início de sua escolarização, os professores se familiarizaram com a aula expositiva. Formar equipes de alunos é uma técnica que não aprenderam em suas carreiras, embora existam hoje livros ensinando como fazer isso. Não faz sentido criticar um método pelo fato singular de que o professor não sabe usá-lo.

Outro aspecto positivo dos grupos é que pode ser mais fácil aprender com quem acabou de estudar, pois viveu recentemente o processo e se lembra das dificuldades encontradas. Portanto, quando você ensina ao seu colega, pode focalizar os pontos que teve problemas para entender. Por isso, essa dinâmica pode até ser mais eficaz do que a aula do professor.

EM SUMA, ENSINAR É UMA DAS MELHORES FORMAS DE APRENDER.

Quando ensinamos alguma coisa que só entendemos mais ou menos, há uma boa chance de, ao acabar de ensinar, termos finalmente entendido o assunto.

Portanto, vale a pena criar grupos para estudar. Hoje, com Facebook, Twitter e outras redes sociais, esses estudos em grupo podem perfeitamente migrar para a internet.

> Dessa lição, você deve se lembrar de que aprendemos vendo, ouvindo, lendo, falando e escrevendo. Quanto mais canais, melhor.

PRATIQUE!

- ▶ Forme um grupo para estudar um determinado assunto. Avalie o quanto você aprendeu ao longo do processo. Registre também, com cuidado, suas observações a respeito do funcionamento do grupo. Todos participaram igualmente? Todos aprenderam, pelo menos, o mínimo? Alguns tentaram pegar carona e não fizeram quase nada? Alguém quis dominar o grupo, mandando em todos?

- ▶ Note que, se o grupo funcionar muito mal, os ganhos obtidos podem não ser substanciais. Mas, bem conduzido, o método traz ótimos resultados.

H. A INTELIGÊNCIA DAS MÃOS

Falta falar de um canal de aprendizado frequentemente esquecido pela escola: as mãos.

A MÃO TEM INTELIGÊNCIA, E MUITO CONHECIMENTO É ADQUIRIDO AO MANIPULAR, PEGAR, APALPAR, MONTAR OU DESMONTAR.

Quanto maior for a possibilidade de traduzir em atividades manuais o que se tenta aprender, maiores as chances de um aprendizado rápido e duradouro.

Quando queremos estudar, nossa atenção se volta para o que acontece dentro da nossa cabeça. Tentamos entender a lógica ou a mecânica dos pensamentos que entram pelos olhos e ouvidos. E, quando são bem processados, eles resultam em aprendizado.

Mas o quadro não está completo. Não aprendemos apenas ouvindo e vendo. O ser humano tem outros circuitos de aprendizado. Como já se disse, "o conhecimento mora na cabeça, mas entra pelas mãos". Pode parecer estranho, mas, quando usamos as mãos, estamos pensando e aprendendo. Medite sobre essa frase.

Como afirma um folheto de uma corporação de marceneiros da França, aprende-se mais geometria fazendo um encaixe complexo do que vendo o professor desenhar a mesma coisa no quadro-negro.

> *Fazer é pensar.* Aprendemos ao pegar, medir, pesar, remexer, desmontar, consertar, improvisar, construir, melhorar e inventar. Sem dúvidas, a abstração é a grande façanha do *Homo sapiens*. Mas, para chegar lá, o melhor caminho passa pelo concreto, pela ação, pelo uso das mãos.

Como sou marceneiro amador, lidando sempre com madeira, ferramentas e máquinas, minhas palavras defendendo o uso das mãos podem não ter tanta credibilidade. Pode parecer que estou vendendo o meu peixe. Mas isso foi dito por Aristóteles, Kant, Piaget e muitos outros destacados pensadores da ciência e da filosofia. É para acreditar.

As mãos fazem o trânsito entre o mundo das ideias e o mundo das coisas. Por essa razão, usá-las para construir alguma coisa promove o desenvolvimento intelectual também daqueles circuitos que lidam com ideias. Ao estudarmos história da filosofia ou direito constitucional, estamos no reino de abstrações, inevitavelmente distantes do mundo físico. Não há muito o que fazer com as mãos — exceto virar a página do livro.

Em contraste, as ciências naturais são tentativas de descrever o mundo físico de forma rigorosa e sistemática. Portanto, lidam com uma realidade que está ao alcance das mãos. Quando fazemos ciência, elaboramos pontes entre o mundo físico e as abstrações que moram em nossa cabeça e que podem ser leis, princípios, definições, coleções de observações ou medidas. Estamos sempre elaborando nexos entre o mundo real e o mundo simbólico. Nossa mente vai e vem entre um lado e outro dessa equação.

Um dos cacoetes da escola, no entanto, é não nos deixar chegar perto o bastante do nosso objeto de estudo. Tentamos aprender a teoria dando voltas entre o abstrato e o abstrato. Ou seja, o real não é bem real; é apenas a sua descrição em palavras. E ficamos travados nessa prisão, em vez de circular também pelo outro lado, ou seja, tomar contato físico com o objeto que a teoria está tentando explicar.

Por que a escola seria assim, tão desinteressada no mundo que vemos e tocamos? Quebrei a cabeça com essa pergunta, até que vislumbrei uma possível explicação. A primeira escola com as características que conhecemos foi a universidade medieval. Lá pelo século XII, começam a aparecer na Europa cursos superiores de teologia e filosofia com professores, alunos, carteiras e tudo mais que conhecemos. Eram escolas voltadas para os pináculos da abstração, atraindo professores e alunos que se sentiam confortáveis nesse mundo rarefeito. Nada de prática, nada usando as mãos, tudo ditado pela natureza do conhecimento abstrato buscado.

Para chegar a essas instituições, os filhos da nobreza tinham preceptores. Porém, quando se expandiram essas universidades, foi ficando difícil encontrar um "professor particular" para cada aluno. Criam-se então as chamadas escolas secundárias, e depois as primárias. Sendo criadas como um "puxadinho" dessas universidades totalmente perdidas nas abstrações, não admira que tenham herdado delas o mesmo distanciamento do mundo real. Até hoje, não conseguiram aproximar-se do mundo concreto, como exigido pelos novos conhecimentos mais práticos que foram progressivamente introduzidos — em particular, os conhecimentos científicos.

É de se lamentar que as escolas sejam assim. Por isso, cabe a você tomar a iniciativa de completar o ciclo por sua conta, indo do abstrato para o real — e não o real apenas descrito em palavras ou fotos. Mão na massa, é com você mesmo!

Há várias utilidades para o que podemos fazer com as mãos:

1. APRENDER PROCESSOS. Como aprendemos a tocar violão? Tocando violão. Como aprendemos a desmontar um carburador (e remontar depois)? Desmontando e montando. Vale lembrar, a mão que desmonta tem sua própria memória para montar de novo. Parece óbvio que deveríamos sempre aprender assim esses processos. Infelizmente, não é o que acontece na escola.

2. APRENDER OU VIVER A EXPERIÊNCIA. Para entender o que é a vida em uma favela, as descrições escritas são pobres. Mesmo os filmes são visões pasteurizadas. É caminhando dentro de uma que podemos apreciar o que é aquele mundo, no que tem de bom e de ruim. Igualmente, não há palavras para descrever a sensação de estar dentro de uma floresta amazônica.

3. ENTENDER ALGUMA COISA. O Centro de Treinamento do McDonalds em São Paulo tem uma cozinha experimental voltada para preparar hambúrgueres. Serve tanto para futuros empregados como para oferecer aos visitantes uma experiência viva: "Agora você vai preparar um Big Mac!". Gostando ou não dessa iguaria, a experiência é bem interessante. Impossível esquecer.

Por que privar-se desse canal de aprendizado tão poderoso?

Na escola, quebramos a cabeça com a abstração, com o teorema, com as leis da física. Mas, na hora de ir ao outro lado, ou seja, ao mundo real descrito pela teoria, ficamos no livro, na foto ou no desenho do experimento. É um meio de caminho que não chega à realidade. Não satisfaz o nosso cérebro, que adora coisas concretas.

Em vez de oscilar entre a abstração (a teoria) e o mundo real, ficamos no meio do caminho, com outra abstração, que pode ser o experimento descrito por palavras, mas não realizado.

Muitas escolas têm laboratórios sem qualquer uso. Outras os utilizam de forma mecânica e pouco inspirada. Raro é o caso em que cumprem sua missão de fazer o aluno visitar o mundo real de forma impactante.

É O TRAJETO COMPLETO — DA ABSTRAÇÃO PARA A OBSERVAÇÃO DE VERDADE — QUE ENRIQUECE O APRENDIZADO.

E isso ocorre por duas razões. Uma delas é, justamente, a inteligência das mãos, que nos permite uma compreensão mais profunda quando pegamos e mexemos no objeto de estudo. Isso ocorre, por exemplo, quando lidamos com um bicho. Ou ao fazer um experimento para medir o tempo que leva um avião de papel para tocar no solo lançado de certa altura. De alguma maneira, quando pegamos, manipulamos, medimos ou espiamos pelas lentes de um microscópio, nossa cabeça entende melhor as coisas.

A segunda razão é que essa experiência física — e não apenas abstrata — grava o conhecimento mais fundo em nossa memória. Quem escorregou em uma casca de banana dificilmente se esquece de que essa fruta tem seus riscos.

Quando assistimos a um desastre, guardamos uma memória poderosa. No dia seguinte, lemos no jornal sobre o mesmo acidente. A reportagem pode estar impecavelmente redigida, mas quem apenas a lê pouco será afetado. Provavelmente, se esquecerá do acidente em minutos.

> **Esse entendimento sobre o potencial da observação direta para educar a mente não passou despercebido dos grandes educadores ao longo dos séculos. Infelizmente, a escola se manteve distante do mundo real, dos sentidos e do uso das mãos, refugiando-se em jogos de palavras, definições e ideias rarefeitas.**

Mas você não deve cair no mesmo conto do vigário. Ao estudar algum assunto, tente se aproximar do mundo real. Tente construir aparatos que correspondam ao fenômeno que estuda no livro. Não basta ver a foto do experimento no livro. Fazer um experimento leva a um mergulho muito mais profundo e mais indelével na memória. Piaget insistiu nessa ideia de que a educação começa com a exploração do mundo real. E, como já dito, não foi o único.

Há uma força vital na construção de alguma coisa com as próprias mãos. Na minha experiência pessoal, entre escrever este livro e construir uma mesa, o que proporciona maior prazer? Qual experiência é mais intensa? Impossível dizer.

Quando era jovem, resolvi aproveitar um transformador descartado para construir um ferro de solda. Como o aparelho transformava 110 V em 6 V, havia que eliminar o enrolamento secundário e fazer outro bem mais curto, para que a amperagem maior esquentasse a ponta que preparei. Mas quantas espiras colocar no novo enrolamento? Tive que voltar ao livro, ver a fórmula e brigar com ela. Isso teve duas consequências. A primeira foi reconhecer que não a havia realmente aprendido quando li pela primeira vez. A segunda é que não me esqueci mais desse assunto, em contraste com outras fórmulas que estavam no livro. Para os curiosos, informo que o ferro de solda deu certo. Apesar de meio deselegante, a geringonça funcionou bastante bem e fiz muitas soldas com ela.

Quando começamos um projeto, executá-lo vira o desafio que requer quebrar a cabeça na sua implementação. Ao final, obtemos a vitória, bem tangível.

As escolas Waldorf, concebidas por Rudolf Steiner, estão solidamente apoiadas nessa crença do uso das mãos. E são amplamente reconhecidas por seu sucesso acadêmico.

A massinha de modelar com que as crianças brincam pode não parecer mais do que uma diversão infantil. Mas, quando eu estava fazendo doutorado em economia, lutava com o que os economistas chamam de "curvas de indiferença". Tentava entender como reagiria o consumidor dentro de um espaço cartesiano tridimensional. Quebrei a cabeça, com pouco sucesso, até que me lembrei de criar esse espaço com a quina de uma caixa de papelão e massinha de modelar. Só assim consegui entender a teoria. Ou seja, mesmo no doutoramento, em uma universidade de primeira grandeza, tocar e manipular materiais ajuda a entender teorias abstratas.

> A conclusão aqui é muito simples e muito contundente. Entendemos mais profundamente e gravamos mais solidamente na nossa memória quando tocamos, manipulamos, construímos, medimos, pesamos e desmontamos aquilo que corresponde ao objeto das teorias estudadas. Acima de tudo, não nos esqueçamos: fazer é pensar!

PRATIQUE!

▶ Descubra, entre os assuntos que você tem de estudar, algum que se preste ao uso das mãos para reproduzir as ideias principais. Faça algum experimento, construa alguma coisa. Reflita sobre o resultado.

V.
TÉCNICAS PARA ENTENDER A MATÉRIA

Alguns assuntos são muito simples de entender.
Outros oferecem dificuldades assombrosas.
Em certas áreas, o desafio é lembrar-se de dezenas
de nomes. Por exemplo, os reis da França, os afluentes
do Amazonas, a tabela periódica dos elementos químicos,
plantinhas ou bichinhos, ossos do corpo humano
e por aí afora. O desafio é para a memória.

Contudo, em outras situações, o desafio é captar o significado de alguma teoria ou princípio. Por exemplo, topamos com uma formulação matemática que expressa uma lei da física. Digamos, a lei de Ohm — que tem apenas três variáveis. Portanto, só há três nomes a memorizar. Esse aspecto é muito fácil. O desafio é entender como a eletricidade se comporta, segundo prescreve a lei. O que acontece com a voltagem, dados certos valores para a resistência e a amperagem? É preciso olhar para o mundo e ver a fórmula em ação. E também olhar para a fórmula e ver o mundo funcionando como ela diz que deveria. Nesse caso, não se trata de se lembrar da fórmula ou saber aplicar números e fazer contas. A questão é conectar fórmula e mundo real. É imaginar o que veríamos se penetrássemos no mundo dos elétrons que caminham por fios de baixa ou alta resistência, empurrados com mais ou menos força pela pilha que gerou a corrente. Entender a fórmula é identificar-se com algum desses elétrons e caminhar com eles.

O primeiro e o segundo parágrafo descrevem aprendizados diferentes. Durante muito tempo, as escolas mais fracas ficaram só no primeiro, nas tarefas de memória. Vieram, então, os críticos, dizendo que sua função mais nobre seria ensinar a pensar, que decoreba era perda de tempo. E, nessa briga, foi-se muito tempo e energia.

HOJE SABEMOS MAIS SOBRE O ASSUNTO. E PODEMOS RESUMIR QUASE TUDO EM DUAS PROPOSIÇÕES SIMPLES:

1. *A boa educação inclui a aquisição de informações, bem como o desenvolvimento da capacidade de pensar com elas.*

Começamos decorando o alfabeto e os sons correspondentes a cada letra. Sem isso, como poderíamos ler? Passamos, então, para a ortografia, conhecimento estritamente necessário para escrever. Sem esse princípio, não damos um passo. Afinal, como estudar física se não decorarmos o próprio nome da ciência? Depois, passamos a estudar os diferentes assuntos, com suas teorias e princípios. Estamos de acordo: o lado mais nobre da educação é aprender a pensar. Mas, como não pensamos no vazio, não aprendemos a pensar senão considerando um assunto que tem fatos, datas e leis, cujos nomes e definições precisamos conhecer e lembrar. Portanto, sem a matéria-prima do objeto de estudo na memória, não é possível exercitar o pensamento. São ingênuas e irrealistas as perorações para acabar com a decoreba. Ela veio para ficar.

> **2.** *Lembrar-se e entender são coisas que se aprendem ao mesmo tempo.*
>
> Pensava-se que antes vinha a tarefa de encher a memória com nomes e datas. Só depois é que ocorreria o desenvolvimento do raciocínio. Mas descobriu-se que o mundo não é tão árido. Quando aprendemos sobre triângulos retângulos, ficamos conhecendo senhores chamados catetos e mais a senhora hipotenusa. Sem saber esses nomes, não há como aprender o teorema de Pitágoras. Mas não se trata de ficar repetindo os nomes até decorar. Vamos em frente para conhecer o que Pitágoras disse sobre as relações entre catetos e hipotenusa. Ao lutar com a demonstração do teorema, as palavras serão devidamente memorizadas, sem maiores esforços. Ou seja, aprendemos tudo ao mesmo tempo.

Para cada uma dessas etapas, as técnicas que podem ajudar encontram-se neste livro. Mas, neste capítulo, a ênfase é na etapa mais nobre do entender.

O PARADOXO DA "AULA ATIVA"?

Faz pouco, entrou em cena a "aula ativa". Novidade? Modismo passageiro?

Nem um, nem outro. Esse conceito foi criado faz mais de cem anos, e a denominação "aula ativa" foi proposta por John Dewey, um respeitado educador americano. É a ideia poderosa de que o ensino pode ser ativo ou passivo. Porém, a ideia sumiu, não chegou às salas de aula.

Mas, em anos recentes, essa distinção está sendo redescoberta. Mais ainda, pesquisas confirmam a solidez dos conceitos. Essas propostas passaram a ser objeto de pesquisas rigorosas, e o assunto voltou para o primeiro plano.

Foi possível verificar que há uma grande diferença entre as duas formas de ensinar e de aprender. A superioridade da aula ativa é indiscutível, embora possa ser de implementação delicada, seja do lado dos alunos ou dos professores.

Vejamos de que se trata. O ensino passivo é ameno, agradável e leve. O professor conduz o aluno, ensinando tudo o que ele deve aprender, passo a passo. Os assuntos que cairão na prova são apresentados nas aulas, tim-tim por tim-tim. As teorias são explicadas, e as perguntas, respondidas. Em algum momento, o aluno lê no livro as perguntas e estuda suas respostas. Basta prestar atenção para aprender. Não é surpresa que essa forma de ensino agrade a todos. Peça a qualquer aluno que descreva seu professor ideal e teremos a figura de um grande expositor.

Já o ensino ativo pode ser bem mais penoso para os estudantes.

NO ENSINO ATIVO, AS PERGUNTAS PODEM VIR ANTES DO APRENDIZADO DA MATÉRIA, CAUSANDO PERPLEXIDADE.

Em versões extremas, o professor nem sequer explicaria, apenas mandaria os alunos decifrarem a charada sozinhos, lendo no livro ou buscando na internet. As respostas não são ensinadas; pelo contrário, os alunos têm que encontrá-las por meio do seu esforço. Em geral, é necessário ler e buscar as soluções, que podem estar em qualquer lugar, ou em lugar nenhum.

O ensino ativo é desconcertante para o aluno. Ele estará sempre acuado pelas perguntas que não sabe responder. A cada momento, uma surpresa desagradável: "Não entendi isso, não entendi aquilo". Os alunos logo acusam o professor de preguiçoso pois não quis explicar a matéria, não quis mostrar a solução dos problemas.

O grande paradoxo é que, no ensino passivo, o aluno aprende pouco, embora ache que ficou sabendo muito. Em contraste, ao fim do sofrimento, no ensino ativo, o aluno aprende em um nível em que o conhecimento tem vida longa na memória e pode ser usado quando a ocasião aparecer. Não obstante, durante o tormento, ele acha que sua cabeça está confusa e está aprendendo pouco. Rebela-se contra o professor.

Ou seja, é tudo ao contrário. No ensino passivo, o aluno acha que aprende e gosta do método. Mas, na verdade, quase não aprende. No ensino ativo, o aluno pode até detestar o que está acontecendo e achar que seu conhecimento não avança. Mas, na verdade, aprende mais e de forma mais duradoura.

No ensino passivo, o conhecimento é depositado na cabeça do aluno na esperança de que seja digerido e lembrado mais adiante. Só que isso não acontece. Alunos disciplinados voltam muitas vezes ao mesmo assunto, estudando suas notas. O livro é relido na expectativa de que a matéria migre para um nível mais permanente da memória e de que o conhecimento adquirido seja profundo, e não superficial.

Contudo, a notícia ruim é que isso não acontece. Na melhor das hipóteses, decoram-se as palavras ou as fórmulas. Mas, por serem apenas decoradas, além de efêmeras, podem não chegar ao âmago da questão no caso de conhecimentos mais complexos ou abstratos (em contraste com lembrar-se dos afluentes do Amazonas, por exemplo).

> Em poucas palavras, o aluno dá bomba no ensino ativo, não gosta nem um pouquinho. Mas o ensino passivo leva bomba no teste do aprendizado! Não funciona bem.

Para melhor entender, comecemos imaginando três situações de sala de aula. O professor comunica: (i) "Amanhã não haverá aula"; (ii) "A Primeira Grande Guerra eclodiu em 1914"; (iii) "Vou explicar como transformar 'milhas por galão' em 'quilômetros por litro'".

Quando essas informações chegam ao nosso cérebro, tomam rumos diferentes. O cancelamento da aula irá para um escaninho onde já existe um nicho para guardá-lo com segurança (pelo menos, até amanhã).

O 1914 irá para outro lugar, meio lusco-fusco, chamado de "memória de curto prazo". Não há escaninhos, tudo flutua no ar. Ou some! Mas, se o mesmo 1914 reaparecer várias vezes, será "decorado" e enviado a algum canto seguro da memória. Esse pedacinho de informação se transformará em uma lembrança indelével, seja relevante ou não. É o princípio da repetição.

A transformação de medidas de superfície pode ser aprendida por dois caminhos diferentes. No primeiro, como na data da guerra, é encarada como uma ideia nova; não há escaninho para ela, que fica pairando no ar, com alto risco de desaparecimento. Mas, se o aluno volta ao assunto várias vezes, a fórmula acaba sendo memorizada.

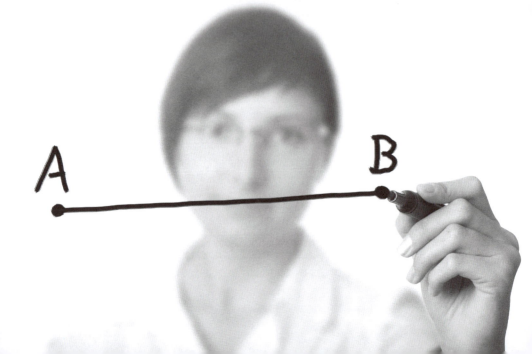

Provavelmente, contudo, não será realmente digerida e incorporada. O aluno terá dificuldades para comparar o consumo de combustível de um carro brasileiro com o de um outro cujos dados achou em uma revista americana.

No outro caminho, para decifrar essa fórmula, ele tem que utilizar um espaço do cérebro cujo funcionamento é diferente. Operar nesse ambiente é penoso, pelo menos inicialmente. É ameaçador, o fracasso espreita. Requer vontade de enfrentar o desconhecido. Estudos mostraram que até traz cansaço físico. Mas é nesse espaço que se dissecam as ideias e explora-se a sua lógica. Essa tarefa árdua é o próprio ato de "pensar". Conforme for o assunto, é uma luta suada, desgastante e lenta. A cada momento, há um diabinho sussurrando: "Não perca tempo com estas bobagens!".

E isso não é sofrimento apenas para os principiantes. Quando fazia o meu doutoramento, lembro-me de levar dois ou três dias em uma única página de um livro, cheia de fórmulas matemáticas, lutando para decifrar o que diziam.

Quanto mais estudamos, mais os problemas anteriores parecem fáceis. Mas os difíceis de hoje são tão ameaçadores quanto eram aqueles decifrados muitos anos atrás.

Repetindo: há dois caminhos. Um é mais suave: ouvir a aula e decorar a fórmula. O outro é ir para a "câmara de torturas" do cérebro e enfrentar o desconhecido. Requer também vencer as tentações do diabinho que nos desencoraja, engambelando-nos com as mais atraentes desculpas ("Seus amigos o esperam para um chope!").

Mas o segundo é o único caminho que leva à compreensão de questões difíceis. O lado bom é que, ao dominar o assunto, vem um sentimento de prazer ou realização. E o aprendido vira uma ferramenta útil.

Suponhamos que as aulas sobre esse mesmo assunto difícil possam tomar dois rumos. No primeiro, o professor explica a regra de forma brilhante e persuasiva. Ao tocar a campainha, os alunos comentam: "Que aula maravilhosa, entendi tudo".

No segundo, tomemos a versão exagerada da outra direção, já mencionada. O professor manda os alunos lerem o capítulo do livro e construírem um experimento para ilustrar a regra. Em seguida, põe-se a ler um jornal. Os estudantes reclamam, pois o professor está sendo pago para ensinar, e não para se atualizar das notícias.

Porém, essa é apenas a metade da história. Os alunos do primeiro professor adoraram a aula, mas apenas decoraram a fórmula. Não visitaram o local do cérebro que destrincha o assunto. Evitaram o esforço intelectual requerido. Já os do segundo sofreram e praguejaram. Contudo, terminaram por realmente entender e saber usar a fórmula.

Ao fim e ao cabo, na aula que os alunos gostam, eles decoram, mas não sabem usar o conhecimento. Na que detestam e sofrem, passam a dominar o assunto.

Aí estamos. Usando os termos de John Dewey, a primeira foi uma aula passiva. A segunda foi ativa. Nessa última, os alunos visitaram um local do cérebro em que tudo é mais penoso e desconfortável. Porém, se a ideia for difícil ou nova, é só lá que se resolve o assunto.

Concluímos então que precisamos abolir a aula passiva e ficar apenas com a ativa? Não! Em geral, o bom ensino é uma alternância bem dosada entre as duas. Na exposição, o professor apresenta as ideias e explica a sua articulação. É ainda a fase passiva, mas que ajuda e economiza tempo. Ademais, alguns mestres motivam, inspiram, fazem a cabeça dos alunos, até mudam o seu destino profissional (aconteceu comigo).

Há um equilíbrio delicado no uso do tempo entre uma e outra modalidade. Há casos em que a aula pode ser toda ativa. Ou toda passiva, quando os alunos são mais maduros ou já familiarizados com os temas e lidam apenas com alguma variação dele. De fato, flui mais rápido.

> Em suma, o conceito de "aula ativa" ilustra a noção de que o aprendizado se dá dentro da cabeça do aluno — por vezes, penosamente. É o único caminho para dominar lições complicadas ou abstratas. É pôr em marcha o ato de pensar. Ouvir a aula é apenas a porta de entrada.

Na verdade, é como se o nosso cérebro tivesse um gerente que direciona o que os sentidos nos comunicam. Ele pode mandar as informações para um dos dois destinos diferentes. O quarto da pura memória é mais suave e consome menos energia (é a versão passiva). O quarto que promove o pensamento pode ser mais desagradável (é o local do ensino ativo). As instruções desse gerente são sempre para enviar as informações ao quarto de menor esforço, pois sua preocupação maior é economizar energia. Aprender coisas difíceis muitas vezes requer brigar com esse gerente para convencê-lo de que está direcionando para o lugar errado.

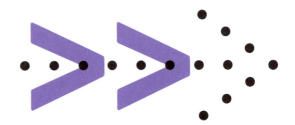

117

O que foi dito anteriormente até teria um destinatário mais apropriado: o professor, pois é ele quem decide como vai ensinar. No entanto, faz muito sentido apresentar o assunto também para você, o aluno.

Conversando com muitos professores, ouço sempre que tentaram o método ativo, mas desistiram diante dos protestos dos estudantes.

Você, estudante, precisa entender a diferença entre os métodos e aceitar a opção do professor de forçá-lo a pensar e aprender, sempre mais penosa. Reclamar do professor, dizendo que ele é preguiçoso e não quer dar aula, leva você de volta à pura aula expositiva. Quem é o maior perdedor?

E não se esqueça: a acusação de malandragem é injusta. Para o professor, a aula ativa tende a ser mais trabalhosa e requer mais preparação. É muito mais fácil ter pronta uma boa aula expositiva e repeti-la entra ano e sai ano. A versão ativa requer pesquisar exemplos, situações, perguntas interessantes e por aí afora. Além disso, costuma gerar perguntas que ele teme não poder responder de imediato, já que é uma aula com muito diálogo e cuja direção é imprevisível. Portanto, precisa preparar-se melhor, para não ser surpreendido com alguma pergunta inesperada.

De propósito, escolhemos uma versão exageradamente penosa da aula ativa. Contudo, a dinâmica não precisa ser aterradora, com um professor simplesmente mandando decifrar o que parece indecifrável. Há muitas maneiras cativantes de levar os alunos a operar na "câmara de torturas" do pensamento. Podem até ser mais atraentes — pelo menos para quem venceu a barreira inicial.

A aula ativa pode ter inúmeras fórmulas: responder a perguntas ou exercícios, descrever com suas próprias palavras o que foi ensinado, identificar aplicações ou exemplos, conceber experimentos para testar as ideias, desenvolver projetos. Na verdade, a aula ativa não tem receita única. Na prática, é tudo exceto ouvir o professor falando. Mas, mesmo nesse caso, em uma aula passiva, o aluno pode engrenar o seu cérebro, tentando (mentalmente) dialogar com a exposição do professor. É o aluno participando ativamente de uma aula passiva.

Pensemos em um exemplo — que será melhor explicado adiante, na página 128. O professor no quadro-negro demonstrando o teorema de Pitágoras é aula passiva. Entregar um pedaço de corda e usá-la para traçar no chão um ângulo reto é aula ativa, levando a um conhecimento muito mais íntimo desse teorema. E, como bem sabemos, está em jogo uma regra poderosa: se o aluno não aplica, não aprende.

Antes de prosseguir, examinemos um estudo bem interessante.

> Uma pesquisa foi realizada com a seguinte configuração: dois grupos de alunos foram selecionados para ler um mesmo texto. O primeiro grupo leria o texto e, algumas semanas depois, faria um teste. O segundo grupo também faria o teste, mas antes voltaria a ler o texto. Parece óbvio que aqueles que tiveram a oportunidade de recordar a matéria tiraram notas melhores, não é?

Surpresa! A revisão quase não melhorou a nota. O ganho foi bem pequeno.

Vamos agora à continuação do experimento. Na segunda fase, ocorreu a participação de um terceiro grupo. Ele recebeu a instrução de que, passados alguns dias da leitura do texto, sem consultá-lo, tentasse lembrar do que dizia e dos pontos mais relevantes.

Nova surpresa! O grupo que pensou no que dizia o texto sem tê-lo em mãos para ser relido teve um desempenho amplamente superior ao dos outros dois.

No primeiro grupo, o estudo foi passivo. Depositou-se o conhecimento na cabeça do aluno, na esperança de que penetrasse. No segundo, com a releitura, voltou-se a depositar o mesmo conhecimento, da mesma forma. Mas o conteúdo não penetrou cabeça adentro, nem antes nem depois. No terceiro grupo, passados alguns dias, os alunos tiveram que revirar a memória para lembrar-se do que haviam lido. O esforço se deu dentro da cabeça, não fora, no papel. Foi na modalidade ativa.

> No método passivo, derrama-se o conhecimento de fora para dentro.
> No ativo, a cabeça trabalha para recuperar o que já está lá dentro,
> ainda que desconjuntado ou esgarçado.

E, ao fazer esse esforço, as ideias voltam, consolidam-se, arrumam-se. Igualmente importante, passam a morar bem mais fundo no nosso cérebro, portanto em caráter mais permanente.

Alguém propôs a seguinte metáfora: a pergunta e a resposta são como dois locais em uma floresta. Cada vez que tentamos responder, é como se caminhássemos de um para o outro. Como resultado, a trilha começa a ficar mais bem marcada. Quanto mais vezes coçamos a cabeça para pensar no que seria a resposta, mais fácil vai ficando o caminho. Com mais passagens, a trilha fica mais bem gravada na memória.

Esses resultados são extraordinariamente importantes para você melhorar seu aprendizado. Vejamos uma implicação prática.

Você assiste a uma aula e faz boas anotações. Aproximando-se da prova, a tentação é ler as notas para recordar. Errado! Em vez disso, deixe-as na gaveta e faça a si próprio as seguintes perguntas: o que anotei de importante dessa aula? Quais são as ideias centrais? O que querem dizer? Para que serve o que o professor ensinou? Ou então explique a mesma coisa para algum conhecido. Essas práticas são amplamente mais produtivas do que reler as notas. Acredite!

> **NATURALMENTE, SE NA HORA DE LEMBRAR VOCÊ TEVE DÚVIDAS AQUI OU ACOLÁ, VOLTAR AO RESUMO OU AO LIVRO FAZ TODO O SENTIDO. SÓ QUE ESSA SEGUNDA VOLTA É PRODUTIVA. ELA VAI RESPONDER ÀS PERGUNTAS QUE JÁ ESTÃO PLANTADAS NA SUA CABEÇA.**

Outro exercício muito produtivo é, ao sair de uma aula ou conferência, fazer um resumo das ideias mais importantes. Nesse momento, a memória de curto prazo ainda não jogou no lixo o que foi ouvido, e o esforço de recuperar, selecionar e formular com suas próprias palavras é uma excelente forma de reter o que foi aprendido. Em seguida, compare essas anotações posteriores à aula, com as que você tomou à medida que ela transcorria. Que diferenças aparecem?

Uma alternativa é, depois da aula, explicar para alguém o que disse de importante o professor. No fundo, é o mesmo exercício.

Esses exercícios andam de dentro para fora, da cabeça para o papel ou para o ouvido do amigo. Em contraste, meramente reler as notas é tentar avançar de fora para dentro, é tentar fazer o papel penetrar na sua cabeça. Hoje sabemos ser uma alternativa bem pior.

Explicitada ou não, essa disparidade entre estudos passivo e ativo reaparece várias vezes ao longo deste livro, por ser uma diferença fundamental nos métodos de ensino. Ter isso em mente é importantíssimo, considerando que o método ativo é menos confortável e mais penoso. Exagerando, *aprender certo dói*.

MANDAMENTOS DO ESTUDO ATIVO:

▸ Teste seus conhecimentos com frequência.

▸ Desconcentre a prática: estude um pouco e volte ao tema alguns dias depois.

▸ Misture os assuntos, sobretudo os que são parecidos.

▸ Tente responder às perguntas antes de aprender a teoria.

▸ Destile e formule os princípios gerais do que está aprendendo.

PRATIQUE! (1)

▶ Antes da prova, em vez de reler suas notas, faça um resumo escrito das ideias, mas sem abrir o caderno, só de memória.

▶ Tome um segundo assunto de dificuldade comparável. Em vez de resumir, releia suas notas.

▶ Certamente, o primeiro método é mais penoso, pois sua cabeça tem que trabalhar mais, em contraste com o conforto de passar os olhos pelo papel. Mas será que você não aprendeu bem mais com ele?

PRATIQUE! (2)

▶ O que você pensa dos professores que mandam você trabalhar por conta própria em vez de darem uma aula expositiva?

PRATIQUE! (3)

▶ Compare o que você aprendeu depois de uma aula expositiva tradicional bem dada com o que aprendeu em outra em que teve de fazer alguma coisa, buscar respostas, redigir textos, etc.

▶ Em qual delas você aprendeu mais?

B. SE ACHO QUE POSSO, POSSO; SE ACHO QUE NÃO, FRACASSO

Sabemos que alguns alunos aprendem mais rápido, esquecem menos e entendem com mais profundidade. Para os pesquisadores da área, essa afirmativa é um ponto de partida para entender por que é assim. E, como resultado de muitos estudos, fatos bem interessantes foram descobertos ou confirmados.

 ### ACIMA DE TUDO, QUEM ACHA QUE VAI CONSEGUIR APRENDER DE FATO CONSEGUE APRENDER.

Em outras palavras, somos muito influenciados pelas nossas próprias expectativas e atitudes. Isso não é uma grande novidade, pois costuma-se dizer que, se um time entra em campo sentindo-se derrotado, dificilmente vai ganhar a partida. Por que seria diferente nos estudos? "Se você acha que pode, pode. Mas, se acha que não pode, o resultado é que não pode" (Willie O'Ree).

Para que fique claro, falamos de expectativas realistas. Quem acha que basta querer para encontrar uma nova demonstração para o teorema de Fermat está voando na estratosfera. Não é de milagres que falamos aqui.

Vejamos com mais detalhes o que hoje sabemos sobre as diferenças entre quem aprende mais e quem aprende menos.

Em primeiro lugar, é preciso desfazer o mito de que nascemos dotados de algum ingrediente mágico chamado "talento" e, daí para frente, nada precisa ser feito. Seria alguma coisa como: "Quem nasceu com muito talento vai dar certo; quem nasceu com pouco teve azar". Na verdade, talento conta, mas não é o que mais determina o sucesso nos estudos.

São três os fatores que se revelaram mais importantes no aprendizado bem-sucedido. Primeiro, *você acredita que vai conseguir, que vai dar certo, que vai aprender direitinho.* É o seu ânimo, seu otimismo, seu entusiasmo. Sem isso, entra derrotado e vai ser derrotado, seja pelas equações ou pelos verbos irregulares.

No futebol, o time que se acovarda ao receber um gol está condenado. É igualzinho nos estudos. Mais cedo ou mais tarde, a lição vai apresentar desafios. Está mal quem se frustra e desanima diante deles. É preciso entrar em campo com o espírito de vencedor e não deixar que esse otimismo seja destruído por inevitáveis escorregões.

Em segundo lugar, é preciso *persistência*. Não adianta começar animado e desistir na primeira dificuldade. Aprende melhor a lição quem insiste, quem teimosamente continua tentando, mesmo quando tropeça. A garra é um poderoso fator de sucesso.

Esses dois fatores são parecidos, mas não são a mesma coisa.

A CRENÇA NO SUCESSO É UM ESTADO DE ESPÍRITO. A PERSISTÊNCIA É UM HÁBITO.

Crença sem persistência é sonho. Persistência sem crença é comportamento mecânico, sem vontade, sem gana de vencer. Também não leva longe.

Há um terceiro fator: a *boa direção do esforço*. Se nossas energias são mal dirigidas, não aprendemos direito. No futebol, seria o chute sem pontaria. Não faz gol. Na escola, é o estudo errado que leva a aprender errado ou quase nada. No fundo, trata-se de saber estudar, o assunto central deste livrinho.

O que estamos dizendo ao longo do texto é que há muitas técnicas que tornam o estudo mais eficaz. Mas só isso não basta.

Aqui nos concentramos na necessidade de ter uma atitude positiva diante dos desafios. Mas, repetindo, é preciso definir metas realistas. Propostas fantasiosas são como decidir ganhar na loteria. Na escola, é preciso acreditar que dá para entender o que vem pela frente. E também é preciso ralar. Insistir é essencial.

C. SE ACHO INTERESSANTE, APRENDO; SE ACHO CHATO, NÃO

Nos últimos anos, cresce a quantidade de estudos mostrando facetas interessantes do processo de aprendizagem, bem como técnicas úteis para aprender. De fato, esse é o nosso tema. Nesta seção, falaremos de algo que fica pairando no ar acima dessas técnicas. Mas nem por isso é alguma coisa diáfana e difícil de entender. Pelo contrário, pode parecer até óbvio demais. Já está quase tudo dito no título desta seção.

> **Aprendo mais e melhor sobre os assuntos que me interessam.**

Quando torço o nariz para algum tema, mau sinal: terei dificuldades para aprendê-lo. Em geral, levo mais tempo e a lição não desce goela abaixo. Se gosto de física e detesto química, esta será mais árdua.

Os estudos a respeito do impacto do interesse sobre o aprendizado mostraram vários resultados bem úteis.

QUANDO TENHO INTERESSE:

▶ Meu raciocínio se torna mais claro.

▶ Compreendo o assunto com mais profundidade.

▶ Se tento me lembrar, as ideias são mais precisas.

▶ Quanto mais sei sobre o tema, maior será a minha curiosidade; de fato, quero saber mais.

Esses quatro argumentos sugerem que estamos diante de uma força muito poderosa que está dentro de nós: o *interesse*. Quando ele está presente, tudo de bom ocorre. Se falta, vamos tropeçar no caminho ou ter de ralar com grande desprazer.

Depois de jogar tanto confete sobre o interesse, não será muita surpresa se descobrirmos que tendemos a nos sair melhor quando estudamos algum conteúdo que incendeia nossa curiosidade, que nos atrai.

Como colecionador de ferramentas antigas, lembro-me muito bem de que os formões W. Greaves apareceram no Brasil na primeira metade do século XIX. Quem mais se interessaria por um detalhe desses? Não conheço ninguém.

De fato, quando os pesquisadores jogam no caldeirão do computador nosso nível de preparo, nossa inteligência e outros fatores, o interesse conta mais do que todos os outros. Ele é o principal determinante de quem aprende e quem não aprende. Observou-se que alunos vivamente interessados no tema tiram notas melhores do que outros mais brilhantes ou mais CDFs.

O problema é: como adquirir esse interesse fulgurante, que nos leva a exceder em determinado assunto? Seria bom se houvesse uma fórmula mágica, uma pílula. É querer demais. Contudo, há caminhos, truques, fatores e circunstâncias que aumentam o interesse pelos assuntos que precisamos estudar. Alguns dependem de aspectos que pouco controlamos, mas há pequenos segredos.

Primeira constatação útil:

 O INTERESSE E A PAIXÃO SÃO CONTAGIANTES.

Pegam em quem passa perto, como sarampo ou resfriado.

Tomemos dois ícones da modernidade, os dois Steves da Apple. O pai de Steve Wozniak era engenheiro eletrônico e atraiu cedo o filho para os condensadores, resistores e transistores. O padrasto de Steve Jobs era um mecânico perfeccionista. Com ele, Jobs aprendeu a apreciar os detalhes. Em ambos os casos, a paixão paterna contagiou o filho.

A família de Bach teve dezenas de músicos ilustres. A música estava entranhada no seu cotidiano. Já a família de Gauss teve nove matemáticos destacados. Não houve músicos na família Gauss nem matemáticos na família Bach. Os caminhos que Bach e Gauss tomaram não foram mero acaso.

Meu avô era historiador. Ouvindo-o narrar suas pesquisas, conheci a aventura fascinante de desvendar os segredos da história. A doença pegou. Cada vez mais gosto de história, embora não seja essa a minha ocupação.

Em uma geração passada, havia um clínico geral que alguns consideravam o melhor de Belo Horizonte. Perguntei ao ex-diretor da escola de medicina da universidade federal o que achava do filho desse médico, que havia seguido a profissão do pai. A resposta veio sem trepidações: "É o melhor clínico da cidade". Não será mais um caso de contágio do amor pela profissão?

Quando jovem, me apaixonei por eletrônica por frequentar a casa de um vizinho que montava rádios. Foi outro caso de contágio, não de resfriado, mas de fascinação pelo que via acontecer na bancada de sua oficina caseira.

Naturalmente, o caso mais comum é o contágio pelos professores inspirados e fascinados pelo que ensinam. Quantos alunos não definem seus futuros ao sentir a emoção com que mestres tratam seus assuntos preferidos? Por trás de um bom número de cientistas, está seu grande mentor ou orientador. Aliás, um quarto dos ganhadores do prêmio Nobel tiveram professores também agraciados com a mesma honraria. Entre nós, o grande geneticista brasileiro Warwick Kerr deixou discípulos motivados nos muitos lugares por onde passou.

Volto à minha biografia. Fazia meu doutorado em Berkeley e, em um curso de desenvolvimento econômico, um professor brilhante deu duas aulas sobre educação e como poderia ser estudada usando as ferramentas da economia. Ao término da segunda aula, decidi que iria me dedicar às pesquisas na educação, deixando de lado a economia. E assim fiz. Curioso notar que, anos depois, esse mesmo professor, Amartya Sen, recebeu seu prêmio Nobel. Que privilégio ter uma tal personalidade para me contagiar!

Não escolhemos nossa família, e pouca escolha temos sobre nossos professores. Mas podemos nos aproximar de quem tem paixão pelo assunto que nos aborrece. Penso em um piloto amigo meu. Já passado bastante da idade de se aposentar, continuava voando. Depois de algumas taças de vinho, comentava com espanto: "Claudio, imagina, eles pagam para a gente voar". Obviamente, voaria de graça ou pagaria, se fosse necessário. Era é a paixão que o levava para o avião em vez de para a aposentadoria.

 TEMOS QUE ENCONTRAR APAIXONADOS PELOS ASSUNTOS QUE CONSIDERAMOS CHATOS.

Se não encontramos alguém para nos contagiar, temos de descobrir o interesse intrínseco do assunto. Uma estratégia curiosa é buscar perguntas interessantes sobre o tema. Até mesmo perguntas atrevidas, controvertidas ou estapafúrdias. Ao especular sobre o tema, mesmo sem entendê-lo, nosso interesse aumenta. Tomemos alguns exemplos.

Estudando a Inconfidência Mineira, podemos pescar a tese de um historiador que duvida da existência real de Tiradentes. O que vamos ler sobre esse momento da nossa história para esclarecer essa dúvida? Os Autos de Devassa dirão algo? Que documentos e fontes de referência negam a hipótese? Quais são compatíveis com ela? A que conclusões provisórias chegamos?

Imaginemos uma situação comum. O professor manda ler um livro de Machado de Assis, escrito há um século. Logo pensa o aluno: o que poderia haver de interessante na descrição de um Rio de Janeiro atrasado e provinciano? Pensemos diferente. Se, cem anos depois, centenas de milhares de pessoas continuam lendo esse livro, é impossível que não tenha valor. Folheando e lendo um parágrafo aqui e outro acolá, perguntemos: o que o torna imortal? Por que foi traduzido para 35 línguas? Por que esse livro sobreviveu e pereceram centenas de milhares de outros publicados desde então?

Começando a estudar ótica, podemos nos perguntar: por que uma lente permite incendiar um papel em um dia de sol? Que mágica acontece naquele pedaço de vidro que transforma a luz do sol em fogo?

Limites, derivadas e integrais! Isso lá é assunto? Não será tratamento para insônia?

No século XVII, Newton era a mais extraordinária figura da ciência inglesa. Na Alemanha, a mesma posição tinha Leibniz. Ambos desenvolveram, ao mesmo tempo, os conceitos de limites, derivadas e integrais. E passaram grande parte da vida reivindicando sua autoria e intrigando contra o rival. Seus egos gigantescos faziam com que se odiassem, sem qualquer cerimônia. Parece razoável acreditar que, para provocar tantas paixões e ódios, tais ideias tinham que ser muito poderosas. E eram. Tanto que continuam insubstituíveis na física e na engenharia. Em vez de começar com o aborrecido livro-texto de física, por que não ler sobre a vida dos dois, suas brigas e aonde queriam chegar?

Há peças teatrais mesclando temas de ciência com dramas humanos. A peça *Copenhagen*, rigorosamente histórica e cientificamente correta, gira em torno de uma visita que o físico Eisenberg fez ao seu antigo orientador, Niels Bohr. Liderando o projeto da bomba atômica alemã em meio à guerra, foi visitar Bohr na Dinamarca, militarmente ocupada. Saíram ambos da conversa como se houvessem visto uma assombração. Que conexão haveria entre essa viagem extemporânea e o erro que Eisenberg cometeu, superestimando a massa crítica para uma explosão nuclear? Que gancho maravilhoso para entender a noção de massa crítica em artefatos nucleares!

Na verdade, estamos diante de um princípio relevante do processo de aprendizagem.

QUANDO ESTUDAMOS UM ASSUNTO IMBRICADO COM A VIDA DAS PESSOAS QUE O INVENTARAM OU O FIZERAM CRESCER, FICA TUDO MUITO MAIS INTERESSANTE.

As paixões e os ódios se mesclam com o processo de criação. E, voltando ao início desta seção, emoção e interesse são primos em primeiro grau.

É instrutivo ver esses princípios aplicados dentro de uma escola, no caso, a Lumiar, criada por Ricardo Semler. Em vez de um professor, há dois. Um conduz as aulas, dá explicações, propõe perguntas e aplica provas. O outro não chega a ser professor. É um apaixonado pelo assunto, seja por que razão for. É ele quem vai inspirar os alunos e transmitir a sua fascinação pelo assunto. Pena que todas as escolas não sejam assim.

PRATIQUE!

Revire sua memória e tente identificar as seguintes situações:

▶ Encontre um assunto que você estuda com prazer, porque gosta. Reflita sobre essa preferência: de onde vem seu interesse?

▶ Você se lembra de algum assunto pelo qual seu interesse foi despertado por alguma pessoa em particular (professor, amigo, conhecido)? Como isso aconteceu? Quanto tempo levou para que houvesse o "contágio"?

▶ Escolha um assunto que lhe pareça particularmente desinteressante. Busque na internet pessoas e eventos que trataram dele. Por que tal assunto se justifica no currículo da escola? Após esse exercício, avalie se o assunto continua tão desinteressante quanto antes.

D. A CONTEXTUALIZAÇÃO

A noção de contextualização é simples. Aprender uma ideia nova fica mais fácil quando ela se conecta com alguma experiência que nos seja familiar. Como a própria palavra sugere, é preciso criar um contexto real e inteligível, no qual as ideias novas se encaixem.

Para entender por que um avião voa, podemos espichar a mão do lado de fora de um carro em movimento. Com ela bem espalmada, vamos girando o punho. Quando o ângulo é positivo, o vento empurra a mão para cima. Quanto mais veloz o carro, mais forte é a pressão. Assim voa um avião. Impulsionado pela sua hélice, ao virar para cima o seu nariz, ganha altitude. Dessa forma, o "contexto" do voo é uma experiência que podemos captar com facilidade.

Nos primeiros contatos com voltagem e amperagem, o professor pode propor a seguinte analogia: imagine a água acumulada em um cano vertical. A voltagem é como a pressão do peso da água na ponta de baixo do cano. A amperagem é como o diâmetro do cano. Quando maior, mais água deixa passar. É fácil entender. Em outras palavras, o cano nos oferece uma metáfora para entender os dois conceitos centrais da eletricidade.

>>>>> O QUE UM PEDAÇO DE CORDA PODE NOS DIZER?

Entregam-se aos alunos alguns pedaços de corda. A tarefa deles é riscar no chão um ângulo reto exato. Mas apenas com um pedaço de corda? Não valem fitas métricas nem esquadros. Leia o QR Code ou acesse a página do livro em **loja.grupoa.com.br** para conferir como o contexto real e prático pode resolver esse problema!

O professor pode propor aos alunos construir um novo quadro-negro com tais e tais dimensões. A primeira providência será comprar uma placa de aglomerado para o quadro, bem como ripas para a moldura. Mas quantos metros quadrados de aglomerado? E quantos metros lineares de ripas? É fácil, a área do aglomerado é a multiplicação dos dois lados. Para as ripas necessárias para a moldura, basta somar as medidas dos quatro lados (chamadas de "perímetro").

Na época da Copa do Mundo, Ricardo Semler propunha na sua escola, Lumiar, que os alunos calculassem quanta grama seria necessário comprar para um campo de futebol. Ou quantos watts de potência deveriam ter os refletores para os jogos noturnos.

Um aluno de mecânica automotiva sabe que, se forem insuficientes as folgas nos anéis de segmento de um pistom, o motor engripa. Eis um conveniente ponto de partida para entender a dilatação dos corpos.

No Departamento de Educação de Stanford, como parte da formação dos professores, vimos um exercício bem criativo para o ensino da história do século XX. Os alunos tinham a tarefa de planejar a campanha futura de um candidato à Presidência da República. Recebiam então um sumário de sua biografia e perfil psicológico. Não por acaso, mas sem que fosse identificado, era o perfil de Adolf Hitler. Essa descoberta choca os alunos. Ao discutir o susto, o exercício grava mais profundamente na sua cabeça o horrendo episódio do nazismo.

E por aí afora. Há um conjunto infindável de boas estratégias para aproximar o mundo dos alunos ao que será ensinado. A boa regra é que devem ser usadas.

Na década de 1980, o grupo de psicologia cognitiva da Universidade de Vanderbilt montou um dos experimentos pioneiros na área. A todos os alunos incluídos na pesquisa, foi cuidadosamente ensinado o conceito de densidade dos corpos e suas fórmulas.

Porém, a metade desses alunos foi selecionada como grupo experimental. Além da aula tradicional, foram levados a ver um trecho do filme de Indiana Jones no qual o personagem encontra um crânio em ouro maciço. Para que não desabe a caverna, deve substituí-lo por uma sacola de peso idêntico. Pede-se então aos alunos que estimem o peso das pedras que devem ser postas na tal sacola para que o herói possa escapar ileso. Medindo o crânio dos colegas, os alunos podem aplicar a fórmula para calcular o seu volume (supondo que é uma esfera) e, consultando uma tabela de densidade dos corpos, podem estimar quanto pesaria se feito de ouro. Trata-se do conceito de densidade aplicado a uma situação concreta.

A conclusão da pesquisa é que o grupo experimental passou a entender em mais profundidade a ideia de densidade dos corpos e a mecânica de como utilizar tal conhecimento. O grupo de controle apenas decorou a fórmula e não soube usá-la no teste final. Ou seja, a contextualização facilita o real aprendizado.

Vejamos agora o contraexemplo, uma situação em que, por faltar contextualização, o assunto não foi aprendido. Trata-se da pesquisa da professora de psicologia Terezinha Carraher, da Universidade Federal de Pernambuco (UFPE). Foi ensinado, na sala de aula de uma escola pública, como calcular áreas e volumes de um paralelepípedo. A aula mostrou as fórmulas usadas, e os alunos fizeram as contas do exercício proposto.

Esses mesmos alunos frequentavam um programa de marcenaria, no contraturno. Chegando à oficina, os alunos foram convidados a construir uma cama cujo desenho lhes foi apresentado. Nele, todas as peças eram paralelepípedos. Naturalmente, haviam que providenciar a madeira requerida. Para isso, precisavam calcular quantos metros cúbicos deveriam ser comprados na madeireira. A tarefa se revelou intransponível para eles. Não atinavam como fazer isso. Em outras palavras, o que haviam aprendido (ou decorado) pela manhã sobre áreas e volumes não se conectava com o problema concreto da tarde, que era estimar a soma dos volumes dos paralelepípedos que constituíam as peças da cama.

Provavelmente, se dentro da oficina de marcenaria fossem apresentados às fórmulas de cálculo de áreas e volumes, aprendendo a estimar a madeira necessária — o contexto do problema —, entenderiam muito melhor. Nesse caso, a tarefa poderia vir antes da solução, como um desafio.

Em suma, esse princípio tão simples da contextualização revela-se uma estratégia útil para entender os conceitos e teorias que estão nos currículos escolares. Há amplas razões para que seja usado nas salas de aula. Por que isso não acontece?

É lamentável para você que os seus professores contextualizem tão pouco o que querem ensinar. E é quase nada o que você pode fazer para mudar essa situação. Não obstante, por conta própria, você pode se valer da contextualização para entender melhor as lições. O primeiro passo é perguntar para que serve o que está sendo ensinado. Como e onde é usado? Se faltar inspiração, digite o assunto no Google.

Vejamos o exemplo de uma equação exponencial. Por que contém uma letra com um numerinho lá em cima? Quando aprofundarmos, vamos descobrir que descreve o crescimento de alguma coisa. Então, em vez de pensar na mecânica de como fazer as contas da equação, faz mais sentido medir o crescimento de alguma coisa. Uma planta? A população da cidade? Lembre-se: na internet é bem fácil encontrar a serventia do que se aprende na escola. Digite no Google: "crescimento" e "equação exponencial". Montes de exemplos vão aparecer. Não acredita? Faça um teste.

Para terminar, aqui repetimos o tema desta seção: quando aprendemos alguma coisa nova, ajuda muito fazer todas as conexões possíveis com assuntos que já conhecemos. Ajuda mais ainda quando podemos pegar e remexer.

E. TERCEIRA REGRA DE OURO: O *FEEDBACK*

Os pesquisadores da ciência cognitiva já voltaram seus interesses para muitos assuntos diferentes. Contudo, nenhum recebeu tanta atenção quanto o princípio do *feedback*. A palavra foi traduzida como "retroalimentação", mas seu uso não prosperou em terras tupiniquins. Plantou raízes o anglicismo. Que seja...

A palavra *feedback* vem da biologia e desemboca na cibernética. Em termos simples, refere-se a sistemas que contêm um mecanismo automático de correção de rumos.

Por exemplo, se sentimos frio, nosso sistema entra em desequilíbrio. Isso põe em marcha uma aceleração do nosso metabolismo, para que queime mais calorias, compensando o déficit revelado pela sensação de frio.

> Ou seja, quando algum fator desequilibra o sistema, isso desencadeia um processo que corrige o desvio, empurrando novamente o sistema para o equilíbrio. Isso se chama *feedback*.

Em biologia, esse tipo de *feedback* é também chamado de "homeostase".

Mecânicos habilidosos criaram dispositivos para corrigir a velocidade de uma turbina hidráulica ou de um motor a vapor. Construíram um eixo vertical com articulações em cujas extremidades há bolas de metal. Com o aumento da velocidade, a força centrífuga faz as bolas se distanciarem do eixo. Mas, ao fazê-lo, empurram uma alavanca que reduz o fluxo de água ou de vapor. Com isso, a velocidade volta ao nível desejado. É um mecanismo artificial de *feedback*. É uma homeostase feita de ferro.

Por analogia, a palavra *feedback* é usada no processo de aprendizagem. Se você é testado e oferece a resposta errada, o *feedback* cutuca, mostra o engano e explica por que não acertou. Isso lhe permite entender o erro e, assim, não o repetir.

As pesquisas mostram, de forma abundante, a importância espantosa do *feedback* na regulação do processo de aprendizagem.

UM *FEEDBACK* APROPRIADO É VISTO COMO UM DOS FATORES MAIS DECISIVOS PARA UM BOM RITMO DE APRENDIZADO.

Você precisa saber que errou. Isso não pode ser ignorado. Afinal, aprender errado não é o objetivo de ninguém. Para chegar a essa conclusão, não seria necessário fazer tanta pesquisa. Contudo, os estudos mostram os detalhes de como usar os *feedbacks*.

HÁ UM MOMENTO ÓTIMO PARA O *FEEDBACK.*

Nem muito cedo, nem muito tarde. Se demorar muito, o erro vai se infiltrando na memória de longo prazo, fazendo um estrago maior e tornando a correção mais difícil. Ou seja, se muito tempo passa antes de reaprender, há mais a desaprender, um trabalho extra.

Mas, ao contrário do que poderia parecer, dar um feedback cedo demais também não é bom. Se ele vem antes de o conhecimento ter se fixado minimamente, nem aprendemos o assunto, nem nos lembramos do *feedback*. Ou seja, o feedback *se perde porque o assunto também se perde, já que não houve tempo para nenhum dos dois se fixar na memória.*

Portanto, é importante que ele venha na hora certa. Não adianta chegar enquanto o conhecimento é precário, estando apenas na memória de curto prazo. Por outro lado, é vital não dar tempo para que o erro se instale confortavelmente em sua memória.

> **Outra descoberta valiosa é que, quanto mais frequente é o *feedback*, mais se aprende.**

Caímos, aqui, no mesmo princípio da repetição. Ou seja, se você aprende hoje e acerta o teste amanhã, isso não quer dizer que continuará acertando na próxima semana. É preciso repetir o teste, para repetir o *feedback*.

TAMBÉM É PRECISO QUE VOCÊ ENTENDA POR QUE E ONDE ERROU, E O QUE SERIA O CERTO.

Saber por que acertou também é essencial. De fato, é uma hipótese razoável supor que, mesmo acertando, você não tenha tanta segurança do seu conhecimento. Portanto, entender o seu acerto é crítico para o real aprendizado.

Em princípio, todo esse processo é administrado pela escola: é ela quem cuida dos testes e das correções. E dos *feedbacks*. Aqui você tem pouco a alterar ou melhorar. E, infelizmente, a escola é pouco atenta à natureza desses processos de aprendizagem.

Mas os mesmos princípios se aplicam àquilo que depende de você, já que parte de seus estudos são realizados por conta própria, sem interferência direta do professor. Ao longo do curso, você pode e deve ir testando por conta própria o que aprendeu.

Em geral, não é um grande problema adaptar os princípios do *feedback* para o estudo individual. Isso pode ser feito pelo próprio aluno que quer aprender.

Se o *feedback* não vem do professor, ainda assim você precisa saber se entendeu certo ou errado. Portanto, precisa buscar e conhecer as respostas certas. E, como dito, não basta saber se errou ou se acertou; é preciso entender por que foi assim.

Você precisa saber, em boa hora, se está certo ou errado, antes que uma versão equivocada se infiltre em sua memória de longo prazo. Por isso, quando sair em busca de testes e exercícios, é importante escolher aqueles para os quais há, em algum lugar, a resposta certa.

PRATIQUE!

▶ Você já teve professores que cobravam o aprendizado daquilo que ensinavam? Como faziam? E já teve outros que ensinavam e não voltavam mais ao assunto?

▶ Na sua percepção, o nível de aprendizado que você obteve com uns e com outros é diferente? Explique.

F. A VIRTUDE ESTÁ NO ERRO

Há uma visão tradicional de que o estudo é uma batalha entre o acerto e o erro. Acertar é a vitória, errar é perder a batalha. É a luta entre o bem (resposta certa) e o mal (resposta errada).

Curiosamente, essa noção ficou velha e está sendo virada de pernas para o ar.

 COMEÇAMOS A DESCOBRIR QUE APRENDEMOS MAIS COM O ERRO DO QUE COM O ACERTO.

E isso acontece por mais de uma razão.

Primeira: a polarização entre certo e errado divide o mundo em dois campos, o da virtude e o do pecado. Isso gera o medo do fracasso, de dar a resposta errada, de ir para o purgatório ou para o inferno educativo. Como bem sabemos hoje, o temor do fracasso bloqueia os caminhos criativos dentro da nossa cabeça. Atrapalha, e muito.

De fato, essa visão negativa do erro está redondamente equivocada, pois o medo é um dos piores inimigos do aprendizado. Ocupa nossa cabeça e, assim, desvia a energia que deve se concentrar em entender. Como será explicitado no Capítulo IX, o medo bloqueia os circuitos do nosso cérebro, fazendo entrar em cena nossos instintos de sobrevivência. Em suma, só atrapalha.

Além disso, quando acertamos, é provável que não saibamos tão bem assim por que a resposta oferecida é a correta. Se acertamos por acaso ou sem certezas, passamos batido, realmente não entendendo e não sabendo entrar no miolo do problema. Ou seja, é um aprendizado frágil, superficial, vacilante. Mas, como acertamos, é um convite para seguir viagem. Passamos para o próximo assunto.

Quando erramos, nos chocamos contra uma parede! Levamos um susto. Como a resposta pode estar errada? Somos então levados a tentar entender por que isso aconteceu. Por essa razão, fazemos perguntas e buscamos explicações que o acerto não demandaria. É mais profundo o aprendizado que ocorre quando tentamos entender por que nossa resposta estava errada. Por que a outra alternativa é certa e a minha é errada?

Só aprendemos sobre o funcionamento de um automóvel ou uma moto quando enguiça. Nesse momento, há que se indagar o que está errado. Para descobrir que a bomba de gasolina está falhando, é preciso entender qual é o seu papel e como é o seu funcionamento certo. Se, ao passar em um buraco na pista, o carro parece que vai desmanchar, é hora de entender como funciona a suspensão.

Esse é o caminho do real aprendizado. Como dito, quanto menos nos amedrontarmos com o erro, melhor. Temos que vê-lo como um amigo que vai chamar a atenção para os problemas à frente e ajudar a penetrar no âmago do assunto estudado. Assim, mapeia o caminho equivocado e nos desafia a descobrir o certo.

HÁ MUITO MAIS APRENDIZADO EM UM ERRO SEGUIDO DE CORREÇÃO DO QUE EM UM ACERTO INICIAL, QUE PODE NOS DAR UMA FALSA SENSAÇÃO DE QUE APRENDEMOS.

É explorando de cabeça serena os erros e acertos que vamos aprendendo.

PRATIQUE!

[
- ▶ Pense em um conteúdo da escola que você acertou na prova e considerava aprendido, só que, mais adiante, ao tentar se lembrar dele, descobriu que não sabia mais.
- ▶ Agora, pense em outro inicialmente muito difícil, de modo que suas tentativas de responder às perguntas se revelaram erradas. Até acertar, foi preciso lutar, gastar a cabeça. Será que hoje você seria capaz de responder às mesmas perguntas que deram tanto trabalho no começo?
- ▶ Que lições você tira dessas duas lembranças?
]

G. PARA QUE SERVE UM TESTE? FERRAMENTA DE TORTURA OU TÉCNICA DE ESTUDO?

Gostemos ou não, nas escolas criou-se a tradição de promover ou conceder diplomas àqueles que atingem certos níveis de desempenho. E, para ver se o aluno chegou lá, há testes e provas. Diante da força ameaçadora de um mero papel escrito que decidirá seu futuro, as avaliações não são nada apreciadas pelos alunos.

Contudo, essa má vontade nos leva a ignorar ou subestimar um uso igualmente importante dos testes. Trata-se de sua função de provocar o aluno, de fazê-lo pensar nos assuntos aprendidos. Você estudou, então acha que sabe.

> O teste é o tira-teima. Por meio dele, você saberá se aprendeu a lição. E, ao fazer testes, você acaba aprendendo.

NOTE, SÃO DUAS FUNÇÕES. A PRIMEIRA É FICAR SABENDO SE APRENDEU. A SEGUNDA É USAR O TESTE PARA APRENDER A LIÇÃO.

A esse respeito, vale mencionar Reuven Feuerstein, um psiquiatra judeu-romeno que migrou para Israel após a Segunda Guerra Mundial. Lidando com a triagem de crianças refugiadas, aplicava testes de inteligência para determinar o destino de cada uma. Refletindo sobre sua experiência, pensou que, se a inteligência é mensurada pelas perguntas do teste, quem se exercitasse respondendo a perguntas daquele tipo iria ficar mais inteligente. De fato, seus experimentos mostraram que resolver testes de inteligência aumenta a inteligência! Diante de tais achados, criou um método de estudo com base em exercícios em que se usam as perguntas clássicas dos testes de quociente de inteligência (QI). Aqui, lidamos com a mesma ideia.

> Nada melhor do que estudar fazendo os mesmos testes que, no futuro, medirão nosso desempenho.

A prova de fim de ano sempre será um pesadelo à nossa espera. Contudo, pelo que sabemos do assunto, fazer testes e provas é também uma das melhores maneiras de estudar. Pouco importa se são passados pelo professor ou por conta própria, o que interessa são os avanços obtidos. Por isso, fazer testes deve ser parte de sua rotina de estudos.

De certa maneira, o que fazemos nesta seção é aplicar os mesmos princípios de *feedback* mencionados na anterior. É tudo uma questão de instrumentos de navegação nos informando se estamos na direção certa. Ou, se estamos malparados, qual é o rumo certo.

Quem quiser estudar assim não terá dificuldades para encontrar testes. E, com certeza, obterá melhores resultados do que lendo e relendo livros e notas de aula. As provas do ano anterior, com suas respostas, são também uma boa matéria-prima de estudo.

Como já mencionado, o processo de revolver a memória na busca da solução para algum problema é bem mais penoso do que reler notas. Mas, ironicamente, e por essa mesma razão, o aprendizado é mais definitivo com esse método.

Ao reler, temos a ilusão de que somos *fluentes* no assunto. Mas, na verdade, meio que decoramos as palavras após reler um texto muitas vezes. Isso é bem menos do que o verdadeiro *domínio*, um nível mais profundo de compreensão no qual captamos as ideias, quaisquer que sejam as palavras.

Aqui, vale a pena registrar uma diferença: há testes com questões abertas e outros de múltipla escolha. Cada um tem os seus usos.

Se a quantidade de alunos é enorme, como no Exame Nacional do Ensino Médio (Enem), na Prova Brasil ou em vestibulares, a múltipla escolha permite uma correção fácil, automatizada e sem erros. De fato, corrigir milhares de provas de questões abertas resulta em margens de erro inaceitáveis. Por essas e outras razões, os resultados do computador são mais confiáveis.

Porém, na sala de aula, com menos alunos, a prática mais correta é propor questões abertas. Isso porque, do ponto de vista do processo de ensino, tais perguntas geram melhor aprendizado.

Novamente, tudo tem a ver com a diferença entre estudo ativo e estudo passivo. Na múltipla escolha, o aluno precisa *reconhecer* a resposta certa. Esse estudo é mais passivo, pois a resposta está fora de sua cabeça. Ele escolhe sem entrar muito no miolo do assunto. Na pergunta aberta, tem que vasculhar sua própria cabeça na busca da solução. É bem mais árduo. Tem que *pensar* na resposta correta. É mais ativo.

> Portanto, faz muito mais sentido estudar usando provas com perguntas abertas do que outras de múltipla escolha. Paradoxalmente, a melhor maneira de se preparar para provas de múltipla escolha é resolver problemas em provas abertas.

Mas, obviamente, é preciso que exista uma fonte de consulta para verificar a resposta correta. De outra maneira, há o risco de aprender errado.

QUANTO MAIS PRÓXIMA DA VIDA REAL ESTÁ A PERGUNTA, MAIS SEU APRENDIZADO AJUDA A LIDAR COM O ASSUNTO NO COTIDIANO.

Posso estudar circuitos elétricos simples e responder às perguntas do livro. Mas, se alguém me entrega uma luminária enguiçada e pergunta por que não acende, ou eu entendo como funciona essa fiação, ou não a conserto. Se consigo achar o defeito, mais eficaz terá sido a prática.

PRATIQUE!

▶ Escolha um assunto que vai cair na prova. Em vez de reler o livro ou suas notas, tente responder às perguntas de uma prova sobre esse mesmo tema — ou exercícios do livro, se existirem.

▶ Lute, não desista logo. Respondidas as perguntas, consulte o livro para conferir as respostas.

▶ Será que você consegue perceber que seu aprendizado foi mais profundo e mais eficaz?

H. O ESTUDO DEVE SER PASSO A PASSO OU DESENCONTRADO?

Seu conforto já levou uma canelada na seção anterior. Pois se prepare para outra.

> Faz todo o sentido dominar um ponto e, só então, passar para o próximo. É a pedagogia que parece certa. Infelizmente, é a pedagogia errada.

Novamente, a pesquisa recente nos surpreende com resultados que contrariam a intuição e nos tiram das trilhas mais confortáveis. O estudo sistemático e metódico, pregado pelas pessoas de bom senso, não mostra os melhores resultados.

Para nosso desconforto, aprendemos mais quando vamos mesclando vários assuntos, vários capítulos ou sequências, até meio estapafúrdias. Terminamos confundidos. Parece absurdo como nossa cabeça poderia ser tão ilógica, operando melhor na confusão. Como é possível que avançar metodicamente não seja a melhor receita? Mas não é.

Por que será que isso ocorre?

> **Parece que, ao mergulhar em um assunto com insistência, vamos ficando anestesiados ou adormecidos diante dele.**

Nossa cabeça é meio preguiçosa. Ao ler de novo, deixa de se concentrar no que o texto significa. Em vez disso, liga o piloto automático e vai gravando as palavras, não o seu significado profundo. É como cantarolar uma música sem prestar atenção no significado da letra. Há um verniz de aprendizado, que fica só na superfície.

Já gastamos muito tempo estudando determinado assunto. Não vemos mais dificuldades nele. Tudo parece dominado. Mas nos iludimos achando que aprendemos. Na verdade, ao estudar, gastamos pouco tempo realmente penetrando no seu âmago. Ao continuar estudando, o tempo flui, mas o esforço não leva a nada, pois decoramos em vez de engrenar a cabeça nas reais dificuldades.

Por isso, embaralhar os assuntos revela-se uma boa ideia. Em vez de perder tempo lendo e relendo sem penetrar nas ideias, é melhor ir brigar com outro assunto.

Quando saltamos de assunto, cada vez que aterrissamos de volta ao anterior, temos de fazer um esforço considerável para entrar de novo em sua onda, pois o esquecimento já fez seus estragos. É preciso voltar a entender o que parecia aprendido. O fato de tal esforço ser necessário mostra, simplesmente, que o conhecimento não estava consolidado, era um castelo de cartas. O passo a passo não funcionou. Entra de novo em cena a regra de que o aprendizado resulta da repetição.

APRENDEMOS DE VERDADE AO VOLTAR VÁRIAS VEZES AO TEMA, NOS ESFORÇANDO PARA RECUPERAR O QUE ACHÁVAMOS SABIDO.

É impossível subestimar a importância desse achado dos pesquisadores da área cognitiva. Contraria tudo aquilo que acreditávamos, ou seja, pensávamos que seria necessário consolidar um assunto antes de passar para o próximo.

Novamente, o método bom é o mais desconfortável. Temos de abrir mão daquela sensação gostosa de dizer: "Aprendi isso bem, agora vou me dedicar àquilo". Em vez disso, abrimos várias frentes, cada uma nos angustiando com uma renovada sensação de insegurança e desconforto. Mas fazer o quê? Nossa cabeça funciona assim.

O barão de Macaúbas foi dono de uma escola muito inovadora em Salvador, o Ginásio Baiano, onde estudaram alguns alunos que ficaram famosos, como Castro Alves e Ruy Barbosa. Interessante registrar que ele já falava nas virtudes de mudar de assunto.

[Ele] introduziu o ensino sistemático de várias disciplinas, o aluno tendo aulas, no mesmo curso, de português, latim, francês, história e geografia. Foi um escândalo na época: acreditava-se que os alunos iam misturar as matérias e não aprenderiam direito nenhuma delas. [...] [O Barão] insistiu que o estudo variado não cansava e nem aborrecia e a "inteligência sempre refresca quando passa de um trabalho a outro diferente"...

Fonte: COSTA E SILVA, A. *Castro Alves*. São Paulo: Companhia das Letras, 2006.

PRATIQUE!

▶ Tome um assunto relativamente difícil que você precisa estudar. Dedique algum tempo a ele, até começar a ver algumas luzes. Pare aí e passe para outro assunto. No dia seguinte, volte a ele. Provavelmente, pouco sobrou na sua memória do que foi entendido na véspera. Novamente, insista no estudo, até entender. Novamente, mude de assunto. No terceiro dia, repita a operação de tentar decifrar o mesmo assunto.

▶ Reflita sobre as seguintes questões:

1. Foi mais fácil entender da segunda vez, e ainda mais na terceira?

2. Ao terminar a terceira seção, você ficou com a impressão de que o aprendizado está mais bem plantado na sua memória?

3. Um mês depois, volte ao assunto e verifique quanto tempo levou para recuperar o esquecido no intervalo.

▶ Que conclusões você tira desse experimento?

I. A RECEITA DOS VOOS GALINÁCEOS

Gaviões fazem voos extraordinários quase sem fazer força para bater as asas. Avestruzes não saem do chão. Já as galinhas ficam no meio do caminho, pois são capazes de fazer voos, mas são sempre curtos.

Aprendemos mais quando voamos, quando ousamos enfrentar o desconhecido. Ou seja, não é uma boa ideia imitar os avestruzes, ficando plantados com os pés no chão, nos contentando com lembrar palavras.

Aprendemos quando há desafios, quando tentamos voar, ultrapassando o que já sabemos. De fato, se o assunto é muito fácil, não desperta curiosidade, não exige esforço, não nos faz crescer. Se fizermos como os avestruzes, caminhamos na mediocridade, sem ousadias. Voar é preciso.

Mas, quando tentarmos ser gaviões, cuidado! O salto pode ser maior do que as pernas, ou melhor, maior do que nossas asas. Se queremos voar alto demais, perdemos pé. Não entendemos nada, não juntamos coisa com coisa. E, sobretudo, não juntamos o novo com o que pertence ao nosso mundo conhecido. É frustrante e improdutivo.

EM SUMA, TEMOS QUE DOSAR O DESAFIO DE ACORDO COM A NOSSA CAPACIDADE NAQUELE MOMENTO.

Quem não entendeu regra de três está verde para equações exponenciais. Quem não decifra o cardápio do restaurante do Disney World não está preparado para ler Shakespeare no original. Em ambos os casos, vai gastar tempo improdutivamente. Pela mesma razão, a mecânica clássica precisa ser minimamente entendida antes de entrar nas equações de Einstein.

Tentativas de voar como o gavião quando isso não é possível vão trazer frustrações e perdas de tempo. Nada junta com nada. Precisamos fazer voos galináceos, próprios para o nível em que estamos. Nem gavião, nem avestruz. Assim aprendemos mais.

PRATIQUE!

▶ Escolha um romance de ficção famoso, de preferência algum do seu gosto.

▶ Pense em responder às seguintes perguntas (vale folhear o livro ou procurar no Google, não é para verificar se decorou): em que época se passa a história? Qual é o assunto principal do romance? Como se chamam os personagens principais?

▶ Responder a essas perguntas é fazer um voo de avestruz, ou seja, não sair do chão. Você não cresce, não se educa respondendo a tais indagações bobas. Pense agora nestas outras: a que escola literária esse romance pertence? Que características permitem dizer isso? Que tipo de pessoa é o personagem principal? Como você descreveria o estilo do autor?

▶ Agora você está dando voos galináceos!

▶ E se as perguntas forem as seguintes: como Freud descreveria a personalidade deste personagem? Pelo estilo e acabamento da narrativa, parece uma obra de juventude do autor? Ou é um texto passível de ser escrito somente com muita experiência de vida?

▶ Não sei quem é você. Mas, se for o estudante típico, as terceiras perguntas lhe estão pedindo que faça um voo de gavião, para o qual você não está preparado. Não vale a pena se perder em cogitações tão estratosféricas.

▶ Mas entenda o seguinte: à medida que for se aprofundando o seu aprendizado, o que parecia um voo de gavião passa a ser um voo galináceo. Entra no campo do que dá para entender bem. Está chegando a hora de passar para outro nível, um pouco mais difícil.

J. SEM ENTENDER, NÃO NOS LEMBRAMOS

Sem entrar em teorias sobre o processo cognitivo, é preciso compreender como a nossa cabeça funciona. Um traço importante da nossa mente é que o conhecimento precisa de uma estrutura onde as peças possam ser fixadas. Ou seja, um chassi armado na memória, para que os detalhes possam ser encaixados nele e fazer sentido.

É ilustrativo comparar o funcionamento de nosso cérebro com o de um computador. O que cair na memória dele, lá fica. Salvo uma pane, nada é esquecido. Vamos, então, dar uma espiada no número π (Pi):

3,14159265358979323846264338327950288841971693 9937510582097494459230781640628 6...

Basta o computador dar uma olhadinha para que jamais o esqueça. Só que o computador não sabe do que está se lembrando. Sua prodigiosa memória não junta nada com nada, a não ser que seu dono o faça para ele.

Em comparação, os humanos têm enorme dificuldade para decorar números ou informações desconexas. Nos cursos de matemática, poucos alunos se lembram de mais de três ou quatro decimais do número π. Decoramos 3,1415, e olhe lá. Isso porque não há qualquer estrutura lógica nessa sequência de números. Não há nada que nos ajude a manter esses algarismos na memória.

Vejamos alguns exemplos bem simples de como funciona o nosso intelecto.

PRIMEIRO EXEMPLO:

APNPAARBAAPCA

Quantos minutos você precisa para memorizar as letras?

E agora a seguinte sequência:

AAAAAA PP BC NR

Mais fácil, não? Note que são as mesmas letras.

144

Finalmente, quanto tempo você levará para decorar as letras a seguir?

PARANAPIACABA

Segundos, não é?

Mas veja: a lista de letras é a mesma. A diferença é que, no primeiro caso, nossa cabeça não viu qualquer ordem e teve que decorar letra por letra. Na segunda, contamos seis vezes a letra "a", duas vezes o "p" e mais dois pares de letras. Ou seja, introduzimos uma organização nas letras e, assim, reduzimos o esforço mental.

Na terceira, o aprendizado é instantâneo. Basta lembrar-se de um vilarejo do estado de São Paulo de nome bem curioso. O resto vem sozinho, sem esforço. Ou seja, a ordem das letras segue uma organização mais ou menos previsível e que já morava na nossa cabeça.

SEGUNDO EXEMPLO:

Você está em uma situação de grande perigo e precisa se comunicar com alguém que pode ajudá-lo a se safar. Para isso, recebeu um código secreto que precisa decorar, pois terá que jogar fora o papel. A seguir está o código que precisa ser memorizado.

Vamos admitir que não é muito fácil. Dependendo da memória de cada um, pode levar um bom tempo para ser capaz de se comunicar nessa linguagem cifrada. Mas será que há uma maneira de decorar todos esses códigos em cinco segundos?

Na verdade, há. Veja a seguir a fórmula mágica! Note que é rigorosamente a mesma informação, só que a primeira lista não encontra qualquer ressonância no nosso cérebro. Já a segunda dá um clique: é um jogo da velha! Fica tudo guardado na cabeça, com a maior facilidade.

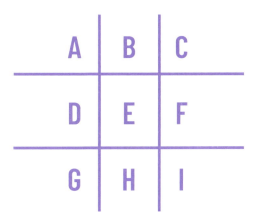

Por exemplo, um quadrado corresponde a um "E". Um código em forma de "C" corresponde à letra "F".

TERCEIRO EXEMPLO:

Vejamos mais um exemplo. Uma jogadora de xadrez de nível internacional participou de um experimento. Em uma pracinha em Nova Iorque, disputou uma partida com um adversário à altura. Durante o encontro, passou um caminhão — em velocidade normal. Na sua lateral, havia um painel com um grande tabuleiro de xadrez, reproduzindo uma partida em andamento. Ao desaparecer o caminhão, perguntaram a ela se poderia lembrar-se da configuração das peças no tabuleiro do veículo. Para surpresa de todos, foi capaz de reproduzir impecavelmente a disposição de todas as pedras — que apenas viu rapidamente. Nova passada do caminhão, com outro jogo. A mesma capacidade de lembrar-se da configuração do tabuleiro. Memória fotográfica, pensaram todos! Mas eis que o caminhão volta a passar, só que, dessa vez, as peças haviam sido colocadas no tabuleiro pelo seu motorista. Fracasso total: ela não se lembrava da posição de qualquer peça.

146

Como é possível? Caiu por terra a versão da memória fotográfica. A explicação é outra. Grandes enxadristas têm a cabeça populada pelas jogadas clássicas. Ao bater o olho, já percebem o que aconteceu e o que está acontecendo: como um atacou e o outro se defendeu, e assim por diante. Já que se lembrava da jogada, aquela jogadora pôde identificá-la com a que viu no caminhão. Mas o tabuleiro arrumado pelo motorista não reflete o embate entre dois contendores. É sem lógica.

Sendo assim, o que dá à jogadora essa prodigiosa memória para se lembrar do tabuleiro do caminhão é o seu convívio cotidiano com milhares de jogadas reais. O que ela faz é identificar o tabuleiro do caminhão com alguma disposição das pedras que conhece bem. Ou seja, nosso cérebro busca "teorias" para encaixar as informações que estão chegando. Memória fotográfica é uma solução ineficiente e que poucos possuem.

Se vamos aprender algo, antes de tudo é preciso buscar uma estrutura lógica, para nela ir pendurando as informações necessárias. Se você quiser decorar o nome das peças de um automóvel, pode colocá-las em uma lista e ir memorizando. Pode até ser uma lista alfabética. Mas fica muito mais fácil pensar nos diversos subsistemas de um carro e estudar os nomes das peças de cada um. Assim, a suspensão tem os amortecedores, as molas, os estabilizadores. No motor, há os pistões, os anéis de segmento, as válvulas. Cada um desses subsistemas tem uma dimensão visual que ajuda.

A "teoria do automóvel" nos permite organizar e facilitar o processo de memorizar o nome de cada peça. Mais ainda: temos a dimensão visual do que é cada um desses sistemas. Por exemplo, os pistões são ligados ao virabrequim por bielas, movendo-se dentro dos cilindros. É bem mais fácil do que decorar números de telefone.

Faz muitos anos, no pátio de embarque de uma siderúrgica, as pilhas de ferro-gusa deveriam ser colocadas em áreas diferentes, de acordo com o seu teor de silício. Para facilitar a vida dos operários, cada teor era identificado por um raminho pendurado na pilha correspondente. Por exemplo, um galho de arruda poderia corresponder a 2,3%, trevos a 2,4%, alecrim a 2,2%, etc. Para esses operários quase nada escolarizados, as ervas estavam muito mais perto do seu mundo do que os números. Portanto, eram mais fáceis de serem identificadas e memorizadas.

Em resumo, aprendemos mais rápido quando o assunto pode ser visto como parte de uma estrutura mental ou mesmo física que já incorporamos. Daí o conselho: para aprender, tem mais vantagem quem consegue fazer essas conexões.

PRATIQUE!

▶ Escolha um assunto cujo aprendizado exige que você tenha de decorar palavras, datas ou nomes. Tente desenvolver uma analogia que lhe permita criar uma estrutura lógica, como as que vimos anteriormente, para facilitar sua memória.

▶ Deu certo? Por quê?

K. O MISTÉRIO DO LIVRO QUE ENCOLHEU

Olhamos com temor para o livro que precisa ser lido. Trezentas páginas! Quatrocentas palavras por página. Como é possível lembrar-se do que estão dizendo 120 mil palavras? Parece uma tarefa sobre-humana.

E se, em vez disso, a tarefa fosse memorizar 10 páginas de números de telefone? Seria impossível decorar. Quem se lembra de centenas de telefones, mesmo tendo uma vida toda para decorar?

Não obstante, entender 300 páginas de um livro sério pode ser uma empreitada viável. Por que será? A resposta, enigmática, é que o livro encolhe. Como assim?

A explicação tem a ver com a existência de uma estrutura lógica em um bom livro. Como já foi dito, há algumas ideias centrais que estruturam o pensamento apresentado pelo autor. É como se fosse a espinha dorsal de um animal. Em torno dela, articulam-se ideias secundárias e, finalmente, o que corresponderia aos músculos e às cartilagens, que são os fatos, os exemplos, os detalhes.

No livro famosíssimo de Charles Darwin, ele tenta demonstrar que as espécies evoluem ao longo do tempo em resposta a desafios do meio em que vivem. Entendido isso, quase tudo que lemos nele é um detalhamento ou exemplificação dessa mesma ideia. Ou seja, não há cinco ideias por página, mas apenas uma, grandona, no livro todo.

Portanto, começamos tateando, na busca dos pilares dessa ideia central. Aos poucos, a espinha dorsal começa a se delinear, formando contornos claros.

É como entrar em uma sala em total escuridão e ir sentindo a posição dos móveis, das portas e das janelas. Logo, temos na cabeça a sua planta. Feito isso, o resto da informação — os fatos e os detalhes — vai encontrando seu lugar e se aninhando em algum canto desse todo articulado.

O que parecia uma tarefa invencível transforma-se em um conjunto compreensível, que cabe na nossa cabeça.

AS GRANDES IDEIAS CRIAM GANCHOS PARA PENDURAR OS DETALHES. E OS DETALHES AJUDAM A ENTENDER O TODO.

O livro enorme, de 300 páginas, encolhe e passa a caber na nossa cabeça. Se o que ele diz começa a ficar vago, passando os olhos no sumário, volta tudo. Ou seja, o livro encolheu e virou o seu sumário.

Porém, as 10 páginas do catálogo telefônico são impossíveis de serem decoradas, pois não têm nexo ou estrutura. Irremediavelmente, não passam de uma pilha de números desconexos. Mas a lógica interna do livro sério faz com que seja entendido, e suas ideias, facilmente lembradas. E, de quebra, boa parte dos seus detalhes será retida. Eis a mágica do livro que encolheu.

VI. TÉCNICAS PARA NÃO ESQUECER

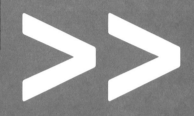

Este capítulo explora técnicas que nos ajudam a não esquecer o que aprendemos. De fato, não adianta esforçar-se para aprender e, em breve, ser surpreendido. Como é possível? As lições estudadas evaporaram?

Podemos considerar o que será dito aqui como uma continuação do que está no Capítulo II. Aprender a lição é vencer as recorrentes batalhas contra o esquecimento. Fazemos força, achamos que entendemos e aprendemos. Mas eis que a memória prega uma peça. Some nos cafundós do nosso crânio o que parecia dominado. Voltando aos termos já usados, falhamos ao tentar transferir para a memória de longo prazo o que estava na de curto.

Diante do grande desapontamento de esquecer, ajuda se entendermos melhor o que acontece com a nossa memória no confronto entre o esforço de lembrar e o escorregão de esquecer. Esse é o primeiro passo para criar truques, fórmulas e maneiras de enfiar as coisas na cabeça de forma mais definitiva. No fundo, esse é o tema do capítulo.

A. POR QUE ESQUECER É PARTE DE APRENDER?

Não nos faltam adjetivos contundentes para a tragédia de esquecer. Porém, nesta seção, tentamos reabilitar esse vilão da nossa memória. Dentro do quadro descrito, esquecer presta serviços. De fato, há o que se lembrar e há o que esquecer.

É fácil entender: se não esquecermos, nossa memória ficará congestionada com informações inúteis. Já é uma razão boa.

Alguns fatos são sempre lembrados, enquanto outros são esquecidos. Logo ao terminar de ler um capítulo de um livro, já nos esquecemos do que diziam muitos de seus parágrafos. Assim é a mente humana, seletiva no que guarda. Gostemos ou não, impossível mudá-la.

De fato, nosso intelecto está programado para separar o que interessa do que não interessa. É como se tivéssemos dentro do crânio um "gerente de memória" muito mandão decidindo o que jogar fora. Mas é graças a ele que evitamos congestionar o cérebro com informações de nula ou pouca utilidade.

Portanto, um primeiro papel desse gerente, mais que bem-vindo, é desobstruir de nossa memória o que não nos serve. É um serviço e tanto que presta.

Ao atravessar uma rua, ao mesmo tempo que planejamos nossa trajetória para não sermos atropelados, notamos a cor e a marca do carro que vai passando. Mas, alguns segundos depois, o "gerente de memória" terá jogado essa informação no lixo, pois já não serve mais. Porém, nem sempre. Por exemplo, para os amantes de automóveis clássicos, se antes de atravessar passa um Lamborghini ou uma Ferrari, sua imagem não será apagada da memória, pois é um assunto ao qual o "gerente de memória" dá um tratamento especial.

Durante uma caminhada na estrada entre Ouro Branco e Ouro Preto, um amigo descobriu duas espécies de bromélias que não eram conhecidas nem catalogadas. Faz mais de dois séculos que milhares de pessoas passam por esse mesmo caminho, mas somente ele as encontrou. A explicação é simples: o seu "gerente de memória" não deixa escapar do crivo técnico sequer uma planta dessa família. Sua cabeça está programada para consultar o catálogo que mora lá e para compará-lo com todas as que entram em seu campo visual. Não é por acaso que publicou um belo livro com fotos dessas plantas. Se encontrasse uma orquídea, como não é sua paixão estudá-las, cinco minutos depois talvez já tivesse se esquecido dela. O mesmo acontece nos estudos.

JOGAMOS FORA O QUE NÃO ESTÁ NA LISTA PRIVILEGIADA DO QUE NOSSO GERENTE DE MEMÓRIA DECIDE RETER.

Sem qualquer cerimônia ou consulta, ele apaga o nome da mãe da figura histórica mencionado no livro. Mas pode ser que a mãe venha a ser um personagem importante. Por exemplo, a mãe de Winston Churchill era americana. Sua nacionalidade facilitou a aproximação do político britânico com os Estados Unidos, decisiva para a entrada do país na Segunda Guerra Mundial. Essa informação, se havia sido "deletada" antes, é pescada de volta ao entendermos o seu papel naquele momento crítico da história.

Nos bons livros de história, o autor apresenta algumas ideias centrais. E mostra, também, os fatos e os detalhes que ilustram essas ideias, oferecendo informações que ajudam a descrever o contexto em torno do qual se desenrola a narrativa. Podem ser assuntos da vida cotidiana, ajudando a recriar o cenário da época. Descrevendo uma viagem a pé, pode falar no tipo de sapato usado, descrever as irregularidades da trilha ou falar de cogumelos à sombra de uma árvore. Tais informações são úteis e prestam seus serviços para facilitar o entendimento do texto. Mas nosso "gerente de memória" pode chegar logo à conclusão de que já cumpriram seu papel e não servirão mais no futuro. São apagadas, sem misericórdia. Mas, como no caso do meu amigo amante das bromeliáceas, se o sujeito for um geólogo, vai se lembrar do tipo de solo trilhado.

Em nossos estudos, estaremos sempre diante de algumas ideias e fatos que precisam ser retidos na memória. Há que convencer o "gerente" de que são importantes. Por outro lado, há muitas outras informações que podem ser descartadas. Em certos casos, porque contribuem pouco para uma real compreensão do que precisamos aprender. Ou, então, porque já prestaram seu serviço e deixaram de ter utilidade. Também ocorre que nosso "gerente de memória" se equivoca redondamente, esquecendo o que não podia esquecer. No fundo, negociar com esse gerente é o nosso problema quando estamos estudando. E isso acontece o tempo todo, pois tudo que chega na memória de curto prazo tem que encontrar um destino: lixo? Arquivo permanente?

DIANTE DISSO, O DESAFIO DA LEITURA É:

▶ (1) *identificar os pontos verdadeiramente importantes;*

▶ (2) *prestar mais atenção a eles, para obter uma compreensão profunda do que dizem.*

Se essas duas operações forem bem feitas, asseguramo-nos de que os pontos fundamentais serão espontaneamente lembrados, mesmo que o resto seja esquecido ou semiesquecido.

Mas não é só isso. Essas ideias centrais formam a arquitetura mental, digamos, do capítulo. É como se fossem o esqueleto de concreto armado de um edifício. Consolidado o aprendizado, alguns detalhes serão mantidos na memória se continuarem úteis. Mas isso acontece sem esforço e sem intenção deliberada.

> Assim aprendemos. Precisamos do esqueleto e também dos músculos. Precisamos do grande cenário e dos detalhes que dão vida ao que aprendemos.

Tomemos um assunto inevitável nos cursos de história: a Proclamação da República. Alguns generais se juntam, dão um golpe na monarquia e instalam um sistema republicano. Esse é o esqueleto. Pouco emocionante, mas é o que os alunos se lembram.

Mas, quando começamos a pendurar os detalhes e circunstâncias, o episódio fica bem mais interessante. Caiu a monarquia. Contudo, as tropas leais ao imperador eram maioria. Como assim? Não se percebeu que o governo imperial estava à mercê de uma pequena guarnição liderada pelos generais. Os que assumiram o poder não representavam um grande movimento popular. Foi mais uma quartelada. A libertação dos escravos desagradou parte da aristocracia rural. D. Pedro II estava velho, doente e cansado. O conde D'Eu mandava, mas com duvidosa competência. Em grande medida, houve barbeiragem da grossa por parte do governo imperial. Assim desabou o império, sem tiros, apenas pela intimidação de poucas centenas de soldados, se tanto.

Bem mais interessante, não? E muitas perguntas em aberto. Fiquemos apenas com duas: por que a família real pôde embarcar pacificamente para a Europa e por que, poucas décadas depois, o tzar russo e toda a sua família foram executados?

A espinha dorsal da narrativa nos dá a estrutura na qual os fatos e eventos vão sendo pendurados. Individualmente, nenhum deles desperta muita atenção. Mas é o conjunto desses detalhes e circunstâncias que tornam a narrativa atraente. De fato, compare-se o primeiro parágrafo com o segundo do texto apresentado no *box* anterior. Qual chama mais a atenção?

O processo de entender algo é facilitado pelas narrativas, pelo contexto, pelos detalhes e pelos incidentes. Essa "carne" nos permite entender e reter o "osso" do assunto.

EM TERMOS DE TEORIA DA APRENDIZAGEM, DIZEMOS QUE É O CONTEXTO QUE NOS AJUDA NA COMPREENSÃO.

Mais adiante, podemos até esquecer a abundância de detalhes, mas, sem eles, não penetramos a fundo no assunto. Solta no espaço, a estrutura central não é realmente incorporada em nosso repertório. Os detalhes são essenciais, pelo menos ao início.

Uma consequência interessante desse raciocínio é que, depois da aula, lendo um resumo, nossa memória recupera tudo ou quase tudo o que havíamos aprendido. E, com frequência, até muitos detalhes. No entanto, não aprendemos lendo apenas o resumo do mesmo texto, justamente porque não mergulhamos na densidade dos eventos, tais como apresentados na aula. Essa taquigrafia que são as breves anotações não adianta para quem não penetrou no assunto, com sua riqueza de circunstâncias e fatos.

Li recentemente a biografia de um cientista alemão que viajou pelo Brasil no século XIX. Lembro razoavelmente por onde andou e que comentários ofereceu. Mas tenho muito vivo na memória haver quebrado uma perna quando era hóspede do dr. Lund, em Lagoa Santa. Para que pudesse voltar para o Rio de Janeiro, um ferreiro de Sabará construiu um aparelho para imobilizar a sua perna. É esse detalhe trágico-pitoresco que sustenta a minha lembrança do livro. O resto se forma em torno dela. Mas uma imensidão de detalhes foi esquecida. Grande perda? Nem tanto. Cumpriram seu papel de construir o quadro geral da viagem do alemão. Mas, feito isso, servem de pouco.

Uma apresentação bem pensada da teoria da gravitação universal pode começar descrevendo as tentativas de Galileu de medir quanto tempo levava para chegar ao solo um objeto lançado do alto da Torre de Pisa. Será que uma bola de chumbo cairia mais rápido do que uma de madeira? Essa é a "historinha", o contexto. Em seguida, o bom professor vai aproximando os alunos da equação da gravitação, da constante e de todo o resto.

A historinha ajuda a entender. Mas, depois de compreender de modo firme a aceleração da gravidade, Galileu e suas experimentações saem de cena, deixam de ser úteis. Basta a fórmula matemática. Até podemos nos esquecer de que Galileu existiu. Assim funciona nossa cabeça.

154

> ## _PRATIQUE!_
>
> ▶ Escolha um ensaio de uma página assinado por alguém conhecido pela sua reputação na área. Identifique e reproduza os pontos mais importantes e que deveriam ser lembrados por alguém que se interesse pelo assunto.
>
> ▶ Em seguida, identifique os detalhes que vieram junto com a narrativa.

B. UMA SALA DE ESTUDOS SECRETA NO NOSSO CÉREBRO?

Falamos dos hábitos autoritários do nosso "gerente de memória". Ele tem vontade própria e age à nossa revelia. Mas não é de todo mau. De fato, sem nos perguntar e sem que saibamos, ele põe o cérebro a pensar sobre assuntos que lhe interessaram.

Para entender isso, é necessário penetrar nos meandros da nossa cabeça. Passa-se uma coisa meio paradoxal: estudamos quando não achamos que estamos estudando.

> **Aprender alguma coisa é muito mais do que ler no livro, entender, guardar na memória e achar que está tudo resolvido.**

Pelo contrário, nossa cabeça volta e remexe o assunto, sem que nos demos conta ou prestemos muita atenção. Há mesmo a hipótese persuasiva de que, durante o sono, passamos a limpo o que vimos durante o dia. E, recentemente, surgiu a hipótese de que é muito rica a transição entre o sono e o estado desperto. Muita coisa interessante é processada pelo nosso intelecto nesses momentos de transição.

Portanto, seja em que momento for, <u>CONTINUAMOS A ESTUDAR SEM SABER QUE ISSO ACONTECE</u>. E, claro, para que o conteúdo aprendido não se perca em algum canto da memória, é preciso dar à nossa cabeça muitas oportunidades de revê-lo. O fato importante, no caso, é que, sem nos darmos conta, nosso cérebro volta a remexer certas ideias.

É como se no nosso cérebro houvesse um gabinete secreto, escondido em algum desvão, onde esses assuntos são examinados e reexaminados, várias vezes.

Assim, ao voltar conscientemente ao assunto alguns dias depois, estamos fazendo muito mais do que dedicar mais meia hora a ele. Na realidade, nosso cérebro já gastou muito mais tempo com o tópico. Não temos a conta do tanto que passou remoendo as mesmas ideias. Mas sabemos que isso contribui para o seu amadurecimento.

NA VERDADE, AO ESTUDAR, DEVEMOS CONSIDERAR QUE ESTAMOS INCLUINDO ESSA MEIA HORA E MAIS O TEMPO QUE NOSSA CABEÇA LEVA RETRABALHANDO O ASSUNTO (SEM PERCEBERMOS QUE ISSO ACONTECE).

 RELER AS NOTAS OU PENSAR NELAS?

Vão fazer a mesma prova dois alunos com o mesmo nível de aproveitamento escolar. Na véspera, é hora de rever as notas tomadas na aula. No entanto, uma crise! Um dos alunos teve sua pasta roubada com as notas dentro. Portanto, não pode consultá-las, como faz o seu colega. Será que ele vai se sair mal na prova por ter sido privado do que anotou?

Sem as notas, ele tentou seriamente se lembrar do que disse o professor na aula. Chegam os resultados. O aluno que perdeu suas anotações tira nota melhor. Como é possível?

Ao falarmos de repetição — no caso, revisão para a prova –, é fundamental voltar às diferenças entre estudo ativo e passivo, reforçando e exemplificando o já discutido nos Capítulos IV e V. Afinal, *nem toda repetição é igualmente produtiva*, levando a um aprendizado mais permanente. Ler, reler e voltar a reler não é um método eficaz para o sucesso no aprendizado do que quer que seja. É o método passivo, hoje considerado inferior.

No exemplo acima, um aluno prepara-se para a prova lendo suas notas e o outro tentando se lembrar do que ouviu na aula. Provavelmente, o segundo fará uma prova melhor, pois esse esforço de memória é uma aprendizagem ativa.

Sendo assim, a repetição que funciona melhor é a ativa. Trata-se de fazer o esforço de revisitar a cabeça e tentar tirar o máximo da memória que lá está.

> O que adianta é tentar se lembrar do assunto sem consultar as notas.

É responder a perguntas ou aplicar o conhecimento em algum problema prático. É, também, redigir uma nota reunindo o que nossa memória nos diz sobre o assunto. Mas sempre consultando a memória. Aprendemos pouco "colando" das anotações!

Tomemos um exemplo simples. Ouvimos uma piada. Se só rimos para não fazer desfeita ao nosso interlocutor, o mais certo é que não pensaremos mais nela e logo será esquecida. Mas, se é engraçada, chegando em casa, contamos para um parente; na escola, repetimos para um colega e, logo, para outro. Em uma roda de chope na semana seguinte, voltamos a contá-la. É quase certo que essa piada foi transferida para a memória de longo prazo e lá ficará guardada por um longo tempo. A repetição é responsável por essa façanha. Mal comparando, é o "método ativo" de lembrar-se das piadas.

No entanto, se não tivermos oportunidade de contá-la para ninguém, pode até ser muito engraçada, mas seu destino será o mesmo da piada sem graça. Acontece o mesmo à memória viva do computador: ao ser desligado, some tudo.

Não é diferente com eventos do nosso cotidiano. Presenciamos na rua uma cena inusitada ou ridícula. Alguém tropeça e se estatela. Se não contarmos para alguém, o mais certo é que o incidente será esquecido. Se acharmos graça e contarmos para todos com quem nos encontramos, não vamos esquecê-lo.

É um pouquinho mais complicado do que isso, pois, apesar das manias do nosso cérebro, temos maneiras de transmitir a ele um sentido da importância que atribuímos a cada coisa que irá pousar na nossa memória de curto prazo.

Cruzamos com um amigo na rua e ele nos passa o endereço do lugar onde vamos jantar. Se não temos papel para anotar, mandamos uma mensagem ao cérebro: "Olha lá, não dá para esquecer esse número. Sem ele, nada de jantar!".

Com ou sem instruções explícitas, nossa cabeça tende a se lembrar de certas coisas e não de outras, pois ela já tem suas prioridades e suas birras. Um desastre dramático é uma cena diferente de todas as outras e fica gravado na memória sem esforço. O problema é que nosso cérebro não fica muito convencido de que é importante lembrar-se da aula de botânica sobre o sistema de reprodução dos pinheiros. A não ser que tenhamos planos de iniciar um reflorestamento com *Pinus elliottii*.

No geral, qualquer que seja a negociação com o nosso "gerente de memória", o princípio mais robusto e de validade universal é: "Água mole em pedra dura tanto bate até que fura". Ou seja, repetir, repetir e repetir. Porém, é melhor que seja pelo método ativo.

Para ficar mais claro o que estamos dizendo: é preciso dar mais nuances a tais explicações. Nossa memória de longo prazo tem diferentes níveis, ao contrário do computador. Nele, não há hierarquias nem lembranças mais ou menos. Se migrou para o disco, fica lá até que seja retirado — a não ser que o computador pegue fogo.

Já as lembranças na memória humana admitem graus de durabilidade distintos. Há o que nos lembramos até meia hora depois. Há o que dura até três dias. E há o que permanece pela vida afora. São níveis de solidez diferentes. Novamente, resultam do nosso "gerente" tentando se livrar do entulho inútil a fim de abrir espaço para novas informações que possam vir. Precisamos, portanto, informar a ele quais são as lembranças importantes e instruí-lo para que as abrigue em um lugar mais seguro, onde não serão facilmente apagadas. A dificuldade é que se trata de um gerente teimoso e que ouve mal.

Ainda assim, cada vez que voltamos a esses conhecimentos ou fatos que não queremos perder, nosso "gerente" os empurra para um armazenamento um pouquinho mais seguro. Quando chega em certo nível, podemos dizer que aprendemos o que quer que seja, importante ou trivial.

**APESAR DAS NUANCES,
A REGRA É SEMPRE A MESMA:
"ÁGUA MOLE EM PEDRA DURA...".**

D. ESTUDO EM BLOCO OU PICADINHO?
E SE 1 + 1 + 1 NÃO FOR IGUAL A 3?

Exploremos possíveis explicações para uma "anomalia" do nosso cérebro: ele não acredita muito em conta de somar. Imaginemos duas situações hipotéticas, mas nada irreais. Precisamos aprender uma lei da física, por exemplo, a lei da difração. Uma alternativa é dedicar três horas seguidas para essa tarefa. A segunda alternativa é estudar uma hora, saltar dois dias, estudar mais uma hora, saltar mais dois dias e, depois, estudar uma terceira hora.

A aritmética nos diz: são três horas de estudo em ambos os casos. A lógica nos diria: deve dar na mesma. Em três horas, aprende-se o que dá para aprender em três horas. O que importa se é "picadinho" ou em bloco?

Mas essa lógica está errada. Quem estudou em três "prestações" aprendeu muito mais. Isso porque, nos intervalos, o cérebro "fermentou" as ideias lidas anteriormente. A cada nova leitura, voltamos a um assunto que foi se sedimentando nos intervalos.

Portanto, estamos diante de um princípio muito potente da teoria do aprendizado, já mencionado anteriormente.

APRENDEMOS NO ATO DE ESTUDAR, MAS O CÉREBRO NÃO FICA PARADO NOS INTERVALOS, NEM MESMO DORMINDO.

Por tudo que se sabe, durante a noite, o cérebro passa a limpo o que viu ao longo do dia.

Se o aprendizado for "à prestação", damos tempo para a nossa cabeça mastigar as ideias nas horas vagas, como fazem as vacas e outros ruminantes que regurgitam o capim à boca para que seja novamente mastigado. Curiosamente, isso é feito de forma inconsciente, no piloto automático. Não nos damos conta de que está acontecendo.

Se é assim, varar a noite na véspera da prova não é uma boa forma de aprender. Isso porque, dessa maneira, não damos tempo ao cérebro para amadurecer as ideias. Segundo pesquisas, na manhã seguinte a esse esforço heroico, podemos nos lembrar de vários detalhes e informações soltas, mas nos falta a ideia do todo. Não houve tempo para construir na nossa cabeça o "chassi" ao qual se aparafusam os conhecimentos específicos. E isso porque essa construção não se faz de uma hora para outra. Na correria de estudar para a prova, não dá tempo. Sobram apenas fragmentos de memória.

PRATIQUE!

▶ Repita o experimento descrito anteriormente com dois temas de sua escolha que tenham dificuldades equivalentes. Tente verificar se houve uma vantagem perceptível no caso do estudo parcelado.

▶ Ainda melhor, combine com um amigo de estudar a mesma coisa, um adotando a primeira estratégia e o outro, a segunda. Compare os resultados para ver quem aprendeu mais.

E. QUANDO EU ACHO QUE JÁ SEI, AINDA NÃO SEI

Estudo, estudo, estudo. Finalmente, vitória! Aprendi direitinho! Isso é o que todos pensam. Contudo, pesquisas recentes mostram que pensam errado.

Acho que aprendi e sou capaz de passar na prova no dia seguinte. De fato, consigo uma nota boa. Mas, na verdade, ainda não aprendi. Observou-se que, no aprendizado de algo, começamos com grande dispêndio de energia. Mesmo sendo uma atividade puramente intelectual, despendemos energia em virtude do corpo retesado, da tensão e do esforço em nos concentrar. O próprio cérebro reclama do esforço.

Quem começa a fazer escaladas, em vez de retesar apenas os músculos necessários, com o medo e a tensão, retesa todos, até o do maxilar — que nada ajuda na subida!

Ao aprender algum assunto na escola, acontece o mesmo com nossos músculos. Na fase inicial, ficamos meio perdidos e custamos a acertar. Aos poucos, começamos a acertar mais. Concomitantemente, os músculos se retesam menos.

Mensurações dos neurocientistas mostraram que o gasto de energia vai também sendo reduzido. Não retesamos tanto os músculos, suamos menos, não perdemos tempo com movimentos ou soluções erradas. Até que chega um momento em que as soluções saem certas e, ao mesmo tempo, registra-se um nível baixo de consumo de energia.

Vitória, aprendemos!

Calma. Na verdade, não é bem assim. Mesmo depois de saber o suficiente para fazer uma boa prova, se continuamos a estudar, observam-se quedas adicionais no esforço necessário para realizar a tarefa. Ou seja, a nossa cabeça faz o mesmo serviço com ainda menos consumo de energia mental. É como se entrasse no piloto automático.

Qual é a consequência disso? É enorme. Sobra tempo, energia e atenção para lidar com outros aspectos do mesmo problema. Se consolidamos e amadurecemos além do necessário para fazer a prova, liberamos o cérebro para outras tarefas complementares.

Por exemplo, aprendo o que é luz polarizada. Vitória! Mas será que sou capaz de identificar situações à minha volta em que isso ocorre? Ou então aprendo que, no uso do pronome reflexivo "se", havendo um "que" na vizinhança, é preciso puxá-lo para perto dele. Ótimo, mas, se estou redigindo um texto complicado e aparecem as duas palavras, será que me lembrarei dessa regra? Se continuo separando o "se" do "que", a lição foi aprendida pela metade. Tenho que pensar nela, não vem no piloto automático.

Pensemos em um exemplo nos esportes: a cortada no vôlei. Uma cortada forte e com boa direção leva muito tempo para ser aprendida. Mas e depois? Aprendeu, está aprendida? Não é bem assim. Quem apenas aprendeu tem que pensar na execução dos movimentos. Quem mais do que aprendeu libera energia mental e atenção para olhar o bloqueio. E quem aprendeu ainda mais pode também olhar a posição dos jogadores adversários e mirar a bola no local da quadra em que não há ninguém.

> No estudo, é a mesma coisa. Quando aprendemos ainda mais, sobram energia e atenção para as aplicações do que estamos estudando e para uma visão crítica sobre a própria teoria que está sendo aprendida.

 NÃO BASTA ESTUDAR ATÉ APRENDER. ISSO É APENAS O COMEÇO.

PRATIQUE!

▶ As pessoas se lembram daquilo que consideram interessante ou importante. Tente identificar um fato, um exemplo ou uma curiosidade da qual você se lembra, mas seus companheiros se esqueceram, por acharem o assunto sem graça ou sem relevância.

▶ Agora, busque se lembrar de alguma coisa de que seus companheiros não se esqueceram, mas que você já havia esquecido.

F. COMO SABER QUE AINDA NÃO SEI?

Segundo alguns estudos, os alunos acham que aprenderam muito antes de haver, de fato, aprendido. Depois de uma intensa sessão de estudos, tudo parece claro. Releem os materiais e concluem que entenderam bem o assunto. Ficam confiantes no novo conhecimento. Missão cumprida!

No entanto, uma pesquisa mostrou que os alunos mais fracos superestimavam seus conhecimentos em 30%. Dito de outra forma, sabiam 30% menos do que pensavam saber. Ou seja, suas chances de serem surpreendidos com uma bomba são muito consideráveis. Se os alunos precisam de 5 para passar e fazem uma prova para tirar 7, subtraem-se os 30% de engano, e serão reprovados.

Outros estudos mostraram que, quanto menos dominamos um assunto, menos somos capazes de avaliar o que sabemos dele. Ou seja, quem sabe muito pouco não sabe o quão pouco sabe. Quanto mais ignorantes somos, menos nos damos conta da nossa burrice.

Perigoso, não? Logo, a prova vai mostrar a realidade, revelando desempenho fraco. Já dizia Confúcio: o real conhecimento é conhecer a magnitude da nossa ignorância.

É bom acreditar nessas ideias. Não foram tiradas do bolso do colete. Pelo contrário, resultam de pesquisas cuidadosas e, por isso, confiáveis.

Diante disso, como podemos aprender com Confúcio, isto é, avaliar o quanto não sabemos? Obviamente não é esperando a hora da prova, pois, nesse momento, o desastre não pode ser evitado.

As técnicas são simples, lógicas e persuasivas. Vejamos quatro regrinhas úteis.

1. AGUARDE PARA VER SE A LIÇÃO NÃO SE PERDEU NA MEMÓRIA

Havíamos dito que entender e lembrar logo depois é uma coisa. Transferir esse conhecimento para um lugar mais seguro em nossa memória é outra. Esse é o real desafio. Portanto, espere algumas horas, ou alguns dias, para ver se aprendeu mesmo. Passado um pouco mais tempo, teste novamente o seu conhecimento. O que parecia aprendido continua lá, à sua disposição? Esse teste costuma trazer más notícias.

Vimos, no Capítulo IV, qual é a sequência de passos para ler um livro. É simples, entendemos logo. Mas e hoje, passados alguns dias? Continuamos nos lembrando das regras de como ler? Ou como proceder diante de um problema novo? Esse é o teste. Será que o "gerente de memória" não jogou tudo no lixo?

2. NÃO BASTA RELER AS NOTAS OU O LIVRO; ESSA NÃO É A MELHOR ESTRATÉGIA

Estudamos e entendemos, porém o mais importante é não esquecer. Para recordar a matéria, quase todos voltam às suas notas e aos livros, passando os olhos para ver se ainda se lembram do aprendido. Se continua tudo claro, está resolvido o assunto?

Errado! Olhando, reconhecemos o que foi dito. Mas isso é o que se chama de "conhecimento passivo". É um passo à frente, mas é pouco.

3. A REGRA SEGURA É RECORDAR SEM OLHAR O LIVRO

Ou seja, reler não é uma boa estratégia. Precisamos testar nosso conhecimento. Para isso, vamos manter o livro na estante e lembrar o que foi aprendido. Isso é aprendizado ativo. Se falhamos, a conclusão é bem definitiva: reconhecemos, mas ainda não aprendemos. Portanto, para consolidar o aprendizado, temos que tentar aplicar o aprendido longe dos livros e das notas.

4. NÃO COMPARTIMENTALIZE O APRENDIDO

Estudamos um assunto intensamente. Quando estamos convencidos de que foi aprendido, passamos ao próximo e repetimos o procedimento. Não é assim que se faz?

Como já foi dito, não é a melhor maneira. No mundo real, e nas provas, o aprendido daquela lição virá misturado com outros assuntos. E aí, nos confundimos, não sabemos compaginar, ligar as ideias umas às outras. Portanto, é preciso alternar o nosso aprendizado. Em vez de começar e acabar o estudo de um assunto, é mais vantajoso ir aprendendo várias lições ao mesmo tempo.

G. COMO DECORAR FAZENDO ASSOCIAÇÕES

No exemplo do Paranapiacaba, vimos que, quando há uma estrutura lógica familiar, fica mais fácil decorar. No caso, trata-se de um lugar conhecido, grafado com sílabas usuais. Contém uma estrutura clara e familiar, na qual se encaixam as letras. Se fosse o nome de cidades da República Checa, como Vrchlabí ou Havlíčkův, seria muito mais difícil para nós. Em compensação, Paranapiacaba deve oferecer um desafio horrendo para um checo.

Mas nem sempre essas estruturas lógicas existem, já que o exemplo foi inventado para mostrar a diferença entre letras soltas e uma palavra conhecida.

Para superar as situações em que não há uma lógica interna na informação, nascem, então, as chamadas regras mnemônicas. Elas servem para associar palavras ou conceitos que são bem conhecidos a nomes ou números soltos que precisam ser aprendidos.

NOSSA CABEÇA SE DÁ BEM
COM HISTORINHAS, COM NARRATIVAS.
DADOS E NÚMEROS BRUTOS ESCAPOLEM
PARA O ESQUECIMENTO.
PORÉM, ACOMPANHADOS DE CONTOS
E FÁBULAS, SE CONSERVAM MELHOR.

Visitei a Nova Inglaterra, passando por inúmeras cidades. Meses depois, só me lembrava do nome de duas: Springfield e Brattleboro. Por que seria? É simples: porque o jogo de basquete foi inventado em Springfield. E Brattleboro, uma cidade mínima, teve uma fábrica de órgãos empregando 500 operários, o que me causou grande perplexidade quando li os folhetos distribuídos na estação. Esses dois fatos grudaram na memória e carregaram junto os nomes das cidades.

Comprei um livrinho ensinando a dar nós, assunto muito útil para quem precisa fazer embrulhos, amarrar coisas na moto ou no bagageiro do carro, atar barcos e por aí afora. Executei muitos deles com uma cordinha. Mas, em pouco tempo, havia me esquecido de todos.

Para os amantes da vida ao ar livre, o rei dos nós é o lais de guia, pois não corre e é fácil de desfazer quando não é mais necessário. Mesmo sabendo disso, não conseguia me lembrar das voltinhas requeridas. Fui salvo por um ex-escoteiro, que me ensinou a fórmula definitiva para não esquecer mais. Fazemos um laço simples, é o lago. Uma das pontas é o coqueiro, à beira do lago. A ponta livre é o macaco, que sai do lago, dá a volta atrás do coqueiro e pula de novo na água. Pronto! Aí está um lais de guia, com sua fórmula inesquecível. Com a historinha do macaco, os meandros da corda ficaram gravados para sempre.

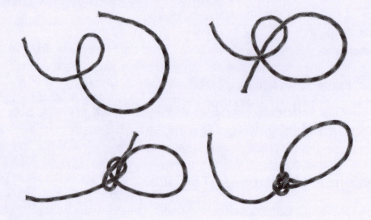

Quem estudou eletrônica muito cedo se deparou com a lei de Ohm, que associa amperagem, queda de voltagem e resistência elétrica. Tal associação é dada por uma fórmula que precisa ser lembrada. Normalmente, voltagem abrevia-se por V, amperagem, por A, e resistência, por R. Para criar uma fórmula fácil de lembrar, usa-se I para a amperagem, ou seja, a intensidade do fluxo elétrico; E para a diferença de potencial, ou seja, a voltagem; e o mesmo R para a resistência.

Com isso, a fórmula vira REI, o imperador. Ou seja, a resistência é igual à queda de voltagem dividida pela intensidade ou amperagem. Faz mais de meio século que aprendi essa fórmula e não me esqueci mais dela.

Os funcionários do Banco Mundial, que cruzam o mundo em todas as direções, com frequência são vítimas da chamada "Vingança de Montezuma", problemas nas tripas causados por alguma bactéria. Daí a necessidade de ingerir alimentos leves e inofensivos até curar a doença. Perdidos num país desconhecido, como se lembrar do que podem comer? Vem ao seu auxílio o departamento médico do banco, propondo uma sigla para tais alimentos: BRAT.

É uma palavra que pode ser traduzida como "pirralho". Mas, no caso, BRAT = *B*anana + *R*ice (arroz) + *A*pple (maçã) + *T*orradas. Basta lembrar-se de um pirralho para saber exatamente o que comer diante do terror diarreico.

Como essa, há muitas regras mnemônicas vindo ao resgate das memórias incompetentes de muitos de nós. Contudo, nem sempre é possível encontrar uma associação prática.

É preciso, então, pedir socorro a outro truque, esse sim bem curioso. Trata-se de associar a um trajeto conhecido palavras ou números que precisam ser decorados. Por exemplo, uma andança dentro da nossa própria casa.

Imaginemos que é preciso decorar o nome de reis e da nobreza da França. Comecemos com a porta de entrada. Nossa memória fica encarregada de se lembrar de que, nesse local, está solenemente postado Luís XIV. Entrando na sala de visitas, nos deparamos com Jean, Le Grand. Na sala de almoço, está Napoleão, instalado na nossa cadeira favorita. No quarto, está Maria Antonieta, por que não lá?

Pode parecer um método bobo, mas demonstrou-se que essa associação entre uma palavra pouco familiar e um local físico familiar é de grande ajuda para memorizar listas.

166

Outra maneira curiosa, mas efetiva, de memorizar nomes ou fórmulas é por meio de músicas. Em Belo Horizonte, um professor de física, o Pachecão, ficou conhecido pela musicalização das fórmulas de sua disciplina. Gravou até um CD, que incluía, entre outros, o "Rock da difração", ajudando a lembrar se o raio de luz é refletido para cima ou para baixo de acordo com a densidade de cada meio.

De fato, improvisar uma letra de música com as palavras a serem lembradas pode ser uma boa estratégia, pelo menos para alunos com talentos musicais.

PRATIQUE!

▶ Escolha duas listas de 10 nomes com aproximadamente a mesma dificuldade para serem memorizados. Por exemplo, os afluentes da margem esquerda e os da margem direita do Amazonas.

▶ Tente decorar uma das listas "na força bruta". A outra deve ser associada aos cômodos de sua casa, na sequência de quem vai entrando. Nos dois casos, anote o tempo que você levou para decorar e, depois, o número de erros que cometeu ao reproduzir a lista de rios no dia seguinte.

▶ Compare os tempos e resultados e tire suas conclusões.

H. CONTAR HISTÓRIAS: O CASAMENTO DA RAZÃO COM A EMOÇÃO

A *Ilíada* e a *Odisseia* foram escritas há quase 3 mil anos. São os dois livros que moldaram a identidade grega. A Bíblia oferece os alicerces do cristianismo. O Corão faz o mesmo para o Islã. *Os Lusíadas* esculpiu a alma portuguesa.

Esses livros têm, pelo menos, um aspecto em comum. São contações de histórias. Jesus Cristo e Maomé sabiam do poder das narrativas, mesmo sem haver feito cursos de teoria cognitiva. Também o sabiam Homero e todos os outros contadores de histórias que vieram depois. Os livros mais vendidos hoje são de Agatha Christie, que escreveu novelas policiais e nada mais.

É imbatível a mescla de mensagens sérias com emoções. Ao mesmo tempo que nosso intelecto se esgrima com as ideias a serem aprendidas, em outro nível somos capturados pelas emoções da narrativa. Essa dupla dose faz milagres.

Contar histórias é um maravilhoso meio de transmitir mensagens importantes. Digamos que é um namoro feliz da razão com a emoção. E isso é verdade em qualquer assunto. Não nos esqueçamos: os bons professores são bons contadores de histórias.

Embora correta, até há pouco era apenas intuitiva a percepção do poder das histórias. Hoje há bons estudos sobre o assunto. E há muitas maneiras de explicar por que é assim. Vamos a uma que me parece a mais simpática.

Nosso cérebro tem dois lados, ou dois hemisférios. O esquerdo processa os assuntos da razão. O direito, os da emoção (é mais complicado do que isso, mas, para os objetivos presentes, já basta).

Os assuntos de escola estão quase todos no hemisfério da razão: tabuada, descoberta do Brasil, lei da gravitação universal e assim por diante. Tampouco conseguimos ver emoções nas conjugações de verbos irregulares.

Porém, quando esses assuntos da razão se mesclam com emoções, acontecem coisas curiosas. Como já se demonstrou, a emoção é sempre mais profunda; portanto, mais lembrada. Assim, quando entra a emoção nos assuntos da razão, o aprendizado é mais eficaz. Ou seja, as emoções ajudam a gravar na memória assuntos perfeitamente frios. Se há um vínculo deles com a emoção, a memória da lição escolar gruda mais.

Mencionei anteriormente que vi um mapa mental pela primeira vez no dia do atentado às Torres Gêmeas. O que uma coisa tem a ver com a outra? Rigorosamente, nada, exceto que aconteceram no mesmo dia. O impressionante é que me lembro perfeitamente desse dia, embora nada me recorde do anterior ou do seguinte. A força da notícia do atentado gruda na memória. E carrega com ela tudo o que aconteceu naquele momento.

Muitos se lembram do que estavam fazendo quando Kennedy foi assassinado. O mesmo com as Torres Gêmeas. Ou os 7 x 1 da Copa do Mundo. A emoção é tão poderosa que se colam nela fatos triviais que aconteceram na mesma ocasião.

Vejamos o que acontece no nosso cérebro. Os aparelhos de ressonância magnética são capazes de mapear as atividades mentais de cada pedacinho da nossa cabeça. Cintilações aparecem na tela onde as atividades mentais estão ocorrendo.

Suponha-se que estamos aprendendo verbos irregulares. Com certeza, o aparelho iria mostrar o hemisfério esquerdo cintilando. E nada mais. Por outro lado, se ouvimos um caso bem triste, o que cintila então é o direito.

Esse é o ponto de partida para captar na tela do aparelho um princípio muito importante.

Imaginemos um curso de medicina em que o professor dá uma aula sobre úlceras. Entre outras coisas, discute-se o efeito dos antibióticos sobre elas. Se o aluno estivesse em um aparelho de ressonância magnética, o hemisfério esquerdo estaria pipocando e o esquerdo, adormecido. Como esperado.

 Imaginem a mesma aula, porém começando com a história de um médico australiano totalmente desconhecido, o dr. Robin Warren. Fazendo autópsias de cadáveres com úlcera péptica, suspeitou que poderiam ser causadas por bactérias. Nesse caso, seriam eliminadas com antibióticos. Estudou o assunto e se convenceu. Porém, quando proclamou a sua hipótese, não foi levado a sério. Um ilustre desconhecido afrontando os mais ilustres médicos? Foi ridicularizado. Insatisfeito, fez-se infectar com o que julgava ser o bacilo da úlcera e, de fato, contraiu a doença. Em seguida, tomou um antibiótico. Curou-se. Diante de gesto tão dramático, foi levado a sério. No fim das contas, acabou recebendo o prêmio Nobel. No nosso exemplo imaginário, depois dessa história, prossegue a aula sobre úlcera, igualzinha à outra.

 Há diferenças gigantescas entre as duas aulas. Na primeira, centelhou o hemisfério esquerdo. Na segunda, centelharam os dois. Por essa mesma razão, a segunda aula será lembrada pelo resto da vida. A primeira ficou mortiça na memória.

Em suma, contar histórias é a melhor pedagogia. Se conseguirmos enfiar nossas mensagens racionais em uma narrativa palpitante, o assunto será mais lembrado. O feliz namoro de uma narrativa racional com uma paralela e emocional torna o aprendizado muito mais profundo e duradouro.

Foram feitos experimentos ensinando a um grupo de alunos algum capítulo importante da história. Outro grupo de alunos viu um filme comercial sobre o mesmo tema. Questionados um ano depois, os que viram o filme se lembravam mais daquele episódio da história. Por quê? É simples: produtores de filme sabem que sem emoções o filme não vende. E emoções ajudam a gravar na memória o que quer que seja. Se o experimento incluísse um aparelho de ressonância magnética, cintilaria apenas o lado esquerdo na aula e os dois no filme.

O Telecurso 2000 substituiu um professor dando aula sobre certos assuntos pela dramatização e apresentação dos mesmos temas em situações de trabalho ou de rua. Entram em cena os diálogos, os desentendimentos e todas as emoções que um bom produtor de filmes conhece muito bem. É muito mais eficaz.

Como em outros temas tratados neste livro, não cabe ao aluno fazer com que os professores criem narrativas interessantes mescladas com o assunto do currículo. Porém, ao entender o poder da contação de histórias, os alunos podem e devem buscar, por conta própria, materiais que combinem as duas coisas.

Em outros tempos, a coleção de Monteiro Lobato fazia isso com brilho. Eram livros de aventura entremeados de conhecimentos escolares. No meu caso, duvido que a escola me ensinasse assuntos escolares melhor do que esses livros o fizeram. E não sou o único a dizer isso. Mas, com o tempo, a coleção foi perdendo a sua popularidade. Pena, pois não apareceram substitutos à altura.

Alguns professores de administração usam filmes do circuito comercial para provocar discussões sobre temas centrais de gestão. Podem ser assuntos de liderança, de crises institucionais, conflitos éticos e muito mais. Amplo sucesso.

Como grande conclusão, falamos aqui do namoro da razão com a emoção. Mesmo um assunto puramente no domínio da razão pode ser aprendido com mais motivação e maior retenção no longo prazo se forem mobilizadas as emoções. Daí os atrativos enormes de contar histórias contendo lições disso ou daquilo. E, por estar na moda, contação de história virou *storytelling*, com mais charme.

PRATIQUE!

▶ Pense em alguma história que você lembre e que envolva eventos ou ideias marcantes. Será que a narrativa ajudou você a melhor recordar-se dessas mensagens?

▶ Pense em um filme histórico a que você assistiu. Tente lembrar-se dos fatos marcantes daquele momento. Agora pense em algum episódio da história do Brasil aprendido na aula. Tente fazer o mesmo, isto é, recuperar o que aconteceu de importante então.

▶ Compare as duas situações. Em qual delas é mais sólida e mais clara a sua memória?

VII.
O QUE PRECISO SABER PARA NÃO ME ENRASCAR COM A EDUCAÇÃO A DISTÂNCIA

Passam-se os séculos, as aulas continuam iguaizinhas às das universidades medievais. Mas, de repente, um terremoto é causado por um bichinho desse tamaninho! A covid fez em semanas o que em décadas não se conseguiu fazer. Mudou a aula. Entraram em cena o computador e a internet.

Neste capítulo, ajudamos você a entender o que aconteceu e como lidar com a educação a distância (EAD) e com seu primo bastardo, batizado de "remoto emergencial".

Entendemos os fatos quando os comparamos. Comecemos então com uma história trágica e que ninguém poderia prever.

Na noite de 14 de abril de 1912, navegava no Atlântico Norte, em sua primeira viagem, um navio luxuosíssimo e trombeteado como "inafundável". Mas um *iceberg* deu cabo dele: afundou o Titanic, causando a morte de 1.514 pessoas. Uma tragédia. Mas que trouxe também benefícios irreversíveis na legislação mercante e na engenharia naval.

E muito mais curioso foi o seu impacto na vida de um inventor italiano que havia criado e começado a produzir um telégrafo sem fio para ser embarcado em navios. Mas o trambolho de Marconi não convencia muito, e as vendas eram letárgicas. Porém, como havia um aparelho no Titanic, foi possível alertar um navio que passava perto — e que também tinha telégrafo. Salvaram-se assim 710 náufragos. Desse dia em diante, cada navio ganhou o seu telégrafo. Nenhum gênio de *marketing* venderia mais do que a tragédia do Titanic.

Tudo que sacode muito traumatiza e afrouxa as defesas do *status quo*. Assim sendo, um acidente nefasto pode ter o seu lado bom. Quase todo acidente aeronáutico resulta em modificações instaladas em todos os aviões da categoria, para que nunca mais aconteça.

Em que pesem seus horrores, a covid-19 trouxe também consequências positivas. A telemedicina estava proibida, logo foi liberada. Comprar pela internet veio para ficar. O *home office* foi um ganho irreversível.

Catastróficos como podem ser esses desastres, permitem quebrar resistências, criar pressões formidáveis ou mudar o equilíbrio de forças políticas. O que era impossível materializa-se de uma hora para outra.

E assim também na educação. Desaba a covid-19! Não há alternativa: cancelam-se as aulas presenciais. É um salve-se quem puder, às carreiras e batendo cabeça. Em poucas semanas, foi preciso improvisar um novo sistema sem a presença física.

O que se previa acontecer em 10 anos, em alguns casos, exigiu menos de 10 dias para mudar. A única solução viável durante a pandemia era usar tecnologia para que as aulas passassem a ser a distância. De fato, as tecnologias digitais são hoje a forma mais conveniente de ensino a distância.

Mas se engana quem pensa ser essa modalidade de ensino uma coisa moderna. A partir de meados do século XIX, o ensino por correspondência começa a se expandir. E, como se imagina, os cursos de EAD vão aprendendo com a experiência. Foram desenvolvendo suas técnicas, seus métodos e suas maneiras de lidar com a ausência física dos alunos.

Por longo tempo, havia apenas a comunicação via correio e papel — e até funcionava bem. Sou testemunha, pois tudo que sei de eletrônica aprendi no curso do Instituto Monitor, pelo correio. Mas as novas tecnologias digitais abriram as portas para canais de comunicação bem mais rápidos e eficientes do que os correios.

Os avanços não foram poucos. Uma pesquisa internacional recente tomou os estudos existentes a fim de comparar o nível de aprendizado de alunos presenciais e a distância, sempre e quando as condições de ambos os lados podiam ser consideradas equivalentes. Pois não é que os alunos de EAD e presencial tinham aprendizado equivalente?

Mais perto de nós, em cada carreira superior, a prova do Exame Nacional de Desempenho dos Estudantes (Enade) é a mesma, seja para os alunos de EAD ou os presenciais. E, como se viu, o presencial não é nada superior. Os resultados, em geral, são equivalentes.

Esses dois exemplos bastam para mostrar o grande avanço nos cursos a distância. Na verdade, sua grande proeza foi compensar a ausência física, sempre o maior desafio.

> Mas, ao desabar a covid, ao ser privada da alternativa presencial, a escola acadêmica não se serviu da longa experiência da EAD. Pelo contrário, improvisou por conta própria. Na verdade, apenas transferiu para o ensino a distância as práticas do presencial, fossem elas adequadas ou não. De fato, mesmo no ensino tradicional, muitas práticas escolares já eram atrasadas e ruins.

Esse arremedo de última hora foi chamado de "ensino remoto emergencial". Aliás, é boa ideia ter nome diferente, para não confundir com o tradicional EAD, que foi sendo burilado ao longo dos anos.

Não é surpresa: os resultados do remoto desapontaram, seja em termos de garantir a presença, a participação efetiva ou o rendimento escolar. Por consequência, sofreu o aprendizado de quase todos os alunos. É como se houvesse recuado o relógio e os alunos de hoje estivessem frequentando uma escola a distância de século e meio atrás, com toda a sua inexperiência. As escolas mergulharam na idade das trevas ao ter que operar via internet. E isso apesar de a velha e verdadeira EAD já haver vencido desafios maiores quando não dispunha ainda das tecnologias digitais.

De fato, com a correria, a implantação foi atabalhoada, sem tempo para refletir e buscar as melhores soluções. Ademais, poucos sabiam como funcionava a EAD, apesar de amplamente consolidada ao longo dos anos. Uma terceira explicação é que, pelo menos em parte, esse alheamento é fruto do tradicional preconceito da escola presencial contra a EAD. Como não se via na EAD um modelo respeitável, o que haveria a se aprender com ela?

Lendo os jornais, ficou claro que, mesmo nos países com ensino de qualidade, houve dúvidas, perplexidades e muitos erros. No nosso, bem pobrezinho no seu ensino, a confusão foi geral e em todos os níveis.

Muitas soluções foram tentadas. Tudo indica que a fórmula preferida foi usar a tecnologia digital para reproduzir, via internet, a mesma aula presencial. Daí o nome "ensino remoto". Em alguns casos, as aulas eram ao vivo. Em outros, eram gravadas e reproduzidas. O primeiro modelo tende a ser mais personalizado, pois permite algum diálogo com os alunos. Contudo, as aulas gravadas costumam ser mais bem preparadas, já que serão usadas e reusadas. Seja como for, é o mesmo ensino presencial transladado para o Zoom (ou seus similares). É dito "emergencial" para corretamente informar que foi fruto do Deus nos acuda da implementação.

> Afinal, por que não transferir para o remoto o modelo presencial? Se podemos dar a mesma aula a distância, deve ser uma boa ideia. Como vimos, na graduação pode funcionar. Mas, no ensino básico, as fragilidades dessa fórmula são mais acentuadas.

Se a sala de aula já era pouco atraente para os alunos, a sua versão remota reduz ainda mais a motivação. Se tudo já era chato, estratosférico e sem aparente utilidade, na telinha do Zoom é pior ainda.

Na sala de aula, o professor pode cobrar a atenção e promover alguma participação. No remoto, é muito mais fácil ausentar-se intelectualmente, desligar a câmera ou mesmo "matar aula". Em grande medida, foi isso que aconteceu. É o absenteísmo digital em proporções grotescas.

Não deve ser surpresa, materializou-se o previsível: aumentaram as desigualdades. As boas escolas rapidamente migraram para o digital e levaram para lá seus hábitos pedagógicos, pelo menos um pouquinho melhores.

Mas ficam entediados os alunos mais fracos, quase sempre em escolas precárias. Não conseguem prestar atenção em uma aula chata e aprendem bem menos. E, por isso, evadem-se em maior proporção.

No fundo, aula aborrecida no presencial vira uma aula bem mais aborrecida no monitor.

Aos professores não foram ensinadas as técnicas de promover maior interação; eles não conseguem mostrar aplicações do que foi ensinado e por aí afora. A evasão resulta também de que, para muitos, ir à escola é a hora de ver os amigos, o que não pode acontecer no remoto.

A EAD clássica já nasce convivendo com as dificuldades intrínsecas de manter o interesse de alunos que estão longe. Através de várias técnicas, controla-se a evasão. É o resultado de século e meio aprendendo a evitá-la. Porém, o ensino remoto ignorou a experiência acumulada pela EAD. Se já era pouco o contato personalizado com os alunos no presencial, no remoto agrava-se o problema.

Como sabem os tradicionais operadores de cursos a distância, é bem maior a necessidade de se aproximar dos alunos. No velho ensino por correspondência, os instrutores escreviam bilhetes e recados personalizados nas folhas de exercícios.

O primeiro segredo da boa EAD é a preparação de materiais de ensino de qualidade e que sejam atraentes. O segundo é usar folhetos curtos, em vez de livros gigantescos cujo peso traumatiza os alunos. O terceiro é que os temas sejam breves o suficiente para evitar a inevitável perda de atenção após um quarto de hora. O quarto é o ensino passo a passo. O quinto (em comparação com o presencial) é a aposta em muito mais exercícios e aplicações.

E VALE REPETIR: SE NÃO SE APLICA, NÃO SE APRENDE.

A EAD exige muito mais disciplina pessoal dos alunos. Como indica o século e meio de sua história, não dá bons resultados com todos os estudantes. Há as diferenças individuais de hábitos de estudos e organização do tempo. Mas pesa muito a idade dos alunos, pois, entre o que se aprende na escola, uma das mais importantes lições é disciplina de trabalho, mais precária nas séries iniciais.

Sendo assim, quanto mais jovem o aluno, menos apropriado será o ensino sem a presença física. Mas, diante da pandemia, a alternativa de ficar sem escola era claramente pior.

Como mencionado ao início, não há por que minimizar a magnitude da tragédia, seja a do Titanic ou a imposta pela covid-19. Mas, nos dois casos, houve também consequências positivas.

Faz meio século que os "evangelistas" da informática tentam levar os computadores para a sala de aula. Foi meio século de fracassos. O próprio Programa Internacional de Avaliação de Estudantes (Pisa) documenta a ausência de associação entre computadores na escola e rendimento dos alunos. Curiosamente, computador na casa do aluno melhora o rendimento. Ou seja, a escola é mais incompetente do que os seus próprios alunos para fazer bom uso da informática.

Espoca a covid! Em poucas semanas, estão diante dos monitores os mais renitentes inimigos da informática. Seguramente, com a má vontade que se pode imaginar. Mas tiveram que mudar. Aconteceu, subitamente, o que os mais otimistas pensavam tardar, pelo menos, 10 anos.

Houve uma súbita revolução digital na escola. Superada a pandemia, não é razoável imaginar que voltará tudo a ser como antes. O mais provável é que, pelo menos nas boas escolas, muitas práticas não voltem ao que eram. A tecnologia terá sido solidamente embarcada.

> Seja como for, o remoto pode ensinar lições preciosas para o presencial, por exibir os seus erros de forma amplificada. E, como não podemos repor os prejuízos educativos, pelo menos temos que aproveitar o momento para acelerar as mudanças que foram conquistas recentes.

Tirar lições do passado é o mínimo que se pode fazer. E não é pouco.

O que foi dito até agora dá uma visão ampla do terremoto provocado pela covid, que levou, em breve período, a uma mudança radical no funcionamento da sala de aula. Simplesmente, o presencial virou remoto, algo impensável poucos dias antes. O chamado "novo normal" não é o mesmo de antes. Veio para ficar muita coisa implantada às carreiras. Todavia, ainda não sabemos bem como será.

Diante disso, vale a pena listar o que um aluno precisa saber para agir de forma inteligente diante de tão rápidas transformações. Como se preparar para um futuro em que presencial e EAD estarão cada vez mais misturados?

>> Há ampla comprovação de que a EAD não é uma solução inferior ao ensino presencial. Naturalmente, há EAD ruim e boa, bem como ensino presencial ruim e bom. Mas, comparando o que pode ser comparado, não há diferenças de aproveitamento.

>> Os alunos das boas escolas sofreram menos durante a covid, pois o seu presencial melhorzinho transformou-se em um remoto menos ruim. Mas, para a maioria, as perdas foram gigantescas.

» Em particular, não se deve confundir uma solução emergencial gerada pela pandemia com a boa e sólida EAD, que incorpora uma longa tradição de técnicas próprias.

» A melhor EAD incorpora muitas estratégias voltadas para manter a motivação dos alunos. Os assuntos são ensinados em blocos menores. Usam-se folhetos em vez de livrões ameaçadores. As aulas têm que ser bem-preparadas, pois são postadas e podem ser revisadas depois. E não menos importante: todos na escola podem ver as provas, obrigando os professores a um nível maior de atenção ao formular as questões.

» Não é logicamente necessário que a EAD tenha custos menores para os alunos — há até alguns que são mais caros. Todavia, na maioria dos casos, as mensalidades são inferiores às do presencial. Para muitos, isso pode ser decisivo.

» Não devemos pensar em polos opostos entre EAD e presencial. A grande tendência para os próximos anos é o chamado "ensino híbrido", combinando seções presenciais com o estudo a distância. É razoável pensar que pode ser melhor do que qualquer um dos dois isoladamente.

» Do lado do aluno, a EAD exige bem mais disciplina pessoal. No ensino presencial, há regras. Por exemplo, levantar-se e ir embora no meio da aula é embaraçoso. A EAD requer mais motivação e compromisso com os estudos. A tentação de desligar a câmera é muito grande. E, como um dos prazeres de ir à aula é encontrar os amigos, isso só é possível no presencial. Se tem dúvidas quanto à sua disciplina e capacidade de concentração em aulas virtuais, você precisa investir mais tempo para superar essa dificuldade. As aulas virtuais vieram para ficar. Provavelmente, vão aparecer mais adiante, mesmo depois de você ter se formado.

» Como a experiência mostrou que os vídeos das aulas devem ser curtos, para completar a carga horária na EAD há mais leituras, mais exercícios, aplicações e projetos. Isso é uma enorme vantagem dessa modalidade. Torna o ensino um pouco mais ativo. Nos Estados Unidos, nas boas escolas, muitos alunos aprenderam até mais durante a pandemia, provavelmente por essa razão.

» Quase não precisa ser dito, sobretudo nas cidades grandes: a EAD traz uma enorme economia de tempo, pois não é necessário gastar até várias horas no deslocamento. Igualmente, para quem mora longe de tudo, a EAD é a salvação.

» Ainda há uma relutância da sociedade em aceitar que diplomas de EAD demonstram o mesmo nível de competência dos profissionais formados presencialmente. Mas, com o tempo, isso tende a desaparecer.

VIII.

UM MANUAL DE SOBREVIVÊNCIA NA SELVA DA DESINFORMAÇÃO

Este livro se propõe a ser simples e acessível para uma grande variedade de leitores. Não obstante, o presente capítulo atrapalha um pouco essa meta. De fato, sua leitura é mais árdua.

Sendo assim, sugiro ao leitor que avalie o seu interesse pelo tema antes de mergulhar nele. Julgo ser de grande importância para a formação de todos. Mas não quero que se desanime com o livro diante deste capítulo mais árido. Os parágrafos a seguir podem ajudá-lo a decidir quanta atenção dará a ele.

De que serve dominar todas as técnicas de estudo se terminamos sendo engambelados por alguém ou acreditando em alguma bobagem? Este capítulo vai ajudá-lo a separar o que merece crédito daquilo que pode ser considerado bobice, engano ou mentira deslavada. Essa última categoria foi apelidada de *fake news*.

Para estruturar a discussão, começamos mostrando para que serve o método científico. Como a tarefa de separar a mentira da verdade é árdua, precisamos nos equipar para enfrentar esse desafio. Para tal, precisamos nos familiarizar com o método científico, a mais poderosa ferramenta para verificar se uma afirmativa sobre o mundo real é crível. Ainda que essa seja a parte mais difícil do livro, é tão importante que vale a pena o esforço de gastar tempo com ela.

> No que segue, passamos a falar de uma mudança de centro de gravidade. Antes, o problema era encontrar fontes de informação. Mas superamos o desafio de obter conhecimentos. Com a explosão da internet, o problema agora é saber se a informação que temos merece confiança.

Depois de discutir o método, mergulhamos no mundo real e perguntamos: dá para acreditar nisso ou naquilo? Trata-se de uma discussão sobre a confiabilidade da informação e sua promiscuidade com as *fake news*. Como saber em que podemos acreditar? Para ajudá-lo, a seguir são apresentadas as melhores dicas de como não ser iludido por informações falsas.

Ao lidar com a ciência, devemos aceitar como verdade provisória o que foi concluído através de pesquisas que respeitaram as regras do método científico. Mas, no mundo cotidiano, em geral, isso tende a não ser possível, pelas dificuldades de decifrar pesquisas científicas. Mas há alternativas. Podemos avaliar o autor, com seu currículo. Merece confiança? Podemos também confiar mais na percepção de certas pessoas cuja capacidade de julgamento foi demonstrada. Ou avaliamos a respeitabilidade do local de publicação. Em suma, este capítulo é um guia para não especialistas tomarem decisões inteligentes. Tenta demonstrar, entre outras coisas, que não é preciso ser doutor em epidemiologia para avaliar o perigo de uma doença ou de um remédio.

DA INFORMAÇÃO ESCASSA À CREDIBILIDADE PRECÁRIA

Parte da nossa vida escolar consiste em ler e tentar entender o que está nos livros indicados pelos professores. Mas, no mundo real, não há uma disciplina chamada "Como viver", acompanhada de um *Manual para a vida* que podemos abrir a qualquer momento para encontrar respostas para as dúvidas que aparecem. Temos que aprender a encontrar as respostas por nossa conta, onde quer que elas estejam. Igualmente, cumpre aprender a avaliar a sua confiabilidade.

É função da escola preparar você para o futuro. Para isso, deve propor questões e problemas que não estão respondidos nos livros do curso que você faz.

> Buscar respostas que não foram previamente empacotadas nos livros é uma das atividades mais úteis para nossa vida após sair da escola.

Na verdade, mesmo na escola, algumas respostas não existem prontas, bastando procurar onde nos disserem que estão. Pelo contrário, temos que observar, contar, medir, pesar, coletar dados ou entrevistar pessoas. E, depois, avaliar cuidadosamente o material reunido. É o aprendizado de como encontrar essas respostas que nos prepara para o futuro, quando não haverá mais um professor ou um livro confiável para nos socorrer.

Na escola, quando o livro adotado não respondia às nossas perguntas, a primeira providência costumava ser uma ida à biblioteca. Hoje, boa parte das fontes migrou para a internet. Inevitavelmente, dadas as crônicas deficiências das bibliotecas brasileiras, o Google passa a ser a melhor fonte de informações. Ou a única.

Mas, onde quer que esteja a informação, estamos condenados a questionar sua validade. Sem fazê-lo, é quase certo sermos iludidos por inverdades. Portanto, saber avaliar as informações que nos chegam é uma das competências mais úteis para a vida.

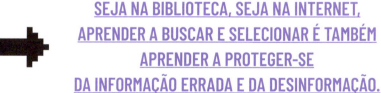

SEJA NA BIBLIOTECA, SEJA NA INTERNET, APRENDER A BUSCAR E SELECIONAR É TAMBÉM APRENDER A PROTEGER-SE DA INFORMAÇÃO ERRADA E DA DESINFORMAÇÃO.

Com a internet, a etapa de separar o verdadeiro do falso tornou-se mais árdua do que a tarefa inicial de encontrar a informação de que precisamos. Portanto, é necessário avançar bastante nesse aprendizado de triagem. O lado bom é que erros grosseiros podem ser evitados com certa facilidade.

Podemos pensar em dois tipos relativamente independentes de "vacinas" contra a informação errada. Na primeira, nos deteremos pouco, pois foge aos objetivos deste manual.

Trata-se de entender minimamente do assunto tratado, com seus princípios e seus fatos relevantes. Se não sabemos como funciona um motor elétrico, estamos mal equipados para decidir se são úteis as proezas que anuncia seu vendedor. Se não entendemos a lógica de um governo com três poderes (Executivo, Legislativo e Judiciário), não podemos acompanhar boa parte das discussões em Brasília noticiadas nos jornais. Por exemplo, ficamos perdidos quando se discute quem cassa um deputado condenado por algum crime. Nesses dois exemplos, não chegamos ainda na fase de duvidar da informação recebida. Estamos, simplesmente, despreparados para lidar com o assunto. As peças do jogo não fazem sentido. Mas esse não poderia ser o tema tratado neste livro.

A segunda "vacina" está na análise das fontes usadas. Precisamos aprender a separar a informação confiável do entulho sem credibilidade. Esse é o foco principal aqui.

B. NO REINADO DO TODO PODEROSO MÉTODO CIENTÍFICO

Ao fazer mestrado e doutoramento, descobri a beleza e o poder do método científico. Fiquei deslumbrado para sempre. Passei a acreditar que perguntas sobre coisas e fatos observáveis podem ser mais bem respondidas pela ciência. E merecem mais confiança as pesquisas fiéis às regras do método científico.

Obviamente, não precisamos dele para saber se está chovendo lá fora. Basta olhar pela janela. Mas, para saber de chuvas daqui a uma semana, necessitamos e dispomos das previsões meteorológicas. É um campo respeitável da ciência e que se vale de um mundaréu de dados e análises complicadíssimas. Embora as previsões não sejam infalíveis, tendem a acertar muitíssimo mais do que erram. Além disso, oferecem um número medindo a probabilidade de se materializarem suas predições. Ciência é isso.

Após formado, virei pesquisador, acreditando sempre que a ciência nos aproxima mais da verdade — em contraste às alternativas. Mas repito o que disse Sócrates: só sei que nada sei. A arrogância é fatal.

O Ocidente seguiu uma longa e penosa trajetória até sobrenadarem as vantagens de usarmos judiciosamente a razão, em vez de acreditar no feiticeiro, na Igreja, nos salvadores da pátria ou em quem lá seja. Custou para deixarmos de ser reféns do dogma, da superstição e dos finórios.

Na Idade Média, a verdade era decretada pela Igreja. E ai de quem discordasse! Nem a Bíblia poderia ser lida pelo comum dos mortais, pois isso poderia sugerir interpretações diferentes daquelas impostas pelos padres.

O Renascimento volta aos ideais gregos de liberdade para pensar. Liberta-se a Europa do jugo da verdade oficial. Mas ainda ocorrem retrocessos. Giordano Bruno foi queimado vivo por heresias, incluindo afirmar que a Terra girava em volta do Sol. Galileu também acreditava nisso, mas escapou. Para tal proeza, valeu-se de uma mentirinha, negando sua ciência. Também ajudou ser primo do papa. Mesmo assim, foi condenado à prisão perpétua domiciliar — no seu caso, era amena, pois vivia em um belo palácio.

O pleno reinado da razão custou a chegar. Mas, progressivamente, consolida-se o método científico como a principal ferramenta para entender o mundo observável. Com suas regras, a ciência progrediu, desfrutando de cada vez mais respeito e admiração.

Ainda assim, Darwin mexeu em um vespeiro ao formular sua teoria da evolução das espécies. Não se tentou queimá-lo vivo, mas foi execrado e provocou um dos maiores tumultos intelectuais de todos os tempos. No final das contas, tratou-se de um duelo em que a razão prevaleceu. Aliás, razão respaldada por décadas das suas observações sistemáticas e inteligentes sobre a natureza. Vivas!

Se perguntamos sobre Deus, fé, valores ou julgamentos, a ciência nada tem a dizer, nem contra nem a favor. E tampouco pode contestar nossa preferência por picolé de coco em vez de abacaxi. Não é sua praia. Esses são valores ou preferências, não há como demonstrá-los falsos ou verdadeiros. Esse ponto é fundamental.

Porém, no que se pode observar e medir, se consolida a posição ímpar do método científico para dirimir dúvidas. Se dá para ver e contar, a ciência terá as melhores respostas.

Vale a pena explorar melhor esta distinção entre o que os filósofos chamam de "juízos de realidade" e "juízos de valor". Quando abrimos a boca para fazer uma afirmativa, faz muita diferença saber a qual de duas categorias pertence: descrição do mundo real ou opiniões sobre isso ou aquilo.

No primeiro caso, trata-se de uma afirmativa que pode ser verificada pela observação. Galileu queria conhecer o progressivo aumento de velocidade de um objeto largado da Torre de Piza. Através de procedimentos engenhosos, conseguiu medir e estabelecer sua famosa teoria — que se materializou em uma fórmula matemática. Hoje, queremos testar se as mutações do SARS-CoV-2 são mais contagiosas do que a variedade original. Em ambos os casos, a resposta não está na Bíblia, no Corão ou em opiniões de autoridades arrogantes: vem da observação cuidadosa e sistemática do mundo. E é para assegurar que estamos usando procedimentos confiáveis que nos guia o método científico.

Neste momento, vale a pena salientar uma característica essencial desse método. Pessoas menos avisadas imaginam que seja um conjunto de regras para fazer descobertas científicas. Isso é um engano. O método científico é um filtro para assegurar que foram tomados todos os cuidados conhecidos a fim de evitar erros nos procedimentos utilizados. Não é um guia de como fazer pesquisa, mas regras obrigatórias para detectar falhas ou imprecisões na pesquisa que foi realizada. A boa ciência é a que sobreviveu à câmara de torturas do método científico.

O cientista é livre para propor a teoria que lhe vem à cabeça. Segundo a lenda, Arquimedes teve uma grande inspiração imerso na sua banheira. Newton teve outra, genial, vendo as maçãs caindo da árvore. Verdadeiro? Não importa. Para inventar explicações sobre o mundo real, há liberdade. São permitidos todos os voos da imaginação.

Mas chega a hora de ver se a teoria sobrevive ao teste da realidade. De fato, como um pássaro, o cientista é livre para voar. Mas é escravo do método na hora de convencer seus pares de que os resultados da sua inspiração merecem confiança. Para isso, sua pesquisa precisa satisfazer a uma grande coleção de exigências. Vendo de outro ângulo, é uma coleção de "tem que fazer isso" e "não pode fazer aquilo".

A pesquisa terá sempre definições rigorosas do que quer medir. Se são ambíguas ou outro pesquisador tem uma definição diferente, os resultados não são comparáveis. Sem alinhar definições, a ciência não anda.

Outra exigência são as regras para coletar informações. Se trabalhamos com uma amostra que é representativa do universo, o que se observa nela refletirá a totalidade do fenômeno analisado. Mas podemos nos equivocar na escolha dessa amostra.

Uma vez, estava na Cidade do México, fazia hora para o jantar e resolvi ligar a televisão do quarto do hotel. Fiquei abismado com a quantidade de anúncios de bebidas alcoólicas. Mais tarde, comentei isso com meu anfitrião. Ele então me informou que tais anúncios são proibidos até as 20h. Por coincidência, foi o momento em que liguei a televisão. Presenciei a avalanche de propaganda de pisco, cerveja e tudo mais, proibida até então. Ou seja, estava baseando minhas conclusões em uma amostra distorcida da realidade, pois essa era a única hora em que eram tão abundantes esses anúncios. O mesmo pode acontecer com amostras que buscam testar teorias científicas.

Vejamos outro exemplo pitoresco de interpretações equivocadas. Observou-se, em Moscou, que, quanto mais carros de bombeiros acorriam a um incêndio, maior o prejuízo. Concluímos que agravam as perdas? Não, pois, obviamente, em incêndios mais graves são mobilizados mais recursos dos bombeiros. Nesse caso, não podemos tomar como causa o que é uma consequência associada. Esse é um exemplo muito simples de uma ambiguidade entre causa e efeito. Mas, no mundo da pesquisa, os assuntos podem ser bem complicados, e mais cuidados se justificam.

Assim vai o método científico: impõe cada vez mais precauções contra equívocos.

Isso tudo contrasta com os chamados "juízos de valor". Não há observação possível que os valide. Podemos acreditar nos pecados listados pela Igreja, mas não há pesquisa que permita dizer que são, verdadeiramente, comportamentos errados. Na mesma categoria está a velha pergunta, irrespondível pela ciência: Deus existe? Costuma-se dizer que gostos não se discutem. Preferimos uma sociedade mais justa, mesmo que com menos liberdade individual? Ou vice-versa? Podemos até discutir, mas não há como dizer se o gosto por um belo churrasco é superior àquele por uma barra de chocolate.

Se entendemos essa diferença fundamental, começamos em solo mais seguro. Esse cuidado nos ajudará muito ao longo da nossa vida — mesmo depois da escola.

Talvez o impacto mais poderoso do método científico resulte da cumulatividade que adquire a ciência que por ele se pauta. Ou seja, se pesquiso hoje uma tese nova, não tenho que refazer todo o conhecimento que a precedeu. Tomo as pesquisas sérias existentes como a melhor aproximação da verdade.

Se estou estudando os aumentos de salário daqueles que fizeram um curso superior, posso imaginar que isso acontece também em outras sociedades. Sei que esse assunto já foi amplamente pesquisado nelas e que nos bons periódicos científicos encontrarei essas informações. Sei que, no início de carreira, os salários já são mais altos do que o daqueles com médio completo, mas não muito. Os ganhos econômicos maiores vêm em anos subsequentes. Não preciso ir ao Japão para fazer pesquisas de campo sobre esse assunto. A ciência de hoje pega carona na de ontem.

Após concluída, minha pesquisa se encaixa nesse conjunto de estudos anteriores, complementando e dando mais confiança ao conhecimento coletivo — mas, por vezes, o desafiando. Cada cientista põe o seu tijolinho nessa construção — alguns gênios põem um tijolão.

Os resultados dos meus antecessores merecem confiança — bem como os meus — sempre que se cumpriram as fastidiosas exigências do método científico. Se há amostras, sua seleção foi judiciosa. A origem dos dados merece confiança, e estes foram tratados corretamente. E por aí vai. Como será comentado adiante, o primeiro filtro são os comentários de colegas a quem enviamos as primeiras versões. Em seguida, vêm os pareceres que recomendam a publicação dos artigos produzidos.

Muito importante é que os procedimentos descritos na pesquisa permitem a qualquer um a sua replicação. E, se isso for feito, espera-se que os resultados das pesquisas subsequentes sejam os mesmos, pois a natureza pode ser fugidia, mas não é birrenta e não prega peças nos cientistas.

Mas e se os resultados conflitarem? Nesse caso, é preciso descobrir por que discrepam.

Feito isso, aleluia! Obedecida essa liturgia metodológica, alguma coisa quase mágica acontece com a pesquisa. Ela ganha robustez e credibilidade. Se meus leitores não conseguem encontrar falhas, omissões ou enganos nos meus procedimentos, o método científico os proíbe de discordar dos meus resultados. Checam-se os processos. Não se encontraram erros? Então, os resultados têm que ser engolidos, mesmo a contragosto. Isso porque não são os "meus" resultados. Apenas fui um intermediário para captar as respostas da natureza. Foi ela que falou, não eu.

Essa poderosa conclusão é difícil de ser aceita por quem não foi iniciado nos ritos da pesquisa. Mas acreditem: é uma das maiores fortalezas da ciência. Pesquisadores não podem dizer "discordo desse resultado". Estão proibidos pelas regras do método científico. Mas podem dizer: "Achei estranhos esses resultados. Vamos ver se encontro problemas com os procedimentos para chegar a eles". De fato, se têm objeções legítimas, é porque descobriram falhas nessa ou naquela etapa da pesquisa. Boa parte das atividades dos pesquisadores é questionar hipóteses, ferramentas de análise e muitos outros aspectos das pesquisas dos seus colegas. Alguma hora, chega-se a um consenso, mas as discordâncias podem se prolongar por anos.

Já me aconteceu concluir que uma pesquisa que li usava dados de pouca confiabilidade. E o autor não tomava os cuidados devidos na sua interpretação. Publiquei uma crítica que foi seguida de uma réplica do autor e uma tréplica da minha parte. O autor ficou furioso, mas, para a ciência, suas raivas não resultam em nada. O que está em jogo é a validade da minha crítica. Cabe aos outros pesquisadores decidir.

A busca obsessiva por erros nas pesquisas dos outros revela-se um dos motores da ciência. O que a faz andar na direção certa não é a minha genialidade, tampouco a minha autocrítica. Mas conta bastante o medo da crítica dos meus rivais. Ao despachar meu artigo para ser publicado, estou sempre temendo que alguém ache um furo nos meus procedimentos. E, antes que isso aconteça, tento achá-lo eu mesmo.

Em uma ocasião, pesquisando mudanças de ocupação de graduados de cursos de formação profissional, apareceu um resultado estapafúrdio. Só poderia ser um erro no processamento estatístico. Nem pensar em deixar escapulir um tal engano. Afinal, meus colegas e eu temos uma reputação a defender. Com meu coautor, saímos à busca do tropeço que gerava tal resultado. Nada encontramos. Foi então que começamos a perceber que havíamos feito uma descoberta interessante. O que parecera um erro nas contas era o mundo real revelando uma característica surpreendente. Assim caminha a ciência. Há trambolhões, há equívocos. E, nessa confusão, também aparecem resultados inesperados.

Como atitude permanente, devo prever que outros pesquisadores queiram criticar meus resultados. Porém, tampouco eles podem dizer o que lhes venha à cabeça, desabonando a minha pesquisa. O método científico questiona também a validade da crítica. Paira sempre uma atitude permanente de ceticismo — e que vale para os dois lados. Sem essa simetria, caímos em uma invencível rede de conspirações, na qual só vale quem denuncia. Temos igualmente o direito de denunciar a denúncia e encontrar nela fragilidades de argumentação.

Continuando, persiste um princípio implacável. O que um descobre será descoberto por todos se forem repetidos os mesmos procedimentos. Se isso não acontecer, opa! Alguma coisa está errada, e o passo seguinte é localizar o engano.

Na prática, nem sempre o caminho é linear; podem aparecer resultados discrepantes e que não apontam na mesma direção. Podem surgir contradições: minha teoria conflita com a de outrem! Talvez os dados sejam toscos ou tenhamos simplificado demais os procedimentos. Acontece também que deixamos de incluir variáveis potencialmente relevantes. Ou, então, o problema é complicado demais para os procedimentos conhecidos. Por exemplo, antes da existência de microscópios, os micróbios eram apenas uma hipótese pouco crível. Tudo isso pode gerar resultados conflitantes ou contraditórios. E tais conflitos são muito comuns em análises iniciais de um tema novo. Se contradições ocorrem, cada cientista defende as suas teses. A discussão parece caótica.

Os pesquisadores podem até ter ódio desse ou daquele colega. Leibniz e Newton fofocaram um contra o outro durante toda a sua vida, reivindicando cada um a invenção do cálculo diferencial e integral. Na marcha da ciência, nada de grave. Isso porque não é a raiva ou os gritos que decidem quem tem razão, mas a acumulação de pesquisas mostrando alguma convergência de resultados.

A epidemia de covid e a urgência de respostas tornaram públicas inúmeras divergências entre cientistas, pois era um tema novo. Deu até a impressão de que a ciência não passa de brigalhadas entre defensores exaltados de teorias opostas. Mas é assim mesmo: aos poucos baixa a poeira e começamos a ver quem tinha razão. Uma coisa são as emoções transbordantes dos pesquisadores, outra é a realidade concreta. Aliás, esse fogo ardente é um dos fatores que levam os cientistas a irem cada vez mais fundo nos temas que escolheram. Mas é a razão e os dados frios que escolhem os vencedores e os perdedores. E não nos esqueçamos: isso pode levar tempo.

Aprendamos aqui uma lição. Cientistas não são necessariamente pessoas desapaixonadas e comedidas circulando com os seus aventais brancos. Podem ser furiosos, e alguns são mal-educados. O que conta é saber se seus pares conseguem ou não encontrar furos nos artigos que escrevem. É isso que decide tudo.

>>>> COVID-19 E IVERMECTINA

Acesse a página do livro em **loja.grupoa.com.br** ou leia o QR Code para conferir um exemplo sobre o uso de ivermectina durante a pandemia de covid-19.

Ao longo da trajetória da ciência, houve períodos, até bem longos, de brigalhadas entre cientistas, cada um defendendo a sua teoria favorita. O Sol gira em torno da Terra? Os homens descendem de bichos parecidos com os macacos? Tirar sangue das veias cura doenças? A luz faz curvas?

Mas é essencial repetir que, com a acumulação dos estudos, começam a emergir os consensos em quase todos os campos. "A ciência é uma selva darwiniana na qual, dando-se tempo ao tempo, somente as teorias mais bem-sucedidas produzirão descendentes para a geração seguinte" (Simon Blackburn).

Ainda assim, em alguns campos ainda não há acordo, apesar de a controvérsia ser antiga. A luz é uma vibração ou uma partícula batizada de fóton? Paira um nevoeiro.

Outro aspecto relevante é que, no mundo da pesquisa, resultados isolados não podem ser tomados ao pé da letra. Um novo artigo, mesmo nos prestigiosos *Lancer* ou *New England Journal of Medicine*, não pode ser considerado isoladamente e virar uma orientação para nossa saúde. Se lermos sobre uma pesquisa de Harvard mostrando que brócolis ou chuchu baixam o colesterol, isso não significa que devamos sair correndo para a quitanda e comprar todo o estoque. Os resultados de uma pesquisa individual são apenas um ponto de partida para a sua replicação. Porém, quando os mesmos resultados são reproduzidos por outros pesquisadores, passamos a ter mais confiança neles.

O que conta, finalmente, é a consistência entre os resultados das pesquisas que se acumulam ao longo do tempo. Quando há uma predominância de estudos mostrando a mesma coisa, aí é hora de acreditar neles. Nesse momento, o leigo no assunto pode, confortavelmente, tomar posição. Enquanto há barafunda de interpretações entre os pesquisadores da área, estamos ainda em uma fase de insegurança e confusão — aliás, coisa normal na história da ciência.

Como discutido na próxima seção, diante de resultados ainda não consolidados ou conflitantes, é mais prudente ouvir quem entende. Ou seja, quem se preparou para opinar ao cabo de longos anos de convivência com o assunto.

Pelé não entendia de pilha de lanterna. Mas, quando falava de futebol, havia que levá-lo a sério. "Influenciador" pode entender de moda, mas há que se perguntar de onde vêm suas opiniões sobre medicina. Em contraste, quando falam pessoas de renome na área, é para ouvir, prestar atenção e tentar encontrar os pontos em que todos concordam. E acontece de tais pessoas declararem que ainda não temos boas respostas.

A marcha da ciência é implacável. No seu laboratório, Hertz conseguiu fazer com que centelhas produzidas em um aparelho fossem captadas por outro semelhante no outro canto da sala. Ali nasceu uma linha de pesquisas que, meio século depois, permitiu a invenção dos rádios. Quando comecei a estudar eletrônica e construir receptores, ficava fascinado de poder ouvir, no fone, estações de rádio transmitindo de outras cidades. Comparado a um telefone celular, com que descaso é visto hoje esse encanto de então?

Assim caminha a ciência. Onde se aplica o método científico, os resultados não são infalíveis, mas são mais confiáveis do que os de quaisquer outras fontes. Descobrir como se transfere o que está nos periódicos especializados para o grande público é um significativo escolho, a ser discutido adiante.

A ciência transformou nossas vidas e continuará transformando, embora não haja garantias de que vai ser sempre usada para o bem. Os novos armamentos estão aí para ilustrar o uso duvidoso da ciência e da tecnologia.

A RAZÃO E O RIGOR: COMPANHEIROS PERMANENTES

Citemos o nosso imortal Vinicius de Moraes: "Mas que seja infinito enquanto dure". Vinicius nos transmitiu com delicadeza as contradições e a complexidade do ser humano. Pela lógica, se é infinito, tem que durar eternamente. Mas, como isso é poesia, as transgressões na lógica e nas palavras são permitidas. De fato, por via dessa sintaxe contraditória, comunica-se o que o discurso lógico não consegue.

Em contraste, no discurso rigoroso e inteligente, há regras no uso das palavras. Se não forem seguidas com rigor, nos desentendemos. Como mencionado, o método científico impõe regras duras ao uso das palavras. Uma coisa é uma coisa, outra coisa é outra coisa — tudo é bem definido e o sentido de cada afirmativa é bem policiado.

Porém, o reino da razão ultrapassa em muito o domínio da ciência. Não é só nos *papers* científicos que deve prevalecer a boa lógica. A filosofia é escrava da lógica, o Direito também. E ambos são puras construções abstratas, e não descrições da realidade. Em um prisma mais amplo, tampouco o discurso inteligente e a troca de ideias sobre quaisquer assuntos podem progredir sem o devido cuidado com a linguagem. Portanto, vamos entender: a boa lógica é essencial em assuntos em que ideias são discutidas.

Seja onde for, se queremos uma troca produtiva de ideias, a lógica escorreita é essencial. Se afirmo que todos os mamíferos têm sangue quente e que meu cachorro é mamífero, então sou obrigado a concluir que ele tem sangue quente. Essa afirmativa é verdadeira em virtude da definição dos seus termos. Com suas regras, é a lógica que impõe tal conclusão. Não tem a ver com observar a realidade, como faz a ciência.

Sem que prestemos muita atenção, até nosso discurso cotidiano é balizado por postulados lógicos. Se a bola é preta, não pode ser, ao mesmo tempo, vermelha ou não preta. Se Mané é mais alto do que Joaquim e este mais alto do que Zé, então necessariamente Mané é mais alto do que Zé. Também, "se duas quantidades são iguais a uma terceira, então são iguais entre si". E por aí afora.

As definições não podem ser porosas. Tem que haver uma fronteira claríssima e inviolável entre o que pertence e o que não pertence à categoria definida. O preço do descuido são as discussões infindáveis e sem avanços na compreensão.

Digo que Fernando Henrique Cardoso (FHC) é socialista. Você retruca que não é. Onde vai parar essa discussão? Em lugar algum, pois não nos pusemos de acordo com a definição de "socialismo". De fato, designa uma farta coleção de movimentos, iniciada faz dois séculos. E são quase todos bem diferentes entre si. Portanto, podemos conjecturar que FHC seria um socialista fabiano. Porém, a palavra também designa o regime que prevaleceu na Rússia por 70 anos. Nessa segunda definição, ele não é socialista.

"Fulano é keynesiano, portanto suas políticas econômicas vão afundar o país". Será? Outra discussão sem paradeiro, pois há a versão clássica, diretamente derivada de lorde Keynes, e outras contemporâneas, bem diferentes.

"A economia está estagnada!" Isso depende do período considerado. Se for nos últimos cem anos, não é o caso, pois cresceu mais do que em qualquer outro país do mundo.

Se for na última década, de fato, as taxas são muito modestas. Outra discussão condenada pela ambiguidade dos termos.

"Este economista é um neoliberal!" Não há uma escola de pensamento econômico que se atribua esse nome. Trata-se de um termo inventado para acusar os supostos simpatizantes de uma doutrina vista como mais presa aos mercados. Sendo assim, não há a mais remota chance de definir precisamente as crenças de quem poderia se enquadrar nesse xingamento. Portanto, discussões usando esse termo não levam a nada.

"Beltrano é um bandido!" Espera aí. Como se define bandido? Qual é a confiabilidade da evidência disponível? Quem decidiu: o juiz ou alguém que postou sua opinião no Facebook e que tem raiva do Beltrano? Se as discussões forem antecedidas por cuidados para definir os termos, serão mais produtivas. No limite, rigor no uso das palavras é também uma vacina anti-*fake news*.

O discurso inteligente e produtivo é escravo da boa lógica, com suas definições precisas e raciocínios claros. Podemos discutir à exaustão, pelo prazer de falar, ouvir as próprias palavras ou ocupar o tempo. Mas, se não formos rigorosos na lógica e nas definições dos termos usados, a serventia fica por aí. Nenhum avanço haverá na compreensão dos assuntos discutidos.

Tropeça nosso raciocínio se violamos postulados da lógica. Sobretudo com pensamentos mais complexos, estamos condenados a nos atolar em um pantanal de palavras.

O Direito não é uma ciência — não descreve uma realidade e não formula hipóteses. Mais precisamente, é um conjunto de proposições, logicamente articuladas, regulando o comportamento das pessoas na sociedade (é mais complicado, mas fiquemos por aqui). Em um plano abstrato, sua criação reflete juízos de valor, derivados de um hipotético contrato social. A sociedade acha que isso é certo e aquilo, errado. E formula leis refletindo esses valores. Quem se desviar das normas pode ser punido. Lógica pura.

Contudo, na sua aplicação, começam os julgamentos subjetivos. O acusado tinha boas razões para perder as estribeiras? Ou os motivos eram frívolos? Com efeito, diante da complexidade de muitas situações concretas, ao aplicar a lei, é inevitável que entrem em cena juízos de valor. Portanto, podemos pensar que o Direito tem momentos de julgamentos subjetivos e momentos de lógica pura.

Consideremos existir uma lei afirmando que a invasão de locais públicos é crime punível com prisão. Se há evidência incontornável de que alguém fez isso, podemos concluir que sua prisão é uma conclusão lógica. Não há como contestar. É uma aplicação imediata dos princípios do Direito.

Se deveria existir tal lei, é um juízo de valor. Se o juiz deve ser rígido quanto a esses crimes e fazer vista grossa às invasões do Movimento dos Trabalhadores Rurais sem Terra (MST), esse é também um juízo de valor. De fato, tais decisões nem se comprovam pela ciência, nem pela lógica. O papel do juiz é navegar com serenidade e isenção pelas muitas situações em que o peso dos juízos de valor é grande.

Afirmamos antes que é preciso separar juízos de valor de afirmativas de como é e como funciona o mundo real. Nesta seção, complementamos esse princípio, afirmando que, em muitos campos do conhecimento, o que está em disputa é a boa lógica do raciocínio. Por exemplo, na filosofia e no Direito, opera-se com construções lógicas que não são descrições da realidade. E, naturalmente, essas arquiteturas lógicas também precisam de um tratamento rigoroso e têm de ser separadas de opiniões ou juízos de valor.

Em resumo, o palco das discussões varia. A ciência lida com a validade das descrições da realidade, que, por sua vez, dependem do cumprimento das exigências do método. Nas proposições apenas encadeando ideias, sua validade depende da boa lógica, o que quer que seja o mundo real. Finalmente, temos aquelas proposições que refletem julgamentos e opiniões. Essas últimas, podemos discuti-las, porém não há como demonstrá-las como certas ou erradas. O bom discurso não confunde essas três categorias.

D. A GRANDE CAÇADA ÀS *FAKE NEWS*: QUE AUTORES MERECEM CONFIANÇA?

Como dito e repetido, pesquisadores de primeira linha concordam: o método científico é uma das maiores conquistas da humanidade. Quando consideramos os benefícios trazidos pela ciência, é difícil discordar. Considere-se apenas que, no início do século XX, no Rio de Janeiro, as pessoas viviam, em média, 25 anos. Hoje vivem três vezes mais. Isso se deve a avanços na ciência médica e na engenharia sanitária.

Como já sugerido, embora não se trate de transformar todas as nossas perguntas em temas de pesquisa científica, as regras do método se revelam muito úteis nas nossas indagações e discussões cotidianas. Quanto mais rigor, clareza e respeito à realidade observada, mais produtivas serão tais discussões. E menos bobagens diremos.

> Defendemos aqui a tese de que o método científico oferece também uma orientação preciosa, até nas conversas sérias de botequim.

Contudo, as maneiras de se apropriar dos resultados da ciência são um pouco diferentes, como explicaremos em seguida.

Se o método científico se revelou tão potente, deve ser também útil para os assuntos controvertidos que lemos nos jornais ou observamos na rua. De fato, é assim, mas há uma grande diferença.

A ciência de hoje tornou-se muito especializada. Tenho um doutorado em economia. Mas apenas entendo em profundidade uns poucos *papers* da última *American Economic Review*. Portanto, não podemos esperar do público que consulte fontes incompreensíveis até para cientistas de áreas próximas. Sendo assim, o caminho tem que ser outro.

Desembocamos no problema de traduzir a pesquisa séria em conceitos que todos ou quase todos possam entender. É isso que explora este capítulo.

Para o método científico, na sua aplicação clássica, não interessa quem é o autor, sua ideologia, onde publicou e tudo mais. No limite, nem importa a retidão do seu caráter. Se as pesquisas médicas conduzidas durante o nazismo estiverem metodologicamente impecáveis, por odiosos que fossem o regime e os pesquisadores envolvidos, há que aceitar seus resultados. De fato, alguns princípios da reação do corpo humano à hipotermia resultaram desses estudos, realizados em condições odiosas. A proposição científica não se apoia em reputações ou em caráter, mas na boa análise dos dados coletados.

Os dois prêmios Nobel de Linus Pauling não o protegeram de seu engano quanto ao efeito da vitamina C nos resfriados. As pesquisas mostraram que estava errado. E um médico de roça australiano demonstrou que antibiótico cura úlcera, ao arrepio das primas-donas da época.

Mas, como dito, mesmo dentro das subáreas da nossa profissão, já não entendemos tanto os artigos acadêmicos publicados. Sendo assim, consultá-los é uma receita que não serve para um leigo no assunto, por mais bem-educado que seja. E assim somos todos, afora em alguns poucos campos do conhecimento.

No nosso cotidiano, temos que formar opinião sobre múltiplos assuntos. Alguns são sobre valores ou ideologia. Sobre eles, a ciência nada tem a dizer.

E há os assuntos que não justificam gastar tempo. Será que esta pasta de dente é melhor do que as dos concorrentes? Eis uma pergunta que pode ser respondida pela ciência. Mas dificilmente pensaríamos que se justifica tentar respondê-la nós mesmos. Nosso tempo é limitado. Ademais, em muitos casos, não é suficiente nosso conhecimento técnico.

Ao longo de um só dia, tomamos dezenas de decisões em assuntos em que a ciência teria a última palavra. Levo guarda-chuva? Será que estou comendo gordura demais? Preciso perder peso? Por que me deu essa dor nas costas? Esse será o melhor exercício para mim? Qual é o melhor xampu para o meu cabelo? Em que loja encontro os melhores preços para comprar um sapato novo? Onde vou investir o dinheiro que economizei?

É verdade. Mas, se tentarmos buscar as respostas confiáveis para cada uma dessas perguntas, nosso dia vai ficar um inferno e não conseguiremos fazer quase nada. Isso porque leva tempo para descobrir qual é a fonte mais confiável para responder às nossas perguntas, sem falar da dificuldade de decifrar leituras técnicas complicadas.

No fundo, faz mais sentido ir improvisando ao longo do dia, mesmo que compremos o sapato mais caro e fiquemos sem saber qual é o melhor xampu. Contudo, nessa sucessão interminável de decisões cotidianas, há algumas que são verdadeiramente importantes. Claro, depende de cada um, mas, por exemplo, as questões de saúde e da nossa carreira — estudantil e profissional — merecem o tempo necessário para ter boas respostas. Igualmente, não queremos ser enganados por *fake news* em assuntos que polarizam a sociedade naquele momento.

 Sabemos que a fonte mais confiável é a pesquisa acumulada sobre o assunto. Mas a tradução para uma linguagem comum é cheia de escolhas e perigos.

Diante disso, vejamos algumas regras simples. Se o assunto é importante, ouvir leigos é erro primário. Quase não seria o caso de mencionar, não fosse a frequência com que isso ocorre. E devemos ser céticos diante do que pontificam alguns "influenciadores".

Se nos falta fôlego ou conhecimento para avaliar assuntos que nos afetam pessoalmente ou a sociedade em que vivemos, há uma outra solução. Devemos escolher criteriosamente aqueles que vão fazer isso para nós. Qual é a sua formação? Como são vistos nos meios científicos? Publicaram em periódicos de sólida reputação? Se andam na contramão de outros cientistas respeitados que lidam com o mesmo tema, ficamos sabendo que o assunto é controvertido. Que bibliografia citam? Seu conhecimento é naquele campo específico que discutimos? Na verdade, prêmio Nobel de economia falando de DNA recombinante não merece credibilidade. E, mesmo que eu seja uma grande autoridade em aramaico, não consigo entender um texto em norueguês. Cada coisa é cada coisa.

Sobre credibilidade, tomemos o caso de Anthony Fauci, que foi o guru do governo americano encarregado de acompanhar a covid. Acreditamos nele? Na realidade, merece menos confiança pela sua posição oficial do que por ser o 12º americano mais citado em publicações científicas. E seu campo de interesse é imunologia, uma área próxima. Para ser objeto de tantas citações, dedicou a esse tema toda a sua carreira. É razoável crer que não queira comprometê-la com leviandades motivadas pelo momento político. É óbvio, ele pode errar e já errou. Mas temos que fazer nossas apostas. Que currículo têm as pessoas que discordam dele? Sempre podemos ser iludidos ou sofrer desapontamentos. E o melhor que podemos fazer é avaliar a trajetória de quem vai merecer a nossa confiança.

Vejamos agora o caso do nosso Congresso, que longamente ouviu um "consagrado perito" em questões de meio ambiente. Porém, ao examinar seu currículo, revelou-se que suas pouquíssimas publicações em revistas científicas sérias eram sobre outro assunto. Ou seja, sua competência no tema não foi demonstrada. Portanto, não merece a credibilidade que teve.

Vale também mencionar um outro exemplo, ocorrido durante as batalhas na imprensa e nas redes sociais acerca da covid. Esse caso vem de uma associação que repudia a inoculação de vacinas em crianças. Afirma que "21 estudos científicos comprovam riscos muito maiores do que os benefícios nos experimentos vacinais em crianças. Compartilhe, não peque por omissão".

A se notar, o tema é legítimo. Quem sabe há contraindicação mesmo?

Não obstante, das fontes citadas no artigo, apenas três estão em publicações médicas que atendem às exigências usuais para publicação. E nenhuma delas lida com a tese apresentada. De fato, são estudos sobre outros assuntos. As restantes 8 são entrevistas, notícias de jornais e canais do YouTube. São fontes despidas de qualquer credibilidade na ciência.

No caso, não se trata de concordar ou discordar da proposta de vacinar crianças. Não temos elementos para isso. O que podemos fazer, mesmo sem entender nada do assunto, é registrar que não foram apresentados 21 estudos confirmando o perigo alegado. As referências apresentadas são de total ilegitimidade para dar credibilidade à tese. Nesse caso, não estamos diante de estudos científicos dizendo o que quer que seja sobre o assunto. Portanto, pode até ser verdade, mas não é crível o que foi brandido como evidência.

Vejamos outra notícia divulgada pelas redes sociais: entre os fuzileiros navais americanos que tomaram a vacina de covid, observou-se um crescimento assustador nos casos de enfartes e outras enfermidades graves. Não duvidemos do número, deve ser verdadeiro, pois os autores de *fake news* sabem que um ponto de partida bem documentado torna o argumento mais persuasivo. Mas suponhamos que dobraram os casos de enfarte dos vacinados. Preocupante, não? Nem tanto, pois há uma distância entre o que tenta demonstrar o estudo e a incidência dessa doença nas populações mais idosas. Como esses soldados têm uma saúde excepcional, os problemas cardíacos quase não ocorrem. Quem sabe, no ano passado morreu um vacinado e nesse ano, dois. É obvio, dobrou a incidência. Contudo, foram dois soldados mortos, dentre os milhares que pertencem a essa tropa. Estatisticamente, é um ruído despido de qualquer significância. De tão pequeno o número, não permite concluir coisa alguma, mesmo para os soldados do quartel. Em contraste, se dobrassem as mortes em uma população de idosos, seria uma catástrofe, já que é a principal causa de falecimentos nessa faixa etária. O exemplo com soldados nada diz, nem no quartel, nem para o público em geral.

A lição é clara. Em muitas situações, não temos condições de avaliar o que diz a ciência. E, ainda menos, de deslindar truques estatísticos concebidos para enganar os leitores. Sendo assim, é estultice ir acreditando no que aparece pela frente. Nesses casos, *temos que escolher cuidadosamente em quem confiar*. Ou seja, *avaliamos a credibilidade das pessoas, já que não é viável consultar os estudos diretamente* — seja pela dificuldade de encontrá-los, seja pela dificuldade de interpretar o que dizem.

Em conclusão, há um critério essencial na avaliação da confiança que uma notícia ou uma informação merecem:

 ## QUE REPUTAÇÃO O AUTOR DO ARTIGO TEM A PROTEGER?

Ser uma pessoa de bem e respeitada pela sua seriedade é um bom começo. Mas não é o bastante. Quando economistas de boa formação e currículo, como Delfim Netto ou Edmar Bacha, falam de dívida externa, é diferente de um padre falando do Fundo Monetário Internacional (FMI) ou de um bispo falando de um tratado de comércio, por ilibadas que sejam suas reputações como religiosos. Os primeiros se dedicaram profissionalmente a esses assuntos. Os outros, não. É tolo acreditar automaticamente nos deuses da economia. Mas devemos dar pouco crédito à opinião de quem não se submeteu à disciplina de estudar o assunto por muitos anos.

Um caso curioso é o de Noam Chomsky, considerado um dos maiores linguistas de todos os tempos. Mas, quando pontifica sobre economia e política, tende a ser ingênuo ou simplista (meu julgamento).

Parte da boa pesquisa sai em livros — caso típico é o campo da história ou o da etnografia, que requerem longas descrições. Em alguns livros, pode haver também um tratamento mais abrangente de pesquisas que se acumulam. Ou podem existir livros já voltados para um público mais amplo. Esses são os que nos interessam, como leigos no assunto. Sendo assim, o peso intelectual dos seus autores é um primeiro filtro de credibilidade. É a mesma ideia: se não conseguimos penetrar nas minudências da ciência, o melhor que podemos fazer é escolher em quem confiar.

Há livros tão intransponíveis quanto a literatura usual nos periódicos científicos. Por outro lado, há uma boa proporção deles medianamente acessível. Outros são claramente voltados para um público que não é especializado na área. Em qualquer caso, a regra mais simples é questionar a reputação do autor.

Grandes cientistas, como Albert Einstein, além dos seus artigos que poucas pessoas no mundo entenderam, publicaram livros tentando traduzir as ideias em prosa mais compreensível. Stephen Jay Gould tem livros interessantíssimos sobre biologia. Carl Sagan, sobre astronomia. Yuval Harari escreveu uma história da humanidade (*Sapiens*) que já vendeu 25 milhões de exemplares. São livros em que a reputação do autor no campo científico confere confiança ao que afirma. Porém, são escritos de forma compreensível para um público não especializado.

E há também jornalistas especializados em temas científicos. Em geral, têm uma boa formação técnica na área em que escrevem. Trata-se de outra fonte de informações que merece confiança.

Paul Tough, citado na bibliografia deste livro, é um jornalista do *New York Times* que se voltou para temas educacionais, sendo capaz de traduzir ideias poderosas em linguagem simples. Seu livro *Como as crianças aprendem* foi um grande sucesso.

Um caso curioso é o livro *Fixe o conhecimento*, também aqui citado. Seu autor principal, P. C. Brown, é um romancista. Portanto, faltam-lhe credenciais para escrever sobre educação. Contudo, foi contratado por um time de professores que passou mais de 10 anos pesquisando processos de ensino e aprendizagem. Eles queriam um texto leve, sem cacoetes técnicos. A combinação da competência técnica do grupo com um autor de novelas de ficção gerou um livro sério, confiável e agradável de ser lido.

Ainda mais bizarro é Michael Crichton, ex-professor de biologia de Harvard que foi, lentamente, derivando para novelas de ficção e filmes. Quase sempre, por trás do enredo há temas científicos. Ficou famoso pelo roteiro do filme *Jurassic Park* — e, depois, de muitos outros. Quase todos os seus livros estão apoiados em ciência sólida, embora inclua também voos da imaginação e saltos inverossímeis. Aliás, no prefácio do livro *Linha do tempo*, adverte aos leitores que toda a obra é baseada na melhor pesquisa histórica existente, com exceção da "máquina do tempo", um aparelho cientificamente impossível. Mas era necessária para levar os seus heróis à Idade Média Tardia, em que acontecem as aventuras. E estas nos oferecem uma ideia da vida cotidiana desse período em uma cidade da Provença (França). Tudo baseado na melhor historiografia recente.

Quando eu ministrava cursos de metodologia científica em mestrados, a leitura do seu livro *O enigma de Andrômeda* era obrigatória para os meus alunos. Trata-se de um livro

196

de ficção, mas que é uma instigante aula de método científico para identificar a origem das mortes em uma cidadezinha onde caiu um foguete espacial.

Essas obras mais leves merecem séria consideração, em que pese a necessidade de cuidados na sua escolha. Perguntemos sempre: quem são os autores? O que sabem do assunto? Que reputação têm? Crichton e Jay Gould eram professores de Harvard. C. Sagan, de Harvard e Cornell. Harari, da Universidade de Jerusalém. Todas têm critérios rigorosos na contratação dos docentes. Os mesmos cuidados se aplicam a outros meios de comunicação. Não é o caso de desmerecer quem não pertence ao Olimpo dessas universidades. Mas, para um leigo, estar lá é um indício de legitimidade.

Aprendendo nesse naipe de livros, estamos relativamente seguros. Esses autores têm uma carreira e uma reputação a proteger. Por isso, têm que ser cuidadosos.

Mas passemos agora a assuntos do cotidiano. Aqui começam ciladas mais perigosas.

Vasculhando o YouTube em busca de notícias sobre a Guerra da Ucrânia, emerge uma larga e pitoresca coleção de personagens. Quais merecem confiança? Não é fácil saber. Para sugerir o tipo de perfil mais confiável, vejamos o caso de um comentarista que é coronel da ativa e professor da Escola de Estado Maior do Exército da Dinamarca. Seu trabalho é, justamente, estudar esses conflitos. Estará sempre certo? Não, mas é uma aposta melhor do que ouvir alguém cuja trajetória nos inspira menos confiança ou é desconhecida — como um piloto comercial ucraniano que tem um YouTube diário. O coronel está em uma posição de responsabilidade, e sua vida profissional é examinar esse mesmo assunto. Alguma credibilidade merece, já que a sua reputação está em jogo.

Vejamos uma outra série de vídeos, também pescados no YouTube. O autor é um sargento americano que combateu 10 anos no Afeganistão. Ao comentar as grandes estratégias russas na Guerra da Ucrânia, suas observações podem ser interessantes, mas não merecem tanto crédito. Porém, ele conhece intimamente as táticas de campo de batalha, pois lá esteve. Em seus comentários a um vídeo russo sobre uma patrulha no aeroporto de Kiev, mostrou que os soldados se moviam de forma muito vulnerável a um contra-ataque. Arriscavam-se desnecessariamente por não tomarem posições defensivas. Essa percepção merece ser levada a sério, pois de campo de batalha ele entende.

Quase não necessitaríamos dizer: não estamos sugerindo comentaristas disso ou daquilo. Apenas usamos exemplos concretos a fim de demonstrar critérios de bom senso para lidar com esse tipo de mídia.

Repetindo o mote desta seção: se as fontes científicas são obscuras ou complicadas, a melhor alternativa é nos assegurarmos de que estamos ouvindo alguém que entende do assunto e tem uma reputação em jogo. Ao longo do texto, buscamos identificar indícios ou pistas que nos levam a gente que merece mais confiança.

E. A GRANDE CAÇADA ÀS *FAKE NEWS*: QUE PUBLICAÇÕES MERECEM CONFIANÇA?

Os artigos científicos, a mídia e até as redes sociais nos informam. Mas podemos ser enganados por todos eles. Na seção anterior, falamos sobre a credibilidade que merecem os autores. Aqui, passamos à avaliação dos locais de publicação. O objetivo é sempre ajudar os leitores a desenvolver uma leitura cautelosa e judiciosa do que lhes chega cotidianamente. E, nos dias de hoje, chega aos borbotões.

O princípio aqui proposto é simples: algumas publicações merecem mais confiança do que outras. Quais serão elas? Como identificar?

No extremo superior da credibilidade, estão os periódicos científicos sérios. De fato, eles aplicam critérios bastante rígidos antes de publicar os artigos que recebem. Nos periódicos acadêmicos, é tudo mais explícito e sujeito a regras bem rigorosas. Portanto, erram menos os que lá publicam. Sendo assim, são fontes mais confiáveis.

Após a sua análise, passaremos para os jornais diários. No fim da linha da confiabilidade, estão a internet e as redes sociais.

O que podemos dizer das publicações científicas? Existem cerca de 30 mil periódicos nessa categoria. Inevitavelmente, não é possível entender muito do que neles se escreve. E ainda menos ser capaz de identificar fragilidades metodológicas.

Que confiança merecem? Não devem ser todos igualmente criteriosos no que publicam. A notícia boa é que não estamos totalmente perdidos diante dessas dúvidas.

As revistas sérias têm conselhos, compostos de figuras renomadas no seu campo. A reputação dessas pessoas é a primeira linha de respeitabilidade do periódico. Como são pessoas com uma reputação a defender, não querem ver seu nome em revistas que publicam tolices, irrelevâncias ou abrigam autores que se enredam em controvérsias frívolas. Em alguns casos, os membros dos conselhos ameaçam sair, ou saem, se percebem falhas nos critérios de publicação. Isso até já aconteceu comigo. Como conselheiro de um periódico científico, reclamei da qualidade de alguns artigos e disse que queria sair. Parece que surtiu efeito: pois a revista passou a tomar mais cuidado na seleção. **>>**

Porém, o maior divisor de águas nos periódicos científicos é o mecanismo pelo qual se decide se um artigo submetido será publicado. O critério mais confiável e mais praticado é a avaliação pelos pares (*peer review*). Nesse sistema, os artigos recebidos são enviados para, pelo menos, dois cientistas de notório conhecimento no assunto. Eles recomendam ou não a publicação. Porém, a identidade do autor é desconhecida dos avaliadores. O autor também não sabe por quem está sendo avaliado. É o chamado "duplo cego" (*double blind*). As avaliações são então enviadas à redação, que decide publicar ou não (alguns desses leitores fazem sugestões ou impõem alterações como condições para recomendarem a publicação). Com certeza, trata-se de um instrumento poderoso.

Mas uma enorme desvantagem desse sistema é o tempo que leva esse processo de consulta. De fato, quanto mais elevada a reputação de quem avalia, mais ocupado tende a ser. Sendo assim, um ano não é um tempo desmesurado para o intervalo entre receber o artigo e ele sair publicado. Em geral, pode levar mais tempo.

Diante disso, criaram-se publicações que divulgam pesquisas ainda não aprovadas para publicação no periódico ao qual foram submetidas. São os chamados *preprints*, ou pré--publicações (três termos em inglês em uma única página! Mas não nos esqueçamos: nos dias de hoje, inglês é a língua da ciência). Note-se: *preprints* se referem a artigos submetidos aos periódicos sérios. Não é qualquer *paper* que aparece por aí.

Em assuntos candentes, os *preprints* são indispensáveis ao bom fluxo das pesquisas, pois não dá para esperar mais de um ano. Desde que se entenda que não passaram pelo crivo sério dos pares, sua utilidade não pode ser contestada. Podem ser interessantes, desafiadores ou criativos. Mas sua credibilidade está aquém da primeira barreira. Citá--los, só com advertências de que ainda não têm qualquer evidência externa de credibilidade. Nas discussões responsáveis, vemos sempre dito: "No *preprint* de Fulaninho, ele afirma que...". Os leitores ficam assim sabendo do caráter preliminar da fonte citada.

Há milhares de periódicos satisfazendo a essas duas condições (conselho de cientistas conhecidos e *peer review*). Diante de tantos, em quais acreditar mais? Para nos ajudar, há outros filtros de qualidade. Existe uma publicação que tabula a proporção de artigos citados entre aqueles que são publicados em cada periódico científico. É chamada de *Citation Index*. Uma revista em que é grande a proporção de artigos citados por outros pesquisadores pode ser considerada de melhor qualidade. São fracas as que têm poucos dos seus artigos aparecendo nas notas de rodapé de outros cientistas.

Para facilitar, há também as listas dos periódicos mais respeitados em cada área. Tais avaliações podem ser facilmente encontradas na internet. Por exemplo, em medicina, *Lancet* e *New England Journal of Medicine* estão sempre no topo delas.

Há periódicos sérios que não operam com sistemas formais de *peer review*. Mas, para quem não é do ramo, fica mais difícil a sua identificação.

Em geral, as boas revistas são especializadas, isto é, cobrem apenas um ramo da ciência (economia, biologia, física, etc.).

O conjunto desses periódicos compõe os canais para circular a ciência produzida. E, como já mencionado, para ter credibilidade, os estudos devem seguir procedimentos que, de tão complicados, cientistas de outras áreas não são capazes de acompanhar.

Se é assim, o que pode fazer um leigo diante disso tudo? Há um caminho óbvio, várias vezes mencionado aqui. Podemos não entender bem a metodologia que gerou os resultados, mas, se forem publicados nos periódicos com *peer review*, merecem mais credibilidade. Porém, há dois deles que são genéricos, mais fáceis de serem entendidos e têm enorme prestígio: *Nature* e *Science*. Uma pesquisa que sai nessas revistas deve ser levada a sério — o que não significa acreditar cegamente no que diz, pois a dúvida sistemática é a marca da boa ciência.

Houve um caso famoso de um professor americano de nome Alan Sokal. Ele publicou um artigo em uma revista prestigiosa ligada a grandes vestais das ciências sociais. Logo após sair a revista, convocou a imprensa para revelar que o artigo não passava de um amontoado de asneiras, vestidas em linguagem grandiloquente e nebulosa. Propositalmente, era tudo sem sentido. Foi um escândalo e um embaraço para as "sumidades" associadas à revista. Um debate zangado se prolongou por muitos anos.

Há duas lições importantes desse caso. A primeira é a vulnerabilidade, mesmo de revistas sérias. A ciência pode falhar e cair de quatro. No caso citado, tratava-se de um artigo de física que foi lido e aprovado apenas por cientistas sociais — uma falha clamorosa. A segunda é que um tal escândalo não passa impune. O caso é até hoje lembrado, e foram enérgicas as providências tomadas para evitar a sua repetição.

É verdade, os avaliadores também se enganam. Em outros casos, pode mesmo haver fraude deliberada dos autores. Daí os casos de artigos "despublicados", por se descobrirem faltas graves. Há retratações das revistas ou dos autores. Mas, se pensamos em probabilidades, as chances de erros no que sai nesses periódicos são muitíssimo menores do que em quaisquer outras publicações que existam na face da Terra.

Sendo assim, há uma regra básica. Se foi publicado em revistas com *peer review*, merece bem mais confiança do que se saiu em outras menos rigorosas nos seus critérios de aceitação.

Como já mencionado, os artigos dos periódicos científicos são pouco inteligíveis, exceto para outros pesquisadores da área. Sendo assim, para chegar a um público que teria interesse em conhecer os seus resultados, há boas revistas de divulgação. Preservam-se as ideias centrais e a conclusão da pesquisa. Mas omitem-se longas revisões de literatura, amostragem, técnicas estatísticas, bem como algumas palavras que só entende quem é da área.

As revistas mais famosas, *Nature* e *Science*, são ainda muito técnicas para muitos leitores. Mas a *Scientific American*, já centenária, é um belo modelo de revista que traduz com rigor e estilo direto os resultados das pesquisas. Há uma edição brasileira dela, além de haver outras no Brasil ainda mais acessíveis, como *Ciência Hoje*, *Pesquisa FAPESP* e *Superinteressante*.

Alguns bons jornais e revistas semanais têm colunas voltadas para noticiar avanços das ciências. E há cientistas de sólida reputação escrevendo ensaios nos jornais. No Brasil, Fernando Reinach é um bom exemplo. Como se pode imaginar, são fontes de notícias razoavelmente confiáveis. No limite, podem ter a mesma confiabilidade das revistas *Scientific American* ou *Pesquisa FAPESP*.

No fundo, nem o avião que caiu é uma notícia 100% confiável. Há possibilidades de que a história tenha sido inventada, e a foto pode ser de outro acidente. Afinal, Hitler e seu Estado Maior acreditaram nos documentos secretos encontrados em um naufrágio na Espanha. Mas foi tudo forjado para iludir os alemães. E quem com mais imaginação para conceber tal esquema? Nada menos do que Ian Fleming, que pertencia ao serviço secreto inglês. Mais adiante, dedicou-se a escrever os livros de James Bond.

Na prática, não temos boas razões para duvidar de que o avião caiu. Não há tempo para duvidar de tudo. Confiamos também em muitas outras notícias que nos chegam sem parar. Em alguns casos, o assunto não nos interessa muito. Em outros, não temos tempo ou disposição para verificar.

Porém, em assuntos mais relevantes para nossa vida (saúde, por exemplo) ou para nossa sociedade (assuntos de política ou economia), devemos tomar muito cuidado.

Como até poderia ser deduzido do que já foi dito, há critérios bons e simples para avaliar a confiança que merecem as notícias.

Na seção anterior, falamos da reputação dos autores. Aqui focalizamos o prestígio e a seriedade da publicação na qual saiu a matéria em consideração. Em termos simples, devemos acreditar mais naquilo que sai em fontes mais confiáveis.

F. APRENDENDO A LER JORNAIS: NOTÍCIAS E OPINIÕES, OMISSÕES E EXCLUSÕES

Na ciência, as publicações são mais confiáveis. Porém, são difíceis de entender e de acesso mais trabalhoso. Sendo assim, precisamos também ser abastecidos de notícias pelos jornais, revistas, televisão, internet e redes sociais. Para não sermos vítimas de ciladas ou de inocentes mal-informados, esta seção se detém na mídia tradicional. As seguintes examinam o pandemônio das redes sociais.

Tomemos uma distinção bem tradicional no jornalismo. Há notícias, e há opiniões. São bichos bem diferentes. Trata-se de uma discussão paralela à que apresentamos ao mostrar a diferença entre juízos de realidade e juízos de valor. São termos quase equivalentes.

Comecemos com algumas notícias típicas, os fatos: o avião caiu, a inflação subiu, o político foi preso em flagrante. São eventos que podem ser comprovados. Aparece a foto dos destroços do avião, com seu prefixo. Há medidas estatísticas sofisticadas e confiáveis para mensurar o custo da vida. O político tinha dinheiro escondido na cueca, foi pego e autuado. Até pode haver erros ou imprecisões na notícia, o que não é incomum. Porém, estamos diante de descrições de uma realidade que não pode ter duas versões. No fim das contas, o avião caiu ou não caiu.

Na categoria das opiniões, o jornalista afirma que a gestão de tal prefeito foi péssima. Trata-se de um julgamento, baseado em uma multidão de observações sobre a trajetória do dito prefeito. Pode haver dados concretos da sua gestão — como o crescimento da economia. E haverá muito mais sendo considerado — a exemplo da maneira como enfrentou uma greve e sua decisão de contratar tal secretário. Combinando tudo, o jornalista chega a um julgamento da gestão do prefeito, refletindo vários aspectos, cada um com seu peso. Mesmo que considerássemos apenas os fatos, já entraria aí a opinião do jornalista, ao dar mais importância a este ou àquele. Não é possível, ainda que com a ciência mais poderosa, demonstrar se o seu julgamento é correto ou não. Há valores e opiniões em jogo. E não há nada de escandaloso em ter opiniões e apresentá-las aos leitores. Faz parte da boa tradição jornalística.

Mas, pelos princípios do bom jornalismo, é preciso separar o fato da opinião de uma forma que fique clara para os leitores. Nos exemplos anteriores, espera-se que fique claro serem peças de opinião.

É interessante registrar que o *New York Times,* por muitos considerado o melhor jornal do mundo, tenta explicar aos seus leitores essa diferença. Propõe exercícios práticos usando matérias publicadas. É quase uma aula de como ler o próprio jornal.

Quando nos referimos aos fatos, não há muito espaço para discussões filosóficas, embora possa haver erros na sua observação ou descrição. Mas, em última análise, são verdade ou não, e isso é quase sempre possível comprovar, ainda que leve tempo. Ao longo da história, muitas teorias pipocaram quanto ao que estaria do lado da Lua que é invisível para os terrenos. Com os voos espaciais, chegou o dia de mostrar, de forma irrefutável, qual hipótese era a correta. Sobreviveu uma, e morreram todas as outras teorias. Não importa quem acha o quê, os fatos se impõem.

Citemos um caso antigo do *New York Times*, até meio ridículo. Foi comunicado ao jornal que um aluno de Yale estava batendo o recorde de permanência no chuveiro. Vários dias sob a ducha, dia e noite. O jornalista deu-se ao trabalho de ir à secretaria para ver o registro de frequência às aulas do grande herói. Estava lá a sua assinatura, demonstrando que havia assistido à aula — em vez de estar no chuveiro. Muitos jornais noticiaram a proeza, o *Times* ficou silencioso.

Em situações mais usuais, quando os jornais erram em análises factuais, quase sempre é por deficiências técnicas dos jornalistas.

Por exemplo, comparando as médias do Enade entre dois períodos, alguns jornalistas concluem que o ensino superior piorou (ou melhorou). No caso, desconhecem que essas provas não são comparáveis de ano a ano. Portanto, não permitem dizer nada a respeito de melhoria ou perda de qualidade do ensino superior ao correr do tempo.

Em contraste, tratando-se de opinião, por trás estão valores. Por exemplo, ao julgar um prefeito, o jornalista pode partir da posição de que honestidade pessoal é muito mais importante do que bons resultados. Por ser escrupuloso no seu comportamento ético, conclui que esse prefeito é bom. Ou, o inverso, conta o desempenho, apesar de escorregões morais. No fundo, não há como demonstrar "cientificamente" que um valor deve ter precedência sobre o outro. Cada um é cada um, e devemos reinterpretar a afirmativa à luz dos nossos próprios valores.

Podemos avaliar a qualidade de um jornal pelo cuidado com que separa as duas categorias de afirmativas. Como convenção, entre os sérios, os fatos são apresentados sem autor. Sua veracidade é responsabilidade do jornal. Não deve refletir valores, apenas descrever a realidade: foi preso o político e enquadrado na lei. Não está em julgamento se a lei é boa ou se as desculpas do político têm cabimento. São fatos em jogo.

Quando os bons jornais emitem opiniões, a matéria é assinada ou está nos editoriais da redação. Ali se fazem julgamentos e tomam-se posições, tais como: "É inaceitável que esse político não seja rigorosamente punido". Fica claro que tal afirmativa vai além dos fatos. Ao dizer que tal comportamento é absurdo e injustificável, os responsáveis estão fazendo um juízo de valor. Nada errado nisso, desde que a separação fique clara. Os fatos temos que aceitar (com a ressalva de um eventual tropeço do jornal). Com as opiniões, podemos concordar ou discordar. São valores em jogo.

Mas, infelizmente, nem todos os jornais e revistas fazem essa separação de forma sistemática e explícita. Obviamente, devemos dar preferência aos que são mais estritos nessa demarcação do que é o quê. Seja como for, temos que aprender a separar as duas coisas, mesmo que o jornal não o faça.

Podemos e devemos examinar nossos próprios valores. Por que acreditamos nesse ou naquele princípio? Que precedência tem um sobre outro? Cultura, bom senso e uma boa educação pesam nessas definições pessoais. Porém, tal introspecção nada tem com ciência e com fatos demonstráveis.

Tradicionalmente, jornais como *Folha de S. Paulo*, *Estadão*, *O Globo* e *Valor Econômico* são considerados jornais de melhor qualidade. Tendem a ser cuidadosos ao apresentar os fatos. Ou seja, não inventam estatísticas, não deixam de registrar a eventual fragilidade de certos dados ou fontes e apresentam análises razoavelmente bem conduzidas. Obviamente, há outros jornais sérios; os citados não têm monopólio nesse aspecto.

Como boa regra para a nossa formação, devemos considerar duas características inamovíveis da imprensa. A primeira é que notícia boa não vende jornal. Os jornalistas não privilegiam notícias ruins por alguma falha de caráter. Somos nós os desinteressados em notícias boas. A ponte caiu é notícia. A ponte está firme não é notícia. Essa é uma constatação muito bem conhecida e documentada. Sendo assim, cabe a nós próprios não nos deixarmos levar por um pessimismo gerado pela enchente de calamidades exibidas nas páginas dos jornais. Jamais nos esqueçamos: há muitas boas notícias. E, quase sempre, não foram dadas.

A segunda característica é que, em jornais minimamente sérios, a alternativa não é entre verdade e mentira. O que está em jogo é o que noticiar e o que omitir. Poucos distorcem grotescamente ou inventam. Mas todos dão mais notícias dos aspectos negativos de quem não gostam, omitindo os favoráveis. No fundo, por trás da notícia, quase sempre há um grande jogo de incluir ou excluir. O convencimento não se obtém mentindo ou distorcendo a realidade, mas selecionando o que sai e o que não sai na notícia.

Já aconteceu: um deputado sério propôs uma lei infeliz. No caso, regulamentar a profissão de astrólogo. A imprensa aliada pode aceitar o tropeço, mas fala também dos acertos em outras leis. A oposição massacra a nova proposta ruim, mas ignora as outras leis boas propostas.

204

Nas guerras, os jornais mostram enfaticamente as mortes dos inimigos e os aviões abatidos. Mas pouco dizem sobre as perdas dos aliados.

Este é o jogo dos jornais: dar notícias ruins e selecionar os fatos que serão publicados. O nosso jogo é ler nas entrelinhas. Nem ser invadidos por um pessimismo mortal, nem ignorar o que não foi dito.

Falamos até agora em separar fato de opinião. Não vai daí que os jornais sejam "neutros" e não tenham posições políticas. De fato, o próprio conceito de "neutralidade" é problemático. Para não entrar em polêmicas sobre os nossos jornais e revistas, podemos sair do Brasil e dizer que o *New York Times* é mais de esquerda do que o *Wall Street Journal*. O *The Economist* é mais de direita, e o *Le Monde* mais de esquerda. Daí que suas matérias sejam filtradas pelos princípios das suas linhas editoriais.

Ao comentar fatos e eventos, eles tendem a convergir em descrições equivalentes. Contudo, na hora da interpretação, emergem as diferenças. O *Wall Street* poderia atribuir a uma distração alguma gafe de Donald Trump. Já o *New York Times* sugeriria que é despreparo. São opiniões, claramente influenciadas pela posição do jornal.

Os jornais dizem que subiu a inflação. Não há discrepância entre eles. Todos alinhados com as mesmas estatísticas. Mas um pode achar que o mais importante é controlá-la, pois desregula toda a economia. Já outro pode afirmar ser melhor conviver com ela e assim ter mais recursos para os necessitados e desempregados. Há concordância com os fatos e discrepâncias de opinião sobre o que fazer. Isso não é uma falha da imprensa, pois a discussão existe e não há como evitá-la. De fato, dizer que jornais tomam posições é só uma constatação das regras que regem seu funcionamento desde sempre. No caso dos jornais sérios, podemos supor que a análise dos fatos é aceitavelmente confiável e não precisamos questioná-la. Contudo, podemos questionar os valores e os pesos embutidos em certos editoriais. Correspondem aos nossos?

Mesmo na análise dos fatos, pode haver uma diferença de tratamento que revela valores diferentes: quais são os fatos a que cada jornal dá mais destaque e que outros minimizam ou omitem? Esses pesos diferentes resultam de juízos de valor e de opiniões da redação. Mas a descrição não pode fugir da melhor evidência disponível.

Alguns jornais chegam a um julgamento positivo de um presidente pois subiu o PIB, caiu o desemprego, simplificaram-se os regulamentos para abrir empresas e ineficiências foram eliminadas. Para outros, a visão é negativa, pois a educação continua ruim, o meio ambiente foi maltratado e a saúde teve grandes tropeços. Ambos trabalham com dados verdadeiros, mas tiram conclusões diferentes, pois dão mais peso a alguns aspectos e desprezam outros. Cabe a nós concordar ou não com suas posições.

Mas cuidado: a fronteira entre a omissão aceitável e a que se aproxima da desonestidade é tênue, ainda que de crítica importância. Suponha que um carro novo de um "cidadão de bem" choca-se com um carro velho e malcuidado de um motorista alcoolizado. O leitor que julgue quem foi o culpado. Mas faltou uma informação: o carro do bêbado estava estacionado corretamente. O bom jornalismo não pode omitir isso.

Aí está o perigo mais insidioso. Muitas verdades, nenhuma mentira, porém omissões. E, por vezes, basta insinuar a conclusão. Com essa receita, cozinham-se inferências malévolas ou perversas.

A se notar, os bons jornais e revistas são mais sóbrios. Nada de xingamentos, ofensas, agressões verbais ou adjetivação florida. Porém, pela tradição jornalística, podem ser irônicos ou sarcásticos; isso vale.

Assim são os jornais, gostemos ou não. O que nos cabe é saber ler nas entrelinhas e tirar conclusões lúcidas. Quando um jornal mais de esquerda denuncia os erros de um político de esquerda, o comentário tem mais peso do que se viesse de um jornal de direita.

Por vezes, ouvimos acusações de ser "tendencioso" este ou aquele jornal. Essa é uma palavra ambígua, tentando descrever traços muito escorregadios. Pertence à mesma categoria fugidia da "neutralidade". Todo jornal tem linhas editoriais sobre vários temas. Podem achar que uma política econômica ortodoxa vem antes de tudo mais. Ou achar que os riscos de aquecimento global foram exagerados. Isso não é necessariamente uma crítica ou objeção. Não há neutralidade possível em muitos assuntos.

Porém, nossa leitura deve ser prudente. Os fatos se impõem. Ou encontramos erros de procedimentos, ou temos que aceitá-los.

Vejamos um exemplo. Lito Sousa, no seu *site* sobre aviões e música, refere-se a dois incidentes em que aviões comerciais teriam abruptamente perdido altura, um deles quase se chocando com o mar. Em seus comentários, sugere tratar-se de uma interpretação equivocada de dados obtidos de um aplicativo criado com outros objetivos. Sua confiabilidade e precisão para registrar perdas de altitude é mais do que duvidosa.

Voltando aos valores: podemos legitimamente questionar ou discordar deles.

A se notar, nem sempre os valores subjacentes são explicitados. Por vezes, jornais os escondem ao, sutilmente, valorizar certos aspectos e ignorar outros quem sabe até mais importantes. Porém, massagear as análises a favor de sua posição é, inequivocamente, ir além da linha do aceitável.

Para nossa maior tranquilidade, jornais e revistas podem ser alvos de processos legais por aqueles que se sentem injustamente tratados em suas matérias. Esse perigo de perder um processo legal faz com que tenham cuidado antes de denunciar aquilo que não podem provar. É também arriscado fazer alguma declaração mal fundamentada sobre algum assunto ou pessoa. Soube por uma advogada da revista *Veja* que, em média, todo dia alguém tenta processar a editora. A redação sabe disso e toma os cuidados para não afirmar o que não pode comprovar. Pode dizer que houve um desfalque e que a promotoria apontou Fulano como suspeito. Mas não pode afirmar que Fulano é ladrão, pois não foi a julgamento.

Apesar de todos os cuidados, é verdade, os grandes jornais também erram. Tomemos o exemplo do *New York Times*. Em algumas ocasiões, equivocou-se redondamente. Mas isso é tão pouco comum que alguns erros ocasionais, de décadas atrás, são ainda lembrados. A exemplo, cometeu um erro sério na cobertura da Guerra do Vietnã.

Repetindo, os bons jornais têm a sua linha política e não têm pejo de que suas opiniões as reflitam. Porém, é embaraçoso errar nos fatos. Ao afirmar que não aprovam esta ou aquela política, estão refletindo as posições do jornal. Contudo, para afirmar que o vereador mentiu, precisam de provas bem robustas.

Vejamos um caso extremo. Um jornalista de um semanário americano de primeira linha forjou um vídeo da explosão no tanque de gasolina de uma caminhonete. O objetivo era demonstrar suas vulnerabilidades — podiam até existir. Mas o que fez foi uma fraude. Quando se tornou conhecida, o próprio presidente da empresa foi despedido.

Passemos em revista algumas regras que nos ajudarão sempre. Podemos esperar seriedade e zelo no que publicam jornais e revistas de boa reputação. Neles, há sempre formas de checar os conteúdos. E também estão citados os nomes dos responsáveis, cujo prestígio estará sempre ameaçado por deslizes. Há reputações em jogo. Um editorial leviano é responsabilidade do redator, cujo nome está mencionado explicitamente. Porém, os jornais não se furtam de oferecer suas opiniões. Cabe aos leitores não esperar uma suposta "neutralidade" que nem é possível, nem foi prometida, nem sabemos bem o que seria.

A manga está verde? O melão está passado? O peixe está com aparência duvidosa? A boa dona de casa aprende a escolher o que compra. O mesmo com as nossas leituras: temos que aprender a fazê-las com cuidado e conhecimento de causa.

G. APRENDENDO A ARTE DE IGNORAR

Nos dias de hoje, muito se fala sobre a importância do pensamento crítico. Indiretamente, o assunto volta neste livro, aqui e acolá. Mais explicitamente, trata-se de aprender a examinar um problema ou um assunto de forma metódica e crítica.

Nada contra, pois o bem pensar é uma das conquistas mais centrais de uma boa educação. Porém, em cada leitura que surge à nossa frente, aplicar todos os cuidados apropriados leva tempo. E, como já dito, tempo é o recurso mais precioso de um estudante. Sendo assim, é uma excelente ideia fazer uma triagem prévia antes de investir tempo para decifrar um verbete do Google — ou o que seja.

Como nos disse o filósofo William James, a arte de ser sábio é a arte de saber o que ignorar. Esse é o tema desta curta seção. É preciso aprender a pensar criticamente, mas é também preciso aprender a selecionar onde vamos aplicar nosso precioso tempo e o discernimento que possuímos.

Há mais livros na internet do que em todas as bibliotecas do mundo somadas. Além dos livros, há outros materiais e uma quantidade fenomenal de entulho. E o que é pior: verbetes propositalmente equivocados, maliciosos ou fazendo afirmativas falsas.

A se considerar, o que aparece nas primeiras linhas do Google não é o mais importante, mas o que mais gente leu. E, como a propensão da humanidade a ser iludida é fenomenal, precisamos selecionar bem. Se essa arte de ignorar não for praticada com cuidado e com frequência, antes de chegar ao que verdadeiramente merece atenção, já teremos perdido um infinito tempo apenas lidando com um lixo que não interessa.

Portanto, além de ter "pensamento crítico", temos que aprender a "ignorar criticamente". Em poucas palavras, dominar técnicas que permitam decidir o que não ler. Há muito de bom senso no processo. Vendo o nome do autor e vendo onde foi publicado, podemos jogar fora uma imensidão de *sites*. Aliás, disso tratam duas seções deste capítulo (D e E).

Mas podemos ir mais longe. Diante de um *site* que nos chama a atenção, antes de investir na sua leitura, abra uma nova aba no seu navegador e digite um dos *sites* de detecção de *fake news* (mencionados na próxima seção). Pergunte então sobre o verbete em que você está interessado. Em muitíssimos casos, o aplicativo de detecção "dá bomba" no seu candidato à leitura. É óbvio, esqueça esse *site* e, assim, evite perder tempo e distancie-se do risco de ser iludido. É simples, não?

H. A GRANDE CAÇADA ÀS *FAKE NEWS*: AGORA, MÃOS À OBRA!

No máximo da confiabilidade, está a ciência. Passemos agora para o outro extremo: a internet e as redes sociais.

Nos tempos pré-internet, as informações estavam sobretudo nas bibliotecas. O lado positivo é que os critérios de seleção de acervo sempre foram cautelosos. As bibliotecárias tendem a ser cuidadosas ou conservadoras ao escolher os livros a serem comprados. Obviamente, isso dá mais credibilidade às fontes a que tinham acesso os alunos. O lado negativo é que o Brasil sempre foi particularmente desprovido de boas bibliotecas.

Se queremos identificar os autores mais confiáveis, uma boa fonte de informações são as bibliografias fornecidas pelos professores, os rodapés dos bons livros, bem como as orientações e os comentários contidos nos artigos dos autores consagrados.

Nada disso perde valor, mas a internet vira tudo de pernas para o ar. Em vez de poucas informações, minimamente confiáveis, somos inundados por milhares de *sites* sobre o assunto que procuramos. E corremos o risco de receber engodos, mentiras, fraudes ou peças escritas por pessoas sem credenciais na área. Todo cuidado é pouco.

Se já precisamos de cuidado ao ler jornais e revistas, no caso das redes sociais, a cautela deve ser ainda maior. Para começar, os controles sobre os conteúdos publicados são muito mais frouxos. Em alguns, até vale tudo, da discreta má vontade à mentira deslavada diante de fatos ou pessoas. Mas, como somos bombardeados por notícias vindas dessas fontes, temos que aprender a decifrá-las, para não sermos iludidos.

No caso das *fake news* deslavadas, temos que avaliar rapidamente a credibilidade do que nos chega. Mais adiante discutiremos como fazer isso. Pode até ser fácil desmascarar vigarices. Inclusive, há *sites* que checam a veracidade do que é afirmado.

Os mesmos embustes encontrados nas redes sociais ocorrem também nos jornais e revistas. Mas, pelas razões já apresentadas, os seus controles próprios são muito mais rígidos e há mais transparência. Porém, aqui discutimos a selva da internet.

Cuidado com as *fake news*! Principalmente com um tipo ainda mais traiçoeiro. Trata-se da mentira construída de verdades. Vem recheada de números, fatos, datas e detalhes. Tudo pode ser verdadeiro nela. Porém, tira conclusões erradas ou indevidas. É uma sequência de verdades, mas o último passinho é mentira.

Vejamos um exemplo real, também dos tempos de covid. Apenas os números foram inventados por mim, com o objetivo de simplificar os cálculos. A notícia toma estatísticas oficiais inglesas sobre hospitalizações devidas à covid plenamente confiáveis. Elas registram que há 9 mil internados que tomaram a vacina, comparados com 3 mil que não a tomaram. Daí, emerge a conclusão fácil: a vacina leva a mais internações, portanto não pode ser coisa boa.

Mas o que não foi dito? De 100 mil pessoas, 90 mil foram vacinadas. Então, os 9 mil vacinados e hospitalizados correspondem a 10% do total (9 mil em 90 mil). Os 3 mil internados que não foram vacinados correspondem a 30% do número total (3 mil em 10 mil). Ou seja, quando essa segunda informação é considerada, vemos que não tomar vacina triplica a chance de ser internado. Exatamente o oposto do afirmado na notícia.

Passado o pânico gerado por essa pandemia, o embuste cairá no esquecimento. Mas permanece como um bom exemplo de mentira disfarçada de verdade.

Até em rótulos de alimentos pode haver dados verdadeiros junto com sugestões enganosas. Comprei uma lata de aveia de um fabricante conhecido. Com tipografia chamativa, anuncia as excelências do produto: não contém aditivos, alto teor de fibras e sem adição de açúcar. Tudo verdade. Porém, está em letra diminuta a informação de que a aveia tem um altíssimo teor de carboidratos (51%). Como são também açúcares, mesmo sem adicionar mais, é um alimento que engorda. Diabéticos não podem consumi-la livremente. Em poucas palavras, a embalagem induz a um engano.

Para dar os primeiros passos visando a identificar *fake news*, começemos com as seguintes perguntas:

Que origem têm os materiais que vamos usar?

O que sabemos sobre aquelas pessoas que nos oferecem a informação? São autores conhecidos e respeitados?

Estão disponíveis para ser questionados e mostrar de onde e como obtiveram os dados? Ou: como chegaram a esta ou àquela conclusão?

Existem tais autores, de fato, ou são personagens inventados? (No caso da internet, essa é a primeira pergunta, pois não é infrequente inexistirem.)

Estarão sendo atribuídas citações mentirosas a pessoas respeitadas?

É preciso também perguntar sobre a isenção da fonte:

 Para quem trabalha o autor?

 Que interesse tem ou como se beneficia ao divulgar essa informação?

 Que motivação teria para não mostrar ou distorcer certos aspectos do assunto?

 Quem é o fiador da seriedade da informação?

Se não conseguimos respostas satisfatórias para essas perguntas, há boas razões para desconfiar. Se não há autores com um currículo identificável, o que está dito pode até ser verdade, mas sua credibilidade é precária. Minimamente, fiquemos com um pé atrás.

Uma boa estratégia é sempre ouvir o outro lado. Quem tem interesses opostos vai mostrar o lado ruim ou frágil do argumento.

O vendedor da Harley-Davidson dificilmente vai dizer que essa moto costuma pingar óleo no chão. Mas o vendedor da Honda, falando das Harleys, não relutaria em mencionar essa fragilidade do concorrente.

É útil indagar acerca dos interesses de cada um em mostrar, ou não, as deficiências de um produto ou de uma ideia. Será que merece crédito alguém que se beneficia se acreditarmos no que diz?

E, como afirma Upton Sinclair, "É difícil fazer com que uma pessoa entenda algo quando seu salário depende de não entender". Portanto, não esperemos demais daqueles cuja opinião não pode discrepar daquela de quem dependem para seu sustento.

A revista que avalia a qualidade dos automóveis aceita publicidade dos fabricantes? Não é pecado mortal ganhar dinheiro com tais anúncios, mas é razoável supor que tenha relutância em ser excessivamente crítica com os produtos que garantem seu sustento econômico. Questionada sobre a confiabilidade dos automóveis cujas fábricas são de certo país, uma revista conhecida menciona que as peças de reposição são baratas.

Não mentiu, mas não respondeu à pergunta. É uma situação diferente das avaliações de automóveis da Consumer Reports. Essa fundação americana não aceita publicidade de espécie alguma. Temos aí uma razão para dar a elas mais credibilidade.

Uma entrevista com o redator de uma revista americana de fotografia revelou que a sua política editorial é não falsificar resultados e não omitir falhas nas avaliações de produtos. Mas e se o produto é ruim e não passa no teste? Nesse caso, a saída é simples: não se mencionam quaisquer avaliações dele.

Essas vulnerabilidades e conflitos de interesse não comprometem fatalmente as avaliações, embora dificultem julgar a sua confiabilidade.

Voltemos à internet, que é o veículo digital para tudo, inclusive para o boato irresponsável. Aliás, é o caminho ideal para o boato, pois permite total impunidade para o autor. A internet é catastrófica sob esse ponto de vista.

Em muitos *sites* ou em mídias sociais, não se sabe quem são os responsáveis — se é que existem. Não se mencionam autores. Não há reputações construídas por décadas de trabalho sério. Não há a quem reclamar.

AS REDES SOCIAIS NÃO TÊM DONO. SÃO A INFORMAÇÃO INSTANTÂNEA E A IMPUNIDADE ETERNA. ELAS PERMITEM AFIRMAR SEM PROVA E MENTIR SEM PEJOS.

Em um jornal, o responsável tem seu nome impresso. E no WhatsApp? Em grande medida, ninguém. Seu amigo parece ser o autor, pois foi ele quem enviou. Implicitamente, assumiu a autoria. Mas, provavelmente, recebeu de outrem, que, por sua vez, recebeu de outrem. Ou seja, parece que há um autor identificável, mas quem escreveu o texto sumiu nos desvãos da internet. Esse descaso crônico pela credibilidade das fontes está na origem de boa parte dos problemas de *fake news*. Um manda para o outro, sem questionar a credibilidade.

E quando há fontes com o nome do autor? É um passo à frente. Mas quem sabe as citações sejam atribuídas a quem nunca as pronunciou ou nunca existiu. Ou seja, mencionar as fontes pode ser um caso ainda mais insidioso. É pura mentira, porém mais bem disfarçada de verdade.

Bons textos citam autores conhecidos para dar um toque de elegância ou refinamento. Isso não é problema. A dificuldade é quando a essência do argumento vem assinada indevidamente. Quem teria dito não disse. Ou não existe.

Ou os frequentadores da internet aprendem a questionar o que leem, ou aumentará cada vez mais a volatilidade das informações e a polarização dos grupos. De fato, a desinformação pode ser pior do que a falta de informação.

Obviamente, há um extraordinário acervo de materiais confiáveis na internet. Mas é preciso saber triar. *Sites* como os do Instituto Brasileiro de Geografia e Estatística (IBGE), do Instituto Nacional de Estudos e Pesquisas Educacionais Anísio Teixeira (Inep) e da National Science Foundation são sabidamente cuidadosos no que divulgam. Por outro lado, há um número incalculável de *sites* fraudulentos ou deliberadamente desonestos.

>> *SITES* PARA VOCÊ SABER O QUE É E O QUE NÃO É *FAKE*

O lado bom é que há também *sites* confiáveis cuja missão é identificar *fake news*. Acesse a página do livro em **loja.grupoa.com.br** ou leia o QR Code e confira os *links* de fontes que podem ajudar você a identificar notícias falsas.

Caminhando no pantanal da desinformação, todo cuidado é pouco. De fato, até os próprios *sites* de busca de *fake news* podem se enganar. Não é comum, mas acontece.

Em boa medida, podemos considerar que, quando esses *sites* erram, não é por desonestidade. Pode ser desatenção ou desconhecimento das tecnicalidades de alguns assuntos. No caso da controvérsia da ivermectina, um desses *sites* errou. Os estudos indicam que não foi identificado um efeito positivo dessa droga. Então o *site* concluiu que ela não é eficaz. É um equívoco, pois não há pesquisas comprovando a sua ineficácia. Apenas se concluiu que, nas pesquisas consultadas, a eficácia não foi comprovada. E, sendo assim, a ivermectina pode vir a se revelar eficaz em estudos subsequentes. Parece a mesma coisa, mas não é.

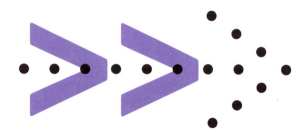

Voltemos ao tema central desta seção:

> Um bom teste de confiabilidade consiste em perguntar:

 ### SE FOR MENTIRA, QUEM PAGA O PREÇO CASO SEJA DESMASCARADO?

Se não há cabeças a prêmio, cuidado! Se o *e-mail* ou a notícia nas redes sociais circulam em listas enormes, não sabemos quem os postou. Portanto, reina a impunidade. Anonimato é o primeiro sinal de perigo. Cuidado!

> No caso da internet, a regra é simples.
> Quem assina e se torna responsável pela notícia:

>> É CONHECIDO?   >> É CONFIÁVEL?   >> TEM ALGO A PERDER?

RESPONDENDO A ESSAS PERGUNTINHAS, ELIMINAMOS MAIS DE 99% DOS BOATOS DIGITAIS.

Há milhões de *sites* com informações úteis. Mas sua confiabilidade não fica evidente, pelo menos à primeira vista. A internet traz uma extraordinária riqueza de informações, bastando apenas pressionar algumas teclas no Google. Porém, também traz novos níveis de risco à confiabilidade da informação. O YouTube é uma fonte inesgotável de assuntos interessantes. Contudo, em boa proporção dos vídeos, não ficamos sabendo quem são os autores e responsáveis. Obviamente, faz mais sentido dar mais peso àqueles que identificam autores e instituições.

Para os trabalhos de cunho acadêmico, as exigências de boas fontes são rígidas e as penalidades por mentiras são severas. De fato, pesquisadores já foram expulsos de suas universidades por deslizes nos artigos que assinaram. Outros tiveram, para sempre, sua reputação manchada. Portanto, a grande maioria dos cientistas pensa duas vezes antes de "ajeitar" seus dados ou análises.

Em geral, a literatura que circula nos meios científicos é bem mais confiável. Mas, como é dito e repetido ao se operar na tradição do "método científico", não se declara que uma afirmativa é verdadeira, apenas que, até o momento, não foi possível refutá-la com argumentos sérios.

> > > > **NÃO SEJA MAIS UMA VÍTIMA DOS ALGORITMOS!**

Google e *sites* como a Wikipédia geralmente são a nossa primeira inspiração para procurar a informação que desejamos. E realmente: eles podem ser uma fonte extraordinária de informação. Mas é preciso estar atento. Acesse a página do livro em **loja.grupoa.com.br** ou leia o QR Code para conferir de que maneira podemos nos tornar vítimas das nossas próprias buscas na internet.

O que dizer de ouvir leigos dando palpites na mesa do bar sem que tenham dominado os conceitos mais elementares do assunto? Se os desconhecem, paciência. Pode até ser divertido ouvi-los. Mas essas não podem ser as nossas fontes quando queremos um conhecimento mais confiável sobre certos assuntos importantes. Se esse é o caso, temos que ouvir quem sabe e tem boas credenciais. Aliás, devemos ouvir quem é contra e, também, quem é a favor.

Recordando o já dito: se não somos conhecedores da área, o melhor que podemos fazer é escolher muito bem a quem ler e a quem ouvir. Para isso, conta o peso de sua carreira, a sua reputação e o equilíbrio de suas posições. Importa onde estudou, onde publicou, quem o ouve e que reconhecimentos obteve.

Falta mais uma advertência. Saber que aquele nome é de uma pessoa com reputação na área é um passo importante. Mas saber se a comunicação realmente vem dessa pessoa é outro pesadelo da *fake news*. Abundam falsas identidades, falsas citações, falsos documentos. As redes sociais nem sempre oferecem meios eficazes de identificar quem enviou a mensagem. Todo cuidado é pouco.

E, antes de enfiar dinheiro em propostas atraentes, os mesmos cuidados se impõem. Uma coisa é comprar na Amazon, no Mercado Livre ou em outros vendedores cuja reputação foi bem estabelecida. Outra é lidar com remetentes cuja identidade é desconhecida. Lembre-se: banco não passa *e-mails* que pedem seus dados. Uma astúcia simples é nunca responder a mensagens recebidas, mesmo que venham com a identificação de uma empresa respeitada. Ache o endereço que interessa e escreva você. Quantos dissabores são evitados por essa providência tão singela?

Novamente, repetindo algumas dicas:

ANTES DE OUVIR ALGUÉM, PERGUNTEMOS:

- Que confiança merece o autor da informação? Se não é identificado, reduz-se a confiabilidade.

- Quais são suas qualificações técnicas no assunto em pauta?

- O que ele perde se disseminar informações ou ideias falsas?

- Que prestígio tem a publicação?

- O que dizem os autores mais respeitados sobre o assunto?

- O assunto é consensual ou controverso? Se os peritos não se põem de acordo, é melhor não tomar partido.

Boa sorte e muito cuidado na selva da desinformação!

>> NOVE MENSAGENS DA INTERNET: QUANTAS CONFIÁVEIS?

Acesse a página do livro em **loja.grupoa.com.br** ou leia o QR Code e veja alguns exemplos que vão ajudá-lo a não ser enganado ao receber mensagens e ler notícias na *web*.

I. *FAKE NEWS* TEM CURA?

Tem cura e é fácil!

Basta que as pessoas, recebendo tais mensagens, não as retransmitam. Se isso for feito, a mensagem marota ou desonesta não navega nas redes sociais. Morre de inanição, por falta de transporte.

Se cada um que pensar em retransmitir uma mensagem fizer o mínimo de esforço para descobrir se é verdadeira, estará resolvido o problema. Mas muitos têm que fazer isso, e cada um tem que fazer a sua parte.

Ser conivente com a mentira não é um comportamento ético. E ainda pior é propagar notícias ou ideias que podem ser nocivas para a sociedade ou para pessoas individualmente. Há pesquisas mostrando que, mesmo amplamente denunciadas, *fake news* são difíceis de erradicar, e os danos causados continuam por um bom tempo. Os desmentidos são ignorados, e o erro sobrevive, com os danos que causa.

Há algo que parece meio patológico no nosso ser. Somos atraídos por notícias ruins. Porém, isso vem da nossa evolução. Na Pré-História, tínhamos mais chances de sobreviver se prestássemos atenção nos indícios de uma onça por perto. Era mais útil do que admirar uma bela flor.

Por essa razão, calamidades e conflitos predominam nos jornais. De fato, as pessoas passam batido pelas verdades e são magnetizadas pelos escândalos e pelas mentiras escabrosas. E não prestamos atenção no desmentido de que tal catástrofe não ocorreu.

Como tentei demonstrar neste capítulo, na maioria dos casos, não é preciso muito esforço para descobrir que certas mensagens são falsas. Portanto, termino com a convocação para que não contribuam para a sua disseminação. Basta isso.

A ARTE DE FAZER PROVAS SEM NERVOSISMO >>

Há muitas providências práticas que aumentam as suas chances de obter boas notas. Obviamente, a principal é estudar a matéria. Gostemos ou não, isso é insubstituível. E, como esperamos que você tenha aprendido neste livro, há melhores e piores maneiras de estudar.

Mas, mesmo conhecendo os assuntos que vão cair na prova, é preciso não pôr tudo a perder por resultado de atrapalhação, nervosismo e mau uso do tempo.

CONHEÇA O GENERAL INIMIGO!

> Uma providência muito central é saber o máximo sobre a prova e sua mecânica.

Como resultado da sua desastrada invasão à Rússia, Napoleão teve que recuar, com grandes confusões, perdas de tropas e até da carroça onde estava armazenada a sua biblioteca de campanha. Ao perseguirem o general francês, as tropas russas tiveram uma surpresa: estavam na carroça as biografias dos generais contra quem guerreava. Dessa maneira, Napoleão tentava antecipar suas estratégias e suas movimentações no terreno. Como foi um dos maiores generais da história, vale a pena levar a sério o seu conselho de conhecer os generais inimigos.

O QUE VOCÊ PRECISA FAZER É EXATAMENTE A MESMA COISA QUE NAPOLEÃO. A PROVA PODE SER VISTA COMO UMA BATALHA, E VOCÊ TEM QUE CONHECER AS ESTRATÉGIAS, OS ESTILOS E AS MANHAS DO GENERAL INIMIGO, QUE, NESSE CASO, É QUEM FORMULA A PROVA.

O que pode cair? O que caiu nas provas anteriores? A segunda pergunta responde, em boa parte, à primeira. Cursinhos ajudam os alunos, entre outras coisas, mostrando o que foi pedido em provas já aplicadas; portanto, focalizando o estudo nesses tópicos. E, de quebra, os simulados familiarizam os alunos com as rotinas da prova. Muitos sustos de marinheiros de primeira viagem não se repetem depois de fazer vários simulados.

Fazer simulados pode ser uma prática essencial para quem leva a sério a prova, seja participando de cursinhos ou por conta própria. Há, pelo menos, três benefícios.

Primeiro, como são quase sempre baseados em provas anteriores, os simulados tendem a ser bem parecidos com elas, seja em conteúdo, seja em grau de dificuldade. Assim, a sua nota neles oferece uma boa orientação para os seus esforços futuros. Se fosse uma prova "de verdade", teria passado? Se for o caso, boa notícia. Mas não confie demais nesse sucesso. Se a nota não dá para passar, é preciso uma avaliação das suas dificuldades. Com base nisso, monte um "plano de guerra" e monitore o seu cumprimento.

Em segundo lugar, os simulados reproduzem as condições da prova, apresentando questões reais e até despertando as mesmas emoções. Isso permite ver onde erramos, se erramos. Não sabíamos a resposta ou o erro foi por distração ou afobação?

Em terceiro lugar, há o aprendizado da gestão do tempo. Somente fazendo provas podemos realmente ver quanto tempo podemos destinar para cada pergunta. E, também, como o tempo ganho nas questões fáceis pode ser economizado para as difíceis. Esses treinos subtraem do momento da prova muitos equívocos e sustos. Você pode não saber as respostas, mas sabe administrar o processo de fazer a prova.

VEJAMOS ALGUMAS SUGESTÕES:

Qualquer que seja o tipo de prova, dê uma olhada geral em todas as perguntas e leia cuidadosamente as explicações, se houver. Não gaste nisso mais de pouquíssimos minutos. Sem entrar em contas precisas, avalie quanto tempo você tem para cada questão e vá monitorando a velocidade do seu avanço.

Seja nas provas de respostas abertas, seja nas de múltipla escolha, ataque primeiro as perguntas a que pode responder rapidamente. Em seguida, responda àquelas que, embora mais trabalhosas, você acha que consegue responder. Finalmente, sobram as mais difíceis. Brigue com elas até o último minuto.

Nossa memória é birrenta. Os pensamentos vêm e vão. O que não nos lembramos agora pode pipocar daqui a minutos. Sendo assim, a inspiração pode voltar para uma pergunta cuja resposta fugiu. Vale insistir.

Nas questões abertas ou redações, resista à tentação de começar correndo a escrever alguma coisa, mesmo que tenha a ver com o tema. Pense antes! Acima de tudo, pense aonde quer chegar. É como em uma viagem: é preciso saber qual será o destino antes de escolher a estrada. Sua resposta deverá ser um encaminhamento dos seus pensamentos para chegar, ao final, a alguma conclusão. Sem clareza quanto ao desfecho, como decidir o que escrever antes?

Não se esqueça de deixar um tempinho para uma leitura rápida de todas as suas respostas. No nervosismo da hora, erros idiotas são cometidos e, ademais, o lápis erra a pontaria e marca no quadradinho errado. Com alguns segundos de conferência, você pode salvar perguntas cuja resposta conhecia, mas por algum tropeço, não lembrou.

USE TODO O TEMPO DISPONÍVEL PARA BRIGAR COM AS QUESTÕES. UMA ÚLTIMA REVISÃO COSTUMA MOSTRAR ERROS TOLOS DE NOSSA PARTE. AO CORRIGI-LOS, GANHA-SE MAIS UM PONTO.

Entre as provas de múltipla escolha, há aquelas em que uma resposta errada faz perder pontos, não apenas deixar de ganhar. Nessas provas, se não souber, não responda por palpite ou jogando na sorte. Deixe em branco. Por isso, você não pode desconhecer as regras impostas pelo criador da prova.

Mas, se resposta errada não tira ponto, é péssima ideia deixar perguntas em branco. Se você não sabe a resposta certa, comece fazendo uma análise lógica da pergunta. Se forem quatro alternativas, você tem um quarto de chance de acertar, puramente na sorte. Se você reconhece uma alternativa claramente errada, suas chances de acertar melhoram, pois precisa apontar a correta entre três, já que não vai marcar a que sabe ser errada. Se encontrar duas alternativas que não podem ser corretas, suas chances de acertar sobem para 50%.

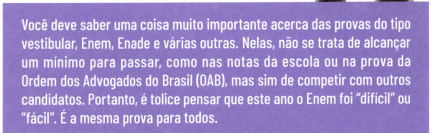

Você deve saber uma coisa muito importante acerca das provas do tipo vestibular, Enem, Enade e várias outras. Nelas, não se trata de alcançar um mínimo para passar, como nas notas da escola ou na prova da Ordem dos Advogados do Brasil (OAB), mas sim de competir com outros candidatos. Portanto, é tolice pensar que este ano o Enem foi "difícil" ou "fácil". É a mesma prova para todos.

O que importa para os seus resultados é quanto os outros candidatos sabem comparados a você. Portanto, ao sair da sala, suas impressões sobre seu desempenho valem muito pouco, pois a nota será fruto da comparação com as provas dos outros, cuja preparação você desconhece. Ou seja, não sabe quanto eles acertaram ou erraram. Portanto, relaxe e espere os resultados fazendo alguma coisa interessante. Ficar aflito não altera o resultado da prova e aumenta sua tensão para a próxima.

Pela mesma razão, não fique afobado ou praguejando contra as regras da prova pelo pouco tempo dado para responder. É igualzinho para todos. Se é apertado ou impossível para você, será igual para os outros. Seu adversário não é a prova, mas os outros que estão nas carteiras ao lado.

Outro fato importante é que as provas profissionalmente formuladas incluem perguntas muito difíceis. Na prática, ninguém vai acertar tudo. O porquê disso é técnico e não é preciso entrar nesse assunto. O importante aqui é que ninguém deve sofrer ou se torturar quando encontra perguntas que não sabe responder. Não se preocupe. É ínfimo o número de candidatos que saberão a resposta, pois assim foi desenhada a prova.

Nas provas de concepção mais recente, como o Enem, a nota não é simplesmente o somatório das perguntas acertadas. Se você erra uma pergunta fácil e acerta outra difícil sobre o mesmo assunto, o computador decide que acertou essa última por sorte. Sendo assim, penaliza seu resultado.

Repetindo, não adianta se maldizer ou reclamar dos fazedores da prova. O que importa é serem a mesma prova e os mesmos critérios de correção para todos. A pergunta difícil para você provavelmente também será difícil para o seu colega. E, como estamos falando de uma competição entre candidatos, pouco importa a dificuldade: dá tudo na mesma.

B. AFOBAÇÃO ATRAPALHA, E MUITO

Antes da prova, é necessário desacelerar, relaxar. A ansiedade, o estresse e a adrenalina são reações espontâneas e funcionais a um perigo físico. Isso vem da evolução da espécie humana, que precisou lidar com os perigos do cotidiano. Cuidado, a onça vai atacar!

Ao longo da nossa evolução, nos programamos para lidar com situações que ameaçam nossa vida. Ao pressentir o perigo, os circuitos do cérebro põem em marcha um conjunto de providências que aumentam nossa chance de sobreviver ao ataque da onça. Tudo começa com uma injeção de adrenalina no metabolismo. Trata-se de um hormônio que acelera o coração e faz despertarem os músculos, preparando-os para lutar ou fugir. A digestão é interrompida, pois não é vital naquele momento. Por isso não sentimos fome quando o perigo chega. Mas não é só isso: o "centro de comando das operações" passa para um local no nosso cérebro onde os raciocínios abstratos e complexos são bloqueados. Nesse clima de guerra, só entram em cena comportamentos automatizados. São reações pré-programadas de luta, de ataque, de defesa ou de fuga. Sua sobrevivência não pode esperar as engrenagens da razão funcionarem. Depende de gestos que já fazem parte do seu repertório.

No regime de emergência estimulado pela adrenalina, não estamos disponíveis para realmente pensar. Diante da onça, agir é vital para nossa sobrevivência, e pensar atrapalha. Pelo regime imposto por esse hormônio, não há espaço para fazer planos ou para refletir sobre diferentes estratégias para lutar com onças. Isso não seria funcional, pois não haveria tempo. Nosso corpo recebe uma instrução simples: brigar com a onça ou fugir. O corpo entra em regime de estresse, pelas melhores razões.

Acontece que a ansiedade antes da prova pode provocar exatamente o mesmo estresse que nos traz a proximidade da onça. Reagimos como animais acuados, não como fazedores de prova. Ou seja, a adrenalina fecha as portas exatamente para aquelas faculdades mentais necessárias para responder certo. Em outras palavras, nosso sistema de defesa confunde prova com onça. Defeito de fabricação da nossa cabeça. É isso mesmo. Fazer prova foi uma atividade que se desenvolveu muito depois de todos esses mecanismos de defesa estarem pré-instalados no nosso corpo. Aliás, sem eles não estaríamos aqui para fazer provas. Mas, para as provas, nossas reações espontâneas são erradas. Proíbem-nos de pensar, apesar de o sucesso estar em pensar bem. Mas nascemos assim e não podemos mudar esse maquinismo.

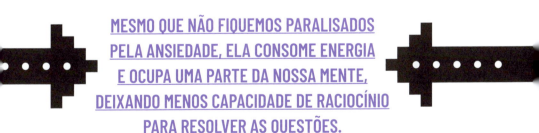

MESMO QUE NÃO FIQUEMOS PARALISADOS PELA ANSIEDADE, ELA CONSOME ENERGIA E OCUPA UMA PARTE DA NOSSA MENTE, DEIXANDO MENOS CAPACIDADE DE RACIOCÍNIO PARA RESOLVER AS QUESTÕES.

Portanto, é preciso agir sobre o nosso intelecto, que deslizou automaticamente para uma estratégia de defesa física. É preciso sair desse estado de alerta adequado para enfrentar onças e entrar em outro mais apropriado para fazer provas.

Nesses casos, uma técnica valiosa é o relaxamento. Primeiro, é preciso ter clara a necessidade de evitar ou se desvencilhar da excitação trazida pela adrenalina.

Em seguida, você precisa aprender a relaxar. A indicação é relaxar todos os músculos. Quando isso acontece, seu cérebro abre espaço para o departamento que cuida do ato de pensar, de resolver problemas.

A essência das técnicas de relaxamento consiste em retesar e, em seguida, relaxar os músculos. Escolhemos um grupo de músculos de cada vez.

- Para iniciar a sessão, sente-se confortavelmente (ou até mesmo deite-se). Traga os braços para o centro do seu corpo, repousando-os sobre o colo ou as coxas. Feche os punhos com força e retese os músculos do braço e dos ombros. Mantenha essa posição, fazendo força, por 10 segundos. Relaxe então por 15 ou 20 segundos.

- Em seguida, retese os músculos da sua face, franzindo a testa. Fique assim por 10 segundos e, então, relaxe.

- Retese os músculos do seu peito por 15 segundos. Depois, relaxe.

- Repita esse procedimento para as diferentes partes do seu corpo. Atenção aos músculos do pescoço, os mais propensos a ficarem tensos.

- Enquanto isso, diga para você mesmo que está ficando cada vez mais relaxado.

- Em 15 minutos, fazendo tudo direitinho, você deverá estar completamente relaxado.

**SE BATEU O PAVOR DURANTE A PROVA,
PODE VALER A PENA FAZER ALGUNS MINUTOS
DE RELAXAMENTO COM ESSAS TÉCNICAS.
MAS, É CLARO, NÃO DÁ PARA SE DEITAR NO CHÃO.**

 SEGREDOS DOS BONS FAZEDORES DE PROVAS

Além dessa providência momentânea e muito útil de relaxar, há também outras técnicas que ajudam a melhorar nossas chances de obter bons resultados nas provas. Basicamente, trata-se de evitar comportamentos que aumentam o estresse. E também adotar algumas estratégias que ajudam a fazer o tempo render mais.

Há conselhos muito óbvios, mas que podem chegar tarde demais. Nada mais fundamental do que estudar bastante e dominar os conhecimentos que serão exigidos. Se esse conselho for cumprido à risca, provavelmente, o estresse já será bem menor.

Na prova, não é hora de se sentir culpado pela malandragem durante o ano. Nesse momento, isso só atrapalha. É preciso tirar partido do que você sabe, seja muito ou pouco.

E não adianta fazer uma grande sessão de relaxamento e, depois, afobar-se de novo, por causa de estratégias erradas. Monitore o seu estresse. Cuide dele se aumentar.

 Aceite que você não vai acertar todas as questões. Não se assuste com perguntas cuja resposta você não sabe. Há muitas perguntas quase impossíveis. Na verdade, foram desenvolvidas para serem assim.

 Não entre em rodinhas de candidatos. Haverá alguns muito assustados, e o pânico deles é contagioso.

 Pela mesma razão, pouco antes da prova não é hora para um aluno arguir ou "tomar a lição" do outro. Mesmo assistir a esses ensaios atrapalha. Pode ser uma boa ideia se isso acontecer bem antes. Mas, na porta da sala da prova, só faz aumentar a adrenalina, sobretudo se você não souber a resposta.

 O início da prova é muito mais tenso. Com um tempinho, os motores vão esquentando.

 Pense na prova. Não se desconcentre olhando o tênis do colega ou outras distrações menos confessáveis.

 Se as coisas não vão bem e você começa a se afobar, pare e relaxe, mesmo durante a prova. Um minuto de relaxamento faz diferença. Parece tempo perdido, mas não é.

 Em caso de dúvidas, não deixe de pedir esclarecimentos a quem fiscaliza a prova.

D. UM RESUMINHO DAS ESTRATÉGIAS PARA ENFRENTAR A PROVA

A prova ou teste é um momento importante em sua vida. Quanto mais você souber, maiores as chances de se dar bem. Contudo, mesmo sabendo, é preciso não pôr tudo a perder. E para isso repetimos algumas regras importantes.

De início, é necessário conhecer a mecânica da prova. Como são as questões? O erro penaliza ou vale a pena tentar a sorte? É classificatória? Quanto tempo você tem disponível para responder? Nesse sentido, os simulados permitem familiarizar-se com a prova, eliminando alguns elementos de surpresa.

Em segundo lugar, afobação e nervosismo atrapalham, e não é pouco. A adrenalina prepara para lidar com a onça que avança. Nesse processo, bloqueia a reflexão e o pensamento organizado. Portanto, é preciso reduzir a tensão e, para isso, há técnicas consagradas.

Em terceiro lugar, a prova e os momentos que a antecedem não podem ser arruinados por pensamentos negativos ou pela tensão transmitida pelos colegas. Não se contamine pelo pânico dos outros.

[E, no mais, boa sorte. Isso também ajuda.]

CRÉDITOS

P. 12, 26 e 33 SimonKr d.o.o./iStock/Thinkstock

P. 13 e 72 Poligrafistka/iStock/Thinkstock

P. 13, 26 e 54 Dimedrol68/iStock/Thinkstock

P. 14 e 99 tatniz/iStock/Thinkstock

P. 14 , 28, 31 e 157 Zeljko Bozic/Hemera/Thinkstock

P. 15 e 217 WendellandCarolyn/iStock/Thinkstock

P. 17 jcomp/Freepik,
Ingram Publishing/Thinkstock

P. 18 innovatedcaptures/iStock/Thinkstock,
David De Lossy/Photodisc/Thinkstock

P. 26 photogenia/Freepik

P. 34 Hemera Technologies/PhotoObjects.net/
Thinkstock,
serezniy/iStock/Thinkstock,
DenisKot/iStock/Thinkstock

P. 35 JeffreyBeall/Flickr
(www.flickr.com/photos/denverjeffrey)

P. 36 jayfish/iStock/Thinkstock

P. 41 Artizarus/iStock/Thinkstock

P. 42 Eric Isselée/iStock/Thinkstock

P. 43 4774344sean/iStock/Thinkstock

P. 47 yands/iStock/Thinkstock

P. 59 Sergey Mironov/Shutterstock

P. 74 Liz Kimura, especialista em mapas mentais.
Mapa mental sobre as leis dos mapas mentais
segundo os ensinamentos de Tony Buzan
(criador do Mind Map®).

P. 86 Cláudio de Moura Castro

P. 88 Mega_Pixel/iStock/Thinkstock

P. 89, 142 e 148 severija/iStock/Thinkstock

P. 90 Creatas Images/Creatas/Thinkstock,
Elnur Amikishiyev/iStock/Thinkstock,
Bibigon/iStock/Thinkstock,
fotostok_pdv/iStock/Thinkstock,
nikkytok/iStock/Thinkstock,
ksevgi/iStock/Thinkstock,
Piotr Marcinski/iStock/Thinkstock,
Devonyu/iStock/Thinkstock,
levkr/iStock/Thinkstock,
Feng Yu/iStock/Thinkstock,
Christopher Testi/iStock/Thinkstock

P. 91 Aleksandar Jocic/iStock/Thinkstock,
andreadonetti/iStock/Thinkstock,
AndrewSproule/iStock/Thinkstock,
jurisam/iStock/Thinkstock,
thumb/iStock/Thinkstock,
Vołodymyr Krasyuk/iStock/Thinkstock,
selensergen/iStock/Thinkstock,
Sergii Godovaniuk/Hemera/Thinkstock,
sunstock/iStock/Thinkstock

P. 105 Aleksander Kaczmarek/iStock/Thinkstock

P. 109 freepik/Freepik

P. 114 scyther5/iStock/Thinkstock

P. 122 GrashAlex/iStock/Thinkstock

P. 134 jesadaphorn/iStock/Thinkstock

P. 141 Evgeniy1/iStock/Thinkstock,
GlobalP/iStock/Thinkstock

P. 163 Tatiana Popova/iStock/Thinkstock

P. 164 Mashka03/iStock/Thinkstock

P. 215 winterling/iStock/Thinkstock

P. 221 OSTILL/iStock/Thinkstock

P. 225 Digital Vision/Photodisc/Thinkstock

P. 226 Xtock Images/iStock/Thinkstock

P. 227 valentinarr/iStock/Thinkstock

LEITURAS SUGERIDAS

Praticamente todas as teorias subjacentes que estão sendo indicadas aqui foram testadas em centenas de pesquisas metodologicamente sólidas. Contudo, o presente livrinho é um manual para alunos. Por essa razão, não contém as referências e rodapés das publicações e pesquisas que embasam as orientações oferecidas.

Para os interessados, cito abaixo um pequeno número de publicações versando sobre o tema.

LIVROS DE LEITURA FÁCIL (NO ESTILO DESTE)

VOEKS, V. *On becoming an educated person:* the university and college. 3 ed. Philadelphia: W.B. Saunders Company, 1970.

BROWN, P.; ROEDIGER III, H. L.; McDANIEL, M. A. *Fixe o conhecimento:* a ciência da aprendizagem bem-sucedida. Porto Alegre: Penso, 2018.

WILLINGHAM, D. *Outsmart your brain:* why learning is hard and how you can make it easy. New York: Gallery Books, 2023.

BUZAN, T. *Dominando a técnica dos mapas mentais:* guia completo de aprendizado e o uso da mais poderosa ferramenta de desenvolvimento da mente humana. São Paulo: Cultrix, 2019. (Trata-se do inventor dos mapas mentais.)

TOUCH, P. *Como as crianças aprendem:* o papel da garra, da curiosidade e da personalidade no desenvolvimento infantil. Rio de Janeiro: Intrínseca, 2017.

LIVROS MAIS DENSOS OU TÉCNICOS

MARZANO, R. J.; PICKERING, D. J.; POLLOCK, J. E. *O ensino que funciona:* estratégias baseadas em evidências para melhorar o desempenho dos alunos. Porto Alegre: Artmed, 2008.

PERKINS, D. *Smart schools:* from training memories to educating minds. New York: Free Press, 1992.